KB259710

화물연대 20년사

2002~2022

민주노총 공공운수노조 화물연대본부
화물연대 20년사 2002~2022

발행일 | 2025년 10월 27일
기획 | 화물연대 20년사 백서편찬위원회
글 | 이황미
펴낸이 | 양규헌
출 판 | 노동자역사 한내 www.hannae.org
주소 경기도 고양시 일산동구 공릉천로493번길 61 가동
전화 031-976-9744 팩스 031-976-9743
등록 2009년 3월 23일(제318-2009-000042호)
본문·표지 디자인 | 토가 김선태
인쇄제본 | 디자인단비

ISBN 979-11-85009-46-9 03300
값 40,000원

민주노총 공공운수사회서비스노동조합 화물연대본부

화물연대 20년사

2002~2022

기획 | 화물연대 20년사 백서편찬위원회
글 | 이황미

조합원 동지들의
역사와 열망을 담았습니다

김동국

민주노총 공공운수노조 화물연대본부 위원장, 화물연대 20년사 백서편찬위원장

화물연대가 달려온 20년의 여정이 『화물연대 20년사』와 '사진집'으로 나왔습니다. 20년간 수많은 동지의 피와 땀, 눈물을 어찌 한 권의 책에 다 담을 수 있었겠습니까마는 부족하나마 시간의 흐름에 잊어버리거나 기억 속에서 지워지지 않도록 많은 자료를 수집하고 정리하여 엮어냈습니다.

2022년 10월 27일 출범 20년을 앞두고 9기에 시작한 사업이 윤석열 정권의 폭압에 맞선 투쟁으로 3년여가 지나 10기에 이르러 마무리되었습니다. 20년이란 시간이 절대 짧지 않은 시간이고 쉼 없이 달려온 투쟁의 길에서 우리에겐 기록하고 남기는 일이 익숙하지 않았습니다. 때론 화물연대에 대한 탄압으로 인해 남기지 못했던 시간도 있었습니다. 『화물연대 20년사』 자체로도 큰 의미가 있지만 이미 많은 자료가 유실된 아쉬움을 접어두고 더 늦기 전에 20년의 기록과 자료들을 수집 정리하게 된 것 또한 작지 않은 성과입니다. 이후에도 지난 화물연대 역사의 기록과 자료의 수집은 계속 진행될 것입니다.

20년의 역사 속에 우리는 가슴 벅찬 승리의 기쁨을 나누기도 했지만,

때론 가슴 아픈 패배의 눈물을 삼키는 순간들도 있었습니다. 승리의 기쁨도 패배의 아픔도 모두 우리의 역사이고 기록되어야 할 시간입니다. 화물연대 20년의 역사 속 수많은 투쟁의 기록들은 조합원 동지들 한분한분의 소중한 역사가 모여 만들어진 것입니다. 그 안에는 조합원 동지들의 희생과 헌신, 화물노동자의 더 나은 삶을 위해 세상을 바꾸겠다는 열망이 고스란히 녹아있습니다. 우리가 걸어온 길은 절대 쉽지 않은 험난한 길의 연속이었지만 함께 걸어왔기에 누구에게도 부끄럽지 않은 자랑스러운 길이었습니다. 20년사의 주인공은 오롯이 그 길을 함께 걸어온 조합원 동지들입니다.

『화물연대 20년사』는 그간의 투쟁을 평가하고자 하지 않습니다. 우리가 함께 지나온 시간을 그대로 담아 기록으로 남기고 앞으로 나아갈 길의 이정표로 삼고자 합니다. 우리가 걸어온 길에 가야 할 길의 방향이 있기 때문입니다. 돌이켜보면 화물연대의 20년사는 화물노동자의 삶을 넘어 한국 사회를 변화시켜온 역사였습니다. 화물연대의 총파업은 세상을 멈추게 했고 그 힘으로 우리는 세상을 바꿔왔습니다. 여전히 우리에게는 가야 할 30년, 그 이상의 시간이 놓여있습니다. 화물연대 20년사의 기록들은 우리가 바꾸고자 하는 세상의 모습을 보여주는 지표가 될 것입니다.

20년의 세월, 참으로 많은 일이 있었습니다. 최복남, 김동윤, 박종태. 세분의 열사를 비롯해 화물연대의 깃발을 세운 이후 20년의 투쟁 과정에서 수없이 많은 동지의 희생이 있었습니다. 그 소중한 기억을 모두 담아내진 못했지만 우리는 절대 잊지 않고 있음을 『화물연대 20년사』를 통해 전하고자 합니다.

안전한 세상 만들어온
화물운송노동자들의 20년

이황미

노동자역사 한내

도로 위에서 만나는 화물자동차는 위협적이다. 그저 화물자동차라는 존재 자체가 우리에게 '위험'으로 각인돼 있다. 큰 덩치로 과적·과속·장시간 운행하는 화물자동차는 피하는 게 상책이다, 라고 생각해왔다.

그런데 그저 '위험'한 흉기로만 생각해온 화물자동차가 과적·과속·장시간 운행을 할 수밖에 없는 이유를 알게 됐다. 화물자동차 운전자들이 자신을 스스로 '노동자'로 규정하고 '화물연대'로 결집해 등장하면서부터다. 화물운송노동자들이 '화물연대'를 결성, 목소리를 내기 시작했다. 오로지 이윤만을 좇는 자본의 횡포와 그들만을 감싸는 법 자체가 화물운송노동자들을 그렇게 벼랑 끝으로 몰아왔다는 사실을 그제야 알게 됐다.

화물연대 출범 직후 2003년에 "물류를 멈춰 세상을 바꾸자"라며 나선 첫 총파업은 강렬했다. 그렇게 역사의 전면에 등장한 화물연대의 '세상을 바꾸는' 투쟁은 오늘 이 순간까지 멈춘 적이 없다.

자료와 기록으로 보게 된 화물운송노동자들의 삶은 늘 위험에 직면해 있었다. 버거운 삶 속에서도 '노동조합'으로 뭉친 화물운송노동자들은 자신의 권리를 되찾고자 나섰고, 어려운 주위에도 연대의 손을 내밀었다. '특수고용직 노동자' 신분이었던 화물운송노동자들은 같은 처지의 '노동자'들과 함께 노동3권을 쟁취하기 위한 투쟁에서도 선두에 섰다. 그렇게 온갖 불합리와 법·제도 개선에 온 힘을 바쳤다. 화물운송노동자의 안전, 나아가 국민 안전을 지키기 위한 화물연대의 활동과 투쟁은 20년 넘게 이어져 오고 있다.

이 책의 끝은 2022년이다. 화물연대 투쟁의 결실로 2018년 안전운임제가 도입됐지만, 고작 3년 만인 2022년 일몰을 맞았다. 화물자동차 안전운임제는 화물운송노동자들의 과로, 과속, 과적 운행을 예방하고 적정운임을 보장해 안정적인 생활을 지원한다. 나아가 교통안전을 확보하고 지속 가능한 물류 시장을 조성하기 위해 도입한 제도다. 따라서 안전운임제가 다시 사라지는 일은 단순하지 않다.

화물연대는 안전운임제 '일몰'을 앞둔 2022년 그야말로 총력을 다해 투쟁했다. 그런데 당시 윤석열 대통령은 "화물연대 파업은 북핵과 같은 위협"이라는 등의 망언을 내뱉었다. 그리고 파업 중인 화물운송노동자들에게 사상 초유의 '업무개시명령'을 발동해 강제노동에 몰아넣었다. 정작 윤석열은 그로부터 2년 뒤 불법 계엄을 저질렀다.

이 책의 끝에서 화물연대의 투쟁은 다시 시작됐다. 그리고 마침내 2025년 7월 화물자동차 안전운임제가 다시 국회 본회의를 통과했다. 그런데 이번에도 안전운임제는 2026년 1월 1일 시작해서 2028년 12월 31일 끝나는 '3년 후 일몰' 시행이다. 또다시 국민 안전을 시한부로 연장하고, 화물노동자의 생존권을 벼랑 끝으로 밀어 넣는 퇴행적 입법이다. 화물연대가 다시 어려운 투쟁의 길에 설 수밖에 없는 이유다. 그들의 투쟁이 세상을 바꿔왔듯 앞으로도 화물연대는 세상을 바꾸는 견인차가 될 것이다. 비록 부족하지만 20년을 정리한 이 책이 또다시 앞으로 나아가야 할 화물연대에 미약하나마 연료가 되기를 바란다. 무엇보다 화물운송노동자의 안전한 노동과 평온한 삶을 기원한다.

2부.

물류를 멈춰 세상을 바꾸다 2003~2006년

3부.
안전한 노동을 향해 2007~2012년

4부.
안전운임제 쟁취 투쟁 2013~2018년

5부.

역사의 주인으로 도약하다 2019~2022년

1. 화물노동자를 둘러싼 정세

2. 안전운임제 확대와 일몰제 폐지 투쟁

1부

화물노동자 뭉치다

2002년

1.

화물노동자의 탄생

국내 화물운송업의 시작

　물류(物流)란 '필요한 양의 물품을 가장 적은 경비를 들여 신속하고 효율적으로 원하는 장소에 때맞춰 보낼 수 있도록 해 가치를 창출하는 경제활동'을 뜻한다. 자재와 제품의 포장, 하역, 수송, 보관, 통신 등 여러 활동을 아우르는 말이다. 따라서 '물류'는 인류가 모여 경제활동을 하는 모든 현장에 존재했다.

　현대적 의미의 물류는 전쟁에서 시작했다. 전쟁에서 군대에 무기와 음식 등의 군수품을 공급하는 게 중요해지면서 물류가 본격적으로 발전했다. 이후 물류 개념이 기업경영에 도입됐다. 조달물류, 생산물류, 판매물류, 공급망관리 등의 분야별로 적용되기 시작해 발전과 확장을 거듭하며 오늘날에 이르렀다.

　국내 물류 시장에서 가장 큰 비중을 차지하는 것은 육상 화물운송이다. 한국에는 전쟁이 벌어진 1950년부터 화물자동차가 들어왔다. 미국이 전쟁에 쓰려고 트럭을 들여왔는데 전쟁이 끝나자 쓸모가 없어졌다. 낡은 트럭을 다시 가져가는 건 비용 부담이 크고 버리자니 아까웠던 미국은 그것들을 한국 정부에 팔았다. 한국 정부는 사실상 고철이나 다름없는 차량을 울며 겨자 먹기로 사들일 수밖에 없었다.

미국의 강압에 사들이긴 했지만, 군용으로 쓰기에는 너무 많았고 그렇다고 비싸게 산 차들을 버릴 수도 없었다. 정부는 사들인 트럭 일부를 민간에 팔아넘겼다. 그렇게 트럭을 사들인 차주들이 돈을 받고 곡식, 석탄, 목재 등을 운반한 것이 국내 운송업의 시작이다.

사정이 이렇다 보니 1950년대 국내 화물운송업은 자본이 영세했다. 자동차운송사업 면허를 취득한 군소 차주들은 차량을 타인으로부터 위탁받아 사업을 운영했다. 바로 '지입제'의 시작이다.

초기부터 지입제 장기화·고질화

5.16쿠데타로 정권을 장악한 박정희는 '조국 근대화 실현'을 국정의 주요 목표로 삼고 경제 성장을 우선적 정책으로 추진했다. 이 과정에서 1962년부터 정부 주도 경제개발 5개년 계획으로 한국 사회는 급속한 산업화가 진행됐다. 이 시기 화물운송 시장도 형성됐다.

기형적 형태인 지입제가 계속되자 정부는 기업화를 추진했다. 1961년 8월 말까지 지입제를 금지하고 지역에 따라 차량 최소 10~30대를 회사가 소유하도록 했으며, 차고와 사무소 등 시설기준도 갖추도록 했다. 그러나 대다수의 영세 차주는 회사에 현물(차량 또는 차량에 해당하는 금액)을 출자하는 형태로 위장한 지입 차량을 운영했다. 회사는 형식적인 기준 대수 확보에만 그쳐 직영하지 않는 차량이 79%에 달했고, 사업자와 차량 소유자의 분쟁이 끊이지 않았다.

정부는 1961년 12월 일제하 법령을 무효화하고 '자동차운수사업법'을 제정해 모든 운송업종에 대해 지입차량을 금지하고 직영화하도록 하는 기업화 정책을 더 적극적으로 추진했다. 화물자동차운송업의 업종은 정기화물과 구역화물로 구분했고, 시설기준, 최저면허 대수, 자본금 70만 환을 충족하는 사업자에게만 면허를 내주었다.

그래도 기업화 전환이 여의치 않자 정부는 1965년 업종별 최저면허 기준 대수를 현실화하고 직영차량 대수를 완화했다. 정기화물을 기업화하기 위해 직영 또는 준직영 형태를 취하도록 강제하는 한편 기준 대수는 한시적으로 20대 이상에서 10대 이상으로 조정하고 10대 이상 보유한 차주에게는 분리·독립을 허용했다. 지입차주의 분리독립이 쉽게 해서 자동차운수사업법 제정 당시 획일적이었던 기업화 조치를 재조정한 것이다. 그러나 기업화를 목표로 한 운송 정책은 모두 성공하지 못했다. 지입제는 여전히 성행하며 장기화·고질화됐다.

1970년을 전후로 경부고속도로가 개통하며 화물운송업은 더욱 성장했다. 1980년대는 세계 자본주의가 신자유주의[1] 체제로 전환한 시기다. 무역적자에 시달리던 미국을 비롯한 선진자본주의 국가들이 정부의 개입을 강화하면서 자국 시장을 보호하고, 주변 국가에는 개방 압력을 넣으며 신자유주의를 강화했다. 중동 산유국들은 석유 패권을 회복하고자 원유 생산량을 늘렸고 그 영향으로 1986년 이후 유가가 하락했다. 한국 경제는 1989년까지 저금리·저유가·저달러(3저)를 배경으로 호황을 누렸다. 연평균 10~11%가량의 고도성장, 국제수지 흑자, 실업률 하락 등으로 '단군 이래 최대 호황'이라 부를 정도였다. 이러한 경제 호황을 틈타 화물운송업도 활성화되고 중소화물업체도 무수하게 생겨났다. 1980년대 말 수출 증가율이 떨어져 제조업 불황이 도래하며 국내 경기는 다시 침체기를 맞았다.

1 　신자유주의는 1970년대 경제위기와 불황을 극복하기 위해 시장원리에 국가개입을 없애야 한다는 비판에서부터 시작됐다. 시장경제에 대한 국가개입을 없애고 민영화, 독점기업을 위한 세금 감면과 사회복지 축소, 개방 확대와 상품·서비스·자본·금융의 자유와 노동시장 유연화로 몰아가는 정책이다. 결국 신자유주의는 경제위기만을 가중시키며 구조조정이라는 명목으로 노동자를 양분화하기 시작했다. 같은 노동자를 정상적 고용과 비정상적인 고용으로 분리해서 노동계급 내부에 대립적 상황을 만들고 포섭과 배제 전략으로 노동자를 통제했다. 신자유주의는 자본에는 무한한 자유(이윤배가)를 보장하고 노동자에게는 기본적인 생존권조차 박탈했다.

2.
화물노동자의 집결

1987년 6월 항쟁으로 사회 민주화

1970년 전태일 분신 이후 노동자들의 생존권 쟁취, 어용노조 민주화, 민주노조 설립과 같은 민주노조운동에 불이 붙었다. 청계피복과 동일방직 노동자들의 투쟁은 박정희 정권 시대 개발독재의 문제점을 만천하에 드러냈다. 원풍모방, 반도상사, 콘트롤데이타, 한일공업 노동자들도 자주적 민주노조운동을 전개했다. YH무역상사 노동자들의 신민당사 점거 투쟁은 부마 민중항쟁으로 이어져 지배 세력 내부에 균열을 내고 유신시대를 종결짓는 역할을 했다.

1979년 박정희 피살 후 12.12쿠데타로 등장한 신군부가 지배 세력 내부의 주도권을 장악했다. 하지만 민주화운동과 민중운동의 기세는 꺾이지 않았다. 1980년 봄 사북 탄광, 동국제강, 롯데제과 노동자들의 파업 투쟁이 잇달았고 노동자들은 한국노총 민주화를 촉구하며 점거 농성을 벌이기도 했다. 학생운동 진영도 정치적 요구를 내걸고 민주화 투쟁을 시작했다. 신군부는 5월 17일에 계엄령을 전국으로 확대하고 광주 민중을 총칼로 학살했다.

쿠데타로 정권을 장악한 전두환은 헌법을 무시한 채 초법적인 국가보위비상대책위원회(아래 '국보위')를 설치해 국가를 통치했다. 안보태세 강화, 경제 난국 타개, 정치발전, 사회악 일소를 통한 국가 기강 확립을 명분으로 공직자 숙청, 중화학공업투자 재조정, 졸업정원제와 과외 금지, 출판·인쇄물 제한, 삼청교육대 등을 실시했다. 이때 '집회 및 시위에 관한 법률'을 개악하고 '제3자 개입 금지법'을 신설하는 등 반민주 반노동 악법을 만들어 사회통제를 강화했다.

그해 8월 27일 통일주체국민회의에서 대통령으로 선출된 전두환은 군사 독재에 대한 반발을 억제하기 위해 컬러TV 방영, 국풍81, 86아시안게임과 88서울올림픽 유치 등 우민화 정책[2]을 추진하며 국민의 관심을 호도했다.

체제가 안정화됐다는 판단으로 정부는 1983년부터 중·고등학생의 교복·두발 자유화, 야간 통행금지 해제, 대학 제적 학생 복학, 민주인사 복권 등 이른바 '유화조치'를 폈다. 전두환 정권은 이러한 과정을 통해 체제 안정화를 지속화하려 했으나 도리어 민주 세력은 이를 계기로 다시 결집해 활발한 민주화운동에 나섰다.

한국 경제는 1986년부터 1989년까지 저금리·저유가·저달러(3저)를 배경으로 호황을 누렸다. 그러나 경제 성장의 결실은 민중에게 돌아가지 않았다. 이러한 경제적 배경이 정치적 상황과 결부되면서 1985년 구로동맹파업을 비롯한 노동자·민중의 반격이 시작됐다. 게다가 1986년 7월 부천경찰서 성고문 사건에 이은 1987년 1월 박종철 고문치사 사건 등 정권이 저지른 만행은 파국을 불러왔다.

박종철의 죽음이 알려지자 노동자·민중은 정권의 폭력성에 분노하며 민주화를 요구하고 나섰고, 대통령 직선제 개헌을 압박했다. 권력 유지에 위험을 느낀 전두환은 국민의 개헌 의지에 찬물을 끼얹고 4월 13일 특별담화를 통해 직선제 개헌 요구를 정면으로 거부하는 '호헌 조치'를 단행했다. 온 국민이 연일 박종철 고문치사 사건을 규탄하며 4.13 호헌 조치 철회와 민주 개헌을 촉구하는 대규모 시위에 나섰다.

---

2   세간에서는 S로 시작하는 세 단어 스크린(Screen), 스포츠(Sports), 섹스(Sex)의 머리글자를 따 '3S 정책'으로 일컬었다.

  5월 27일 출범한 '민주헌법쟁취 국민운동본부'가 6월 10일 국민결의
대회를 열자 전국 22개 지역에서 40만 명이 모였다. 시위가 벌어지는 도
시마다 최루탄으로 범벅이 되었다. 국민결의대회 하루 전에 출정식을
하던 연세대학생 이한열이 전투경찰이 쏜 최루탄에 맞아 쓰러지며 분노
는 더욱 끓어올랐다. 18일에는 전국 주요 도시에서 50여만 명이 시위를
벌인 데 이어 6월 26일 '평화 대행진'에는 140여만 명이 참여했다. 6월항
쟁은 전국적으로 20~30개 도시에서 동시다발로 전개됐고 연인원 4~5
백만 명 이상이 참여하며 19일 동안 계속됐다. 국민적 저항이 폭발하자
위기감을 느낀 지배계급은 마침내 직선제 개헌을 수용하겠다는 '6.29선
언'으로 항복하기에 이르렀다.

노동자 대투쟁에 나선 화물노동자

1987년 대통령 직선제를 쟁취했다는 기쁨으로 6월 항쟁의 불길이 수그
러드는가 싶었지만, 그 불길은 노동 현장에서 다시 살아났다. 권위주의
체제의 붕괴를 목도한 거리에서의 정치적 민주화 요구는 생활 터전인
직장에서의 민주화 요구로 전환해 갔다. 노동조합 결성이 전국에서 봇
물 터지듯 일어났다. 그동안 권위주의적 지배체제에 억눌려왔던 노동자
들은 1987년 7·8·9월 노동자 대투쟁으로 폭발했다.
  7월 5일, 울산의 현대엔진(현 현대중공업)노동조합 결성에서 시작한 투
쟁의 불길은 울산의 현대그룹, 마산·창원과 부산, 거제 노동자들의 투쟁
을 거쳐 8월 초에는 경인 지역까지 확장해 성남, 서울 구로공단 등 전국
으로 번졌다. 제조업 노동자들로부터 시작된 투쟁이 순식간에 운수, 광
산, 사무직, 판매·서비스직, 기술직까지 확장했다.
  1987년 7월부터 약 3개월 동안, 3천여 건에 달하는 노동쟁의와 거리
투쟁이 벌어졌다. 그 결과 1987년 이후 1988년 6월 30일까지 결성된 신
규노조는 2,337개로 기존 노조 수인 2,725개에 육박했다. 그렇게 1987년

7·8·9월은 노동자들이 불꽃 같은 투쟁으로 '인간 선언'에 나선 역사로 기록됐다. 투쟁을 지도할 정치조직도, 노동조합 전국 조직도 없는 상황이었지만 파업 투쟁은 들불처럼 번졌다. 노동자 대투쟁 기간 3,300여 개 공장에서 전체 노동자의 3분의 1이 넘는 노동자가 파업 투쟁을 벌였다.

1987년 노동자 대투쟁 시기 화물노동자들의 투쟁도 눈에 띈다. 부산 천일정기화물자동차 노동자들은 7월 10일 파업 농성에 돌입해, 다음날 식대 인상과 노조 대표의 임금 인상을 쟁취했다. 전북에서는 8월 11일, 대한통운 군산지점 소속 운전사 100여 명이 군산 시내 대한통운 창고에서 임금 인상 등 요구사항 22개 항을 내걸고 농성을 벌였다. 전북의 호남정기 화물노동자 30여 명은 8월 17일, 개별차주 관리비 인하를 요구하며 농성을 시작해 이튿날에는 지입차주와 운전기사 40여 명이 트럭 27대를 몰고 10여 분간 거리 시위를 벌이며 운행 전면 중단 투쟁을 벌이다 38명이 연행되기도 했다.

자신의 이해를 쟁취하기 위한 '투쟁의 정치'를 경험한 노동자들은 투쟁의 힘을 강화하기 위한 조직화의 필요성도 절감하게 됐다. 노동운동이 양적으로뿐만 아니라 질적으로 발전하는 계기가 마련된 것이다.

화물연맹 결성해 민주노총 가입

1987년 7·8·9월 노동자 대투쟁은 한국 사회 노동자에 대한 인식을 바꾸어 놓았다. 노동자들 역시 자본과 정권의 반격에 개별 사업장이 아닌 조직으로 뭉쳐 대응해야 한다는 사실을 깨달았다. 지역별 연대를 위해 노동자 대투쟁의 성과를 지역노조협의회(아래 '지노협') 결성으로 모아 갔다. 전국적으로는 전국노동법개정및임금인상투쟁본부(아래 '전국투본')를 구성했다. 전국투본은 1988년 11월, 전국에서 노동자 5만여 명이 참가한 가운데 전국노동자대회를 열고 '노동법 개정' '독점재벌 해체'를 요구하며 대중적 결속력을 과시했다. 이러한 투쟁의 성과를 모아 1988

년 12월에는 전국적 대중조직인 '지역·업종별 노동조합 전국회의'(아래 '전국회의')를 결성했다.

1987년 노동자 대투쟁으로 화물운송노동자들도 잇달아 노조를 결성했다. 화물운송 노조들은 한국노총 전국자동차노동조합연맹(아래 '자노련')의 어용성에 반기를 들고 독자적인 연맹 건설을 추진했다. '전국화물자동차노동조합연맹 조직편성회의'를 구성하고 전국 순회와 대표자 회의를 여는 등 조직화에 나섰다. 이런 과정을 거쳐 1988년 9월, 13개 노조 2,500여 명의 조합원으로 전국화물운송노동조합연맹(아래 '화물연맹')을 결성했다. 화물연맹 역시 전국회의에 결합했다.

한편 노동법은 조선방직 노동자들의 투쟁을 계기로 1953년에 만들어진 이후 개정을 거듭했지만 1963년에는 국가재건 최고회의, 1973년에는 비상국무회의, 1980년에는 국보위 등 국회가 아닌 비정상적 기구에서 정권의 입맛대로 이뤄졌다. 그 결과 기업별노조 강제, 제3자 개입금지 등 독소 조항들이 노동법에 들어갔다. 1987 노동자 대투쟁 이후 처음 국회에서 노동법을 개정했지만, 이 또한 노동자의 요구를 전면 반영한 것이 아니라 전두환이 개악한 조항 중 일부를 유신 이전으로 되돌리는 정도에 그쳤다.

노동자들은 스스로 노동법 개정에 나섰다. 1988년 4월 총선으로 형성된 여소야대 국회 국면을 활용해 내놓은 노동운동 진영의 노동법 개정안은 야 3당에서도 일정 부분 수용해 국회를 통과했다. 그러나 노태우 대통령은 1989년 3월, 노동법 개정안에 거부권을 행사했다.

전국회의로 집결한 노동자들은 1989년 5월 1일 '세계노동절 100회 기념 한국노동자대회'를 열어 역대 독재정권에 빼앗겼던 메이데이를 42년 만에 대중적 투쟁으로 부활시켰다. 노동자들은 개별 사업장 투쟁을 넘어 지역·전국적으로 연대하며 투쟁의 정치적 성격을 강화해 나갔다. 5월 노동절 투쟁과 11월 전국노동자대회 등 전국적 집회를 정착시키고 지역 총파업 투쟁을 현실화해 냈다. 그리고 마침내 1990년 1월 22일, 천만 노동자의 이름으로 전국노동조합협의회(아래 '전노협') 건설을 선포했다. 14개 지노협과 2개의 업종협의회, 6백여 개의 민주노조와 20만 조합원을 포괄하는 전국 조직 전노협이 출범한 것이다.

공안정국을 조성해 민중운동과 사회운동 세력을 대대적으로 탄압한 노태우 정권 등 지배 세력은 임금 억제정책과 함께 노동운동을 강경하게 통제했다. 1990년 KBS노조의 방송민주화 투쟁과 현대중공업노조 파업에 대한 탄압, 전노협 와해를 노린 대대적인 업무조사, 1991년 '연대를 위한 대기업노조회의' 간부들 구속과 대우조선노조 파업 진압, 1992년 총액임금제 분쇄 투쟁에 대한 탄압 등 정부의 물리적 강경 대처가 잇달았다. 그 과정에서 구속된 노동자 수는 노태우 정권 5년 동안에만 1,973명에 달했다.

전노협에 탄압이 집중되는 가운데 노동운동 진영은 이에 맞서 지역·전국적 파업 투쟁을 이어가며 연대 전선을 확장했다. 전노협과 전국업종노동조합회의(아래 '업종회의')는 '국제노동기구(ILO) 기본 조약 비준 및 노동법 개정을 위한 전국 노동자 공동대책위원회'(아래 'ILO공대위')를 구성하고 민주노조 총단결 투쟁의 구심 역할을 했다.

1993년 출범한 김영삼 정권 역시 임금 억제와 노동 통제를 강화하며 회유와 포섭으로 노사협조주의적 노사관계를 정착시키려 했다. 하지만 민주노조 진영은 더 조직적으로 대응에 나섰다. 1993년 6월 1일, 전노협 등 민주노조 진영은 1,145개 노조 40만 7천 명을 포괄해 전국노동조합대표자회의(아래 '전노대')를 발족했다. 1994년 노·경총 임금 합의를 계기로 노동자들의 한국노총에 대한 불신은 더욱 커졌고 한국노총 탈퇴 운동으로 확산했다.

그리고 마침내 1995년 11월 11일 전국민주노동조합총연맹(아래 '민주노총')이 출범했다.(사진) 창립 당시 법외노조 상태였음에도 민주노총은 생산직과 사무직, 민간과 공공부문을 망라해 861개 노조 조합원 418,154명을 포괄했다. 기본 가맹 단위로서 18개 산별 조직에 735개 노

[사진 : 『알기』 노동자역사 한내]

조 313,872명이 가입했으며, 과도적으로 대노협과 현총련을 통해 20개 노조 52,438명, 지역본부를 통해 106개 노조 51,844명이 가입했다. 민주노총의 창립은 정권과 자본의 탄압에도 민주노조 진영이 한국 사회를 끌어나갈 중심 세력이라는 사실을 만천하에 드러냈다.

한국노총 자노련의 조직파괴 공작과 복수노조 금지조항의 굴레에도 불굴의 투쟁을 벌여온 화물연맹 역시 1996년 2월 민주노총에 가입, 1997년에 합법성을 확보했다.

1996~1997년 노개투 총파업

소련을 비롯한 동구권에서 사회주의 체제가 붕괴한 뒤 세계 경제 질서는 빠르게 재편되고 있었다. 한국은 1995년 1월 세계무역기구(WTO) 체제가 출범하자 회원국이 됐고, 1996년 말에는 OECD에도 가입함으로써 상품시장에 이어 자본·금융시장이 전면 개방됐다.

제조업 비중은 줄고 3차 산업의 비중이 늘었으며, 정규직은 줄어들고 임시직·시간제 등 비정규직이 늘어났다. 공공부문 역시 정부 조직 개편과 민영화 등으로 고용불안이 깊어졌다. 그러나 김영삼 정부는 도리어 임금 억제와 효과적인 노동 통제, 노동조합 활동의 제한을 획책하기 위한 노동법 개악에 나섰다. 노동진영의 질서 재편으로 노동운동을 분할

[사진 : 『알기』, 노동자역사 한내]

통치하고 신자유주의 노동시장 유연화를 완성하고자 했던 김영삼 정권
은 1996년 12월 26일 개악 노동법을 날치기로 통과시켰다.

민주노총은 '세상을 뒤흔든' 노동법 개정 총파업 투쟁에 나섰다.(사진)
화물연맹 역시 1996년 임단투 직후 '노개투 → 1997년 임단투 → 조직의
양질적 강화(산별노조 건설)'를 조직방침으로 세우고 총파업을 위한 교
육, 선전, 조직 등 다양한 사업을 차근차근 수행했다. 이러한 조직적 준
비를 바탕으로 화물연맹은 1996년 12월 26일 노동법 날치기 직후인 27
일 새벽 경부고속도로 위에서 차량 시위를 벌여냈다. 12월 30일의 시한
부 파업을 거쳐 1월 12일에는 부산지역 전 조합원이 부산역에서 총파업
출정식을 열었다. 이어 1월 15~16일 이틀 동안 마침내 총파업을 감행했
다. 화물연맹이 총파업에 나서면 물류가 전면 마비될 수 있다는 사실을

증명했고, 전 국민의 관심을 끌기에 충분했다. 조합원들에게도 스스로의 힘을 확인하는 계기가 됐다. 민주노총 총파업 3단계 투쟁의 최고조기에 감행된 화물연맹의 총파업 투쟁은 조직의 위상을 대내외적으로 과시하기에 부족함이 없었다.

　민주노총이 '세상을 뒤흔든 총파업' 투쟁으로 날치기 노동법은 폐지했으나 자본의 신자유주의 행보는 더욱 바빠졌다.

3.

신자유주의 세계화에 조직적으로 맞서다

급격한 양극화 속에 위·수탁제 도입돼

1990년 건설경기의 이상과열 현상과 함께 내수시장 물동량 증가로 화물운송업계는 경기 침체가 잠시 지연됐지만 1991년 하반기부터 건설경기 하락, 수출 증가율의 현격한 둔화, 제조업 불황으로 운송 물량이 부족해졌다.

화물운송 자본가들은 새로운 모색이 불가피했다. 기업들은 화물관리의 필요성을 본격적으로 인식하기 시작해 물류 관련 부서들을 설립했다. 정부도 1990년대 들어서면서 법·제도적 장치를 만들었다. 자동차운수사업법 개정으로 소화물 일관수송업(택배업)법[3] 근거를 마련[4]했고, 화물유통촉진법(1992년), 화물자동차운수사업법(1997년) 등 물류 관련 법도 제정했다.

---

[3] 1989년 12월 30일 자동차운수사업법 '소화물일관수송' 조항 개정·공포로 법적 근거를 마련해 1991년 1월 9일 소화물일관수송법 도입.

[4] 택배는 이때부터 기업별로 확산하기 시작해 한진에 이어 대한통운(현 CJ대한통운)이 1992년, 현대물류(구 현대택배 현 롯데택배)가 1993년 면허를 취득했다. 본격적인 택배 사업은 한진이 1992년 '파발마'라는 브랜드로 서울·부산 등 주요 도시 6곳에 영업소와 기타 중소도시 16곳에 취급소를 두고 시작했으며, CJ대한통운은 1993년 '대한통운특송'이라는 브랜드로, 현대물류는 1994년부터 택배 서비스를 시작했다.

특히 김영삼 정권은 1995년 출범한 세계무역기구(WTO)에 무리하게 가입하면서 대외 개방정책인 우루과이라운드를 받아들였다. 미국이나 일본은 자본주의 사회에서 화물운송업이 차지하는 비중을 알고 있었기 때문에 자국의 화물운송업을 100년 이상 보호 육성해 충분한 경쟁력을 갖추게 한 뒤 개방했다. 하지만 한국은 화물운송업의 역사가 채 50년도 안 된 상태였음에도 개방이라는 초유의 사태를 맞이해 결국 위기에 직면했다.

경제 상황 악화에 따른 물동량 감소 등으로 화물운송 자본가들은 더는 안정적인 부의 축적이 불가능해지자 노동자들에게 차량을 팔아넘기는 방식으로 위·수탁제를 도입했다.

1997년 국제통화기금(IMF)으로부터 자금 지원을 받는 지경의 경제위기가 더해지며 화물차 판매 대수가 추락하기 시작했다. 정부는 운송시장 활성화를 위해 신규 운송 사업자 등록 기준을 완화하면서 영업용 번호판 등록 체제를 기존 면허제에서 등록제로 변경했다. 그 결과 시장에 화물차량이 과잉으로 공급되면서 운송 운임이 하락하는 사태가 벌어졌다. 업종별 요금 규제는 1998년 1월 이후 완전히 자유화됐다. 화물자동차운송업 시장 진입은 1999년 7월 이후 모두 등록제로 전환됐다.

김영삼 정권의 노동법 날치기 통과는 민주노총의 총파업으로 막아냈지만 이어 등장한 김대중 정부 역시 신자유주의적 구조조정 공세를 가해 왔다. 민주노총을 중심으로 한 노동진영은 '고용안정' 요구를 중심으로 '정리해고'에 반대하며 끈질긴 투쟁을 전개했다. 그러나 자본과 정권은 1997년 IMF 경제위기를 등에 업고 1998년 정리해고를 법제화하는 등 노동유연화 공세를 더욱 거세게 밀어붙였다. 한국 사회에 신자유주의 구조조정이 본격화됐다.

김대중 정부는 공공과 민간 부문을 망라하는 전방위적인 구조조정과 적극적인 금융개방을 통해 한국 사회에 강력한 신자유주의 노선을 이식했다. 그 결과 외국자본 의존도는 깊어졌고 노동의 불안정성은 높아졌다. IMF 상황을 등에 업고 펼친 '고용 유연화'로 비정규직이 급증해 실질적인 고용의 질은 나빠졌다. 이는 오늘날 노동시장 이중구조의 토대가 됐다. IMF 경제위기 이후 5년 동안 노동자의 실질임금이 삭감되면서 계층 간 소득 격차는 더욱 벌어져 한국 사회 양극화가 급격하게 진행됐다.

전국운송하역노조 출범과 부두 파업

화물운송 분야는 이미 위·수탁제도를 도입해 운송시장이 특수고용직 노동자들로 재편되고 있었다. 또 물류의 주요한 축인 부두 노동자들은 한국노총 산하 항운노동조합의 틀 안에 머물러 있는 상황이었다.

이러한 현실 속에서 조직 발전 전망이자 생존전략 차원에서 기업별노조 체계를 산별적 체계로 전환할 필요성이 적극적으로 대두됐다. 이에 따라 화물연맹은 1999년 2월 전국운송하역노동조합을 건설하게 된다.

운송하역노조는 출범 이후 대대적인 조직 확대를 이루고, 특히 1999년 하반기부터 2000년 상반기까지 폭발적인 규모로 신규 조직을 설립했다. 1999년 9월 운송하역노조 정규직 중 최대 조직인 아시아나공항서비스지부가 설립되면서 항공화물 분야까지 포괄하고, 더불어 택배 분야에서도 조직이 설립되면서 컨테이너 운송 위주였던 운송하역노조는 더 큰 틀로 성장해 나갔다.

이 과정에서 신선대·우암지부의 설립과 50년 만의 역사적인 부두 파업을 빼놓을 수 없다. 1991년 개장한 신선대부두의 공채 부두 노동자 180여 명은 IMF 이후 구조조정에 대응하고자 한국노총 항운노조에 가입했다. 그러나 노조는 3교대를 2교대로 바꾸고 상여금을 반납하는 데 합의하며 도리어 노동자들에게 횡포를 부렸다. 이에 부두 노동자들은 1999년 12월 9일 부산항에 민주노조인 운송하역노조의 깃발을 올렸다. 신선대와 우암터미널 노동자들이 '초기업 단위의 복수노조는 합법'이라는 법적 우위와 현장 장비 기사들이 대부분 가입된 현장 기반 위에서 노조를 설립, 운송하역노조에 가입한 것이다. 2000년에 부산지역은 신선대와 우암 부두 컨테이너터미널 노동자들의 파업 투쟁으로 들썩였다.

그러나 노동부는 복수노조 금지조항을 들어 새로운 노조를 인정하지 않았다. 운송하역노조는 노동부장관 퇴진 투쟁을 벌이며 총파업을 선언했으나 항운노조 조합원 수백 명이 작업 대기실에 난입해 폭력을 행사했다. 항운노조의 폭력에 대응하는 와중에 2000년 2월 11일, "신선대·우암지부는 합법적 노조며, 사측은 지부의 단체교섭에 응해야 한다"는 부산지법의 판결이 나왔다. 법원의 판결에도 사측이 교섭에 나오지 않자 운송하역노조는 2월 25일부터 태업에 돌입했다. 그러자 항운노조원들이 기다렸다는 듯이 쇠파이프를 들고 부두에 난입해 투쟁 중인 조합원들을 집단 폭행했으며, 회사는 불법 대체인력을 투입했다. 부산노동청이 요청한 노사정간담회에 참석하러 가던 운송하역노조 간부들은 감금당했다.

항운노조의 협박과 폭력을 견디다 못한 조합원들은 사업장을 떠나 2월 27일 경성대에서 파업 농성에 돌입했다. 신선대·우암지부는 각계각층의 지지와 지원을 받으며 두 달 넘도록 완강하게 투쟁을 전개했다. 노조가 5월 1일 파업을 중단하고 현장에 복귀했지만 사측은 대량징계와 가압류 등으로 무자비한 탄압을 지속했다. 이 투쟁으로 신선대에서는 5명이 해고되고 14명이 정직됐고, 우암에서는 7명이 해고되고 14명이 정직당했다. 신선대와 우암 부두 노동자들은 부산항 컨테이너 물동량의 30%를 장악하고 있는 조건 속에서 합법화 투쟁에 나서 60일간 완강하게 싸웠지만, 항만을 독점하고 있던 항운노조의 집단폭력과 정부의 반노동자적인 정책을 넘어서기는 어려웠다.

2000년 7월 25일, 회사쪽이 제기한 쟁의행위금지가처분 및 채권가압류 소송에서 부산지방법원은 "이유 없다"고 결정함으로써 부두 파업의 정당성을 인정했다. 부산지법 재판부는 결정문에서 "합법적인 지위를 가진 운송하역노조 신선대·우암지부가 부산지법 가처분 결정과 노조법

상의 쟁의절차를 거쳐 합법적인 수단으로 진행한 파업이므로 회사측이
이를 이유로 노동조합 및 조합원에게 책임을 물을 수 없다"고 밝혔다. 이
로써 합법화 투쟁을 벌여온 이들 노조가 사실상 법적 지위와 정당성을
인정받았다. 그러나 이후 복수노조 허용이 2006년 12월까지로 연기되
고, 사측과 항운노조의 탄압이 더해지며 끝내 노동조합의 깃발을 내려
야 했다.

생존의 벼랑 끝에 몰린 화물노동자

2002년에도 화물노동자들의 가장 큰 문제는 지입제와 다단계 알선구
조였다. 5톤 이상 차량의 경우 사업 면허가 최저 5대로 제한돼 있어 화
물노동자들은 사업자의 명의를 빌리고 지입료를 내야 할 뿐만 아니라
차량에 대한 재산권도 보호받을 수 없었다. 또 통상 3~4차례 다단계를
거치기 때문에 누적 알선료는 20~30%에 달했고, 이 때문에 기름값, 식
대, 차량 감가상각 등을 제하고 나면 실제 손에 쥐는 건 푼돈에 지나지
않았다.

게다가 10년 전보다 기름값과 통행료는 3~4배 올랐지만, 화물운송료
는 10년 전 그대로였다. 1992년에 리터 당 199원이던 화물차량에 쓰는
경유가 2002년 10월 말에는 726원이나 됐다. 그런데도 운송료는 인상
되지 않았으니 차량을 운행할수록 도리어 손해를 보는 불합리한 상황이
계속됐다.

이런 가운데 화물차량의 간이휴게소 사용을 통제하는 도로공사의 조
치는 화물노동자 결집에 기폭제가 됐다. 이전 고속도로휴게소에는 차종
별 주차 공간이 구분돼 있지 않았다. 1995년부터 한국도로공사의 휴게
소 사업이 민영화되면서 휴게소들은 대형버스 전용 주차선을 긋기 시작
했다. 휴게소에 들를 때마다 돈 되는 승객들이 20~30명씩 쏟아지는 고
속버스에 비해 몸집만 크고 내리는 고객은 고작 1명인 화물차량에는 푸

대접이었다. 1997년 경부고속도로 입장휴게소를 시작으로 화물차 전용 휴게소가 만들어진 뒤 몇몇 휴게소가 지어졌지만, 여전히 부족했다. 그나마 화물차 운전자들의 안식처가 됐던 간이 정류장[5]은 음주 방지를 이유로 폐쇄됐다. 화물노동자들은 졸리고 허기져도 화물차 전용 휴게소까지 죽음의 질주를 해야 했다. 2000년대 들어서 고속도로망이 비약적으로 확충되면서 휴게소 숫자도 늘어나긴 했지만, 화물노동자들이 쉴 수 있는 휴게소나 공간은 턱없이 부족했다. 일반 휴게소는 주차도 어렵거니와 샤워 시설이나 수면실 등이 없어 일상적으로 야간에 운전하는 화물차 운전자가 이용하기는 적합하지 않았다.

이뿐만이 아니었다. 화물노동자들은 산업안전의 사각지대에 놓여 있었다. 2001년 한 해 동안 고속도로 화물차 관련 사고가 140여 건이나 됐고 8백여 명의 사상자가 발생했다. 할인 시간대가 정해져 있다 보니 야간 운행이 불가피하고, 졸리고 피곤한 상태에서 운행하는 악순환이 반복돼 필연적으로 대형 사고를 초래했다. 어떠한 안전장치도 없는 상황에서 화물노동자들은 위험의 질주를 할 수밖에 없었다.

2002년 7월 31일에 화물자동차운수사업법(아래 '화사법') 개정안이 국회 본회의를 통과했지만 도리어 화물노동자들의 생존권을 위협한다는 반발을 샀다. 개정안에 따르면 3년 이상 중고차를 소유한 지입차주들은 차량 이전을 등록할 수 없어 어쩔 수 없이 기존 회사에 꼼짝없이 묶여있을 수밖에 없다. 차량 5대를 소유해야 운수사업을 할 수 있는 조건에서, 화물운송업 종사자의 절대다수를 이루고 있는 개별 지입차주들은 자기 소유 차량의 재산권조차 행사하지 못하고, 근거 없이 지입료를 징수당하는 불합리한 구조에서 벗어날 수 없다. 나아가 시장 진입 규제를 완화하기로 한 내용에 따라 2005년부터 개별등록제가 시행되더라도 중고차를 소유한 개별차주들은 대형 업체들에 밀려 운수업에서 퇴출당할 위기

---

5   BS구역(Bus Stop Space)

에 처하는 셈이다. 또 이 개정법은 화물운송에 실질적으로 기여하지 않는 운수법인들의 기득권만 강화하고 지도와 규제를 완화해 운송 산업 구조를 왜곡하며 물류비를 증가시킬 것으로 비판받았다. 8천여 개에 달하는 화물운수 법인 중 대부분은 운송사업을 하지 않으면서 등록 최저 기준에 맞춘 운수법인을 설립해 번호판 교부와 이에 따른 지입 수수료만 챙겨가고 있었다. 결국 운수법인에 대한 규제(등록취소 등) 조항마저 삭제된 조건에서 차령 3년 제한 등의 법이 시행되면 개별차주들은 차량 등록과 유지를 위해 운수법인에 종속될 수밖에 없고, 화물운송사업 구조 왜곡의 주요 원인인 지입제는 유지 강화될 것이 불을 보듯 뻔했다.[6]

---

[6] 2002년 화사법 개정으로 화물차량 명의 대여(지입) 금지가 삭제되면서 화물업계에서 오랜 기간 사용해온 '지입'이라는 용어는 법률적 용어로서는 위력을 잃었다. 이후 2011년 개정된 화사법에서 '운송사업의 효율적인 수행을 위하여 필요한 때에는 차량과 경영의 일부를 위탁할 수 있다'고 규정함에 따라 법률에서는 '지입' 대신 '위·수탁'이라는 용어를 사용하지만, 사회적으로는 통상 '지입'이라는 용어를 쓰고 있다.

4.
화물연대 출범

위·수탁 화물노동자들의 단결

화물운송노동자들이 생존의 벼랑 끝에 몰린 가운데 2002년 4월 말 고속도로에 정체가 벌어졌다. 휴게소가 화물차의 출입을 막은 것이 발단이었다. 이에 화물노동자들이 차량 수십 대를 한꺼번에 모아 줄지어 최저 속도로 운행하며 휴게소의 횡포와 간이휴게소를 폐쇄한 도로공사에 항의하며 벌어진 일이다.

그간 화물차주, 즉 '사장'이라 생각해온 이들이 불이익과 탄압에 맞서 스스로를 '노동자'로 인식하고 투쟁에 나서게 된 것이다. 이어 5월부터 한 달여 동안 화물노동자들은 휴게소 주차 공간 확보, 통행료 인하, 기름값 인하, 운송료 현실화를 요구하며 고속도로 준법 운행 등 시위를 벌였다. 5월 31일 새벽에도 경부고속도로 경북 김천 구간에서 화물노동자 20여 명이 고속도로 최저 속도인 시속 50km로 서행했다.

이 과정에서 시위를 주동했다는 이유로 2명이 교통방해 혐의로 구속됐다. 절박한 상황에서 시위를 벌인 동료가 구속되자 화물노동자들의 분노가 터져 나왔다. 화물노동자들은 TRS[7]를 통해 이런 사실들을 서로

---

7   주파수공용통신(Trunked Radio System).

알리면서 모금 운동을 벌여 구속자 가족들에게 전달하는 한편 뭉쳐서 행동해야 한다는 공감대를 확산시켜 나갔다.

개별로 벌이는 소모적이고 산발적인 투쟁에 한계를 느낀 화물노동자들이 근본적인 문제 해결을 위한 조직화의 필요성을 절감하고 있던 와중에 운송하역노조와 만났다. 이들은 조직을 결성해야 한다는 데 뜻을 같이한 뒤 곧바로 민주노총을 찾아 상담한 끝에 전국운송하역노조에 준조합원으로 가입하기로 했다. 운송하역노조는 미조직 사업의 하나로 당장 노조에 가입하기 힘든 경우를 대비해 준조합원 규정을 만들고, 전국에 흩어져 있는 화물차주 노동자들을 조직해 왔다.

이렇게 초동 주체 12명이 2002년 6월 6일 전국화물노동자공동연대준비위원회(아래 '공동연대')를 결성하고 운송하역노조(위원장 김종인)에 준조합원으로 가입하면서 본격적인 활동을 시작했다. 화물차 운전자들이 최초로 스스로 노동자임을 선언하고 자주적인 조직 건설에 나선 순간이다. 공동연대는 화물노동자들의 자주적 조직결성을 위한 준비 단계로, 이후 정식 노조원이 되는 것을 목표로 삼고 화물노동자 조직에 나섰다. △도로비·경유가 인하 △운송료 현실화 △고속도로 휴게소 운영 개선 등 3대 요구를 내걸고 대정부 투쟁에 나선다는 방침도 세웠다.

초동 주체들은 TRS를 통해 "지금 가입원서를 받고 있으니 상행선은 ○○휴게소로, 하행선은 △△휴게소로 모이라"고 알리는가 하면 각 휴게소에 화물차가 들어올 때마다 요구안과 조직화의 필요성을 담은 전단지를 돌리고 가입원서를 받아냈다. 가입한 기사들은 자신들의 차량에 화물연대의 출범을 알리고 요구사항을 담은 대형 현수막을 붙이고 운행했다. 헤드와 바디 부분이 나뉘어 있는 대형 트레일러는 주로 컨테이너 뒤에, 분리되지 않는 카고트럭[8]은 옆에 길게 현수막을 달아 움직이는 홍보물 역할을 했다.

8　　지붕 없는 화물칸을 가진 일반 화물차.

2002년 10월 27일 '화물연대' 출범

　공동연대로 활동하던 특수고용직 화물노동자들이 2002년 10월 27일, 마침내 '전국화물운송 특수고용직 노동자연대'(아래 '화물연대')로 발족했다. 위·수탁 화물노동자 중심으로 구성된 화물연대는 120여 명이 모여 10월 26일 설립총회를 하고, 다음날 부산대학교 문창회관에서 출범식과 투쟁 선포대회를 열었다.

　김종인 화물연대 초대의장은 대회사를 통해 "억압받고 착취당해 온, 그러면서도 운송 자본가들에게 속아 사장이라는 탈을 쓰고 살아온 화물

2002년 10월 27일 화물연대 출범식 홍보 포스터.

운송노동자들이 이제 당당한 노동자로 거듭났으며, 모래알처럼 흩어져 있는 20만 화물운송노동자가 하나가 됨을 선언한다. 이제 화물연대가 명실상부한 화물운송노동자들의 단결과 투쟁의 구심이 됐으며, 또한 화물연대를 중심으로 인간다운 삶을 위해 투쟁할 것"이라고 선언했다.

이날 출범식에는 당초 500명가량 참석할 것이라는 예상을 깨고 무려 1,780명이나 되는 화물노동자가 모였다. 스스로 엄청난 규모에 놀라기도 했지만, 화물노동자들의 억눌린 기본권 요구에 대한 열망을 확인하는 순간이었다. 이처럼 많은 조합원이 집결할 수 있었던 데는 TRS의 공이 컸다.

화물연대는 다른 특수고용직 노동조합들이 설립신고증을 받는 과정에서부터 난항을 겪고 조직이 안정되지 못하는 현실을 보면서 우선 대규모 조직화에 중점을 두었다. 그간 천대받아 왔던 화물노동자들은 급속히 화물연대로 집결했다. 이렇게 확대되기 시작한 조직은 출범 당시 1,800명에서 보름만인 11월 10일 전국노동자대회까지 2,500명으로 불어났다.

화물연대는 출범 후 2002년 11월 전국노동자대회에 깃발을 들고 조직적으로 참가했다. 출범 후 처음 맞는 전국노동자대회였다. 이날 대회에서 화제의 중심은 단연 화물연대 조합원들이었다. 회색 바탕에 노란색으로 굵게 '화물연대'라고 쓴 조끼를 입고 "물류를 멈춰 세상을 바꾸자"는 빨간색 띠를 펼치며 대회를 압도했다. 이날 참가한 운송하역노조 조합원 2,500여 명 가운데 화물연대 조합원들이 1,600명이었다. 10월 27일 출범한 뒤에 보름도 안 된 기간 동안 준비한 집회였다는 점에서 놀라운 성과다. 화물연대가 전국노동자대회를 준비하며 컨테이너 운반 지입차주들이 결성한 전국컨테이너연합회와 공동으로 '화물노동자 생존권 쟁취 공동대책위원회'를 조직하고, 전국노동자대회 사전대회로 '공동투쟁 선포대회'를 여는 등 조직화와 투쟁에 박차를 가해 온 결과다.

화물연대는 출범 당시부터 비정규직 조직 확대와 근로조건 개선에 영향을 미칠 것으로 전망됐다. 특히 물류 운반 비용이 많이 드는 국내 경제 시스템상 화물차 대부분을 차지하는 위·수탁 화물노동자들의 투쟁은 이후 경제적 파급력이 매우 클 수밖에 없다. 실제로 출범 이후 조합원 조직화에 나선 화물연대는 투쟁을 거치며 비정규 노동운동의 주축으로 우뚝 서게 된다.

한편 화물 기사들의 조직으로는 개인사업자들의 연합회인 전국차주연합회가 있지만 차주들의 권익 신장보다 알선 사업이나 운송 지입 사업 등 연합회 간부들을 위한 활동에만 주력하는 바람에 기사들이 대거 탈퇴했다. 반면 화물연대는 차주이기에 앞서 화물운송으로 생계를 잇는 노동자들의 조직으로 출범했다. 특수고용형태의 비정규 노동자지만, 화물연대는 스스로를 '조합원들의 이익을 위해 노력하는 조직, 노동조합'으로 명확하게 규정했다.

조직력 발휘해 휴게공간 확보 투쟁

단단한 조직으로 거듭난 화물연대는 그해 12월 14일 오후, 화물노동자의 휴게 공간을 확보하는 역사적인 투쟁을 벌이게 된다. 투쟁은 옥산휴게소에서 벌어졌다. 이는 화물연대가 출범 후 휴게소 안에서 벌인 최초 투쟁으로, 화물노동자들에게는 노동 현장인 고속도로휴게소의 갑질 근절과 이후 전국 고속도로에 화물차 전용 휴게소를 대거 마련하는 계기가 됐다는 점에서 매우 의미가 크다.

발단은 화물노동자가 운전 도중 화장실을 이용하려고 일반 휴게소인 옥산휴게소에 진입했지만, 화물차 전용 주차장이 없었기 때문에 버스 주차 공간에 정차하자 주차관리원이 막아선 일이다. 실랑이가 벌어지고 화물연대는 TRS 100번을 통해 빠르게 상황을 전파했다. TRS로 상황을 인지한 화물노동자들이 자발적으로 일제히 옥산휴게소로 진입하고 인근에서는 서행 운전을 시작했다. 2백여 대의 화물차로 옥산휴게소 주차장이 가득 차고, 고속도로는 천안까지 정체됐다. 입구까지 늘어선 화물차들 때문에 휴게소를 이용하려던 승용차들은 돌아갈 수밖에 없었다. 손님들로 붐빌 저녁인데도 휴게소 상점들은 문을 닫아야 했다.

결국 옥산휴게소장은 화물연대에 사과 공문을 보내고 재발 방지, 주차장 확장공사, 전용식당 설치 등을 약속하는 한편 이러한 내용을 휴게소에 현수막으로도 내걸었다. 같은 이유로 화물차 기사들의 집단행동에 호되게 당한 대진고속도로 덕유산휴게소, 경부고속도로 황간휴게소도 사정이 비슷했다. 휴게소들은 화물차 기사들에게 사과하고 화물차 기사 전용 샤워 시설 설치 등 시설 확충, 화물차 이용이 많은 오후 6시 이후 버스 전용 주차구역 폐지 등을 약속했고, 이 같은 내용을 담은 현수막을 내걸었다.

이후 고속도로휴게소마다 화물차 전용 주차·휴게 공간을 마련하고, 화물차 전용휴게소를 건설하는 계기가 됐다.

조직화의 힘은 TRS

1명씩 화물차를 운전하면서 전국을 돌아다니기 때문에 한꺼번에 모이기가 어려운 화물노동자들이 이토록 급속도로 조직을 확장한 데는 이유가 있다. 화물노동자들이 공통으로 가지는 여러 가지 문제를 개선해야 한다는 욕구가 높았기 때문이기도 하지만, 이들을 엮어주는 수단인 TRS가 있었기에 가능했다.

TRS는 원활한 화물 수송을 위해 대부분의 대형 화물차에 설치된 연락장치로, 같은 주파수를 사용한다. 이전에도 화물노동자들은 TRS를 통해서 정체 지역이나 사고지점, 상하행선 주요 길목 날씨를 소통해 왔다. 이런 소통은 화물연대 출범을 전후로 서로 상황을 공유하고 여러 사업과 투쟁을 제안하는 데까지 발전했다.

5월에 김천휴게소 출입을 봉쇄당했을 때도 화가 난 화물노동자가 TRS

를 통해 상황을 알리고 "함께 항의하자"고 제안해 인근 지역을 다니던 화물차들이 모두 한곳으로 모여 집단적 힘을 발휘할 수 있었다. 이 사건은 공동연대와 화물연대 출범으로 이어졌다.

화물연대 출범 후 TRS는 조합원 조직과 일사불란한 투쟁 지침 공유에서 위력을 발휘했다. 화물연대 출범식에 5백여 명 정도 참가할 것이라는 예상을 깨고 1,800여 명이 모일 수 있었던 데도 TRS의 공이 컸다. 조합원 조직화에서도 마찬가지였다. TRS로 가입원서를 받고 있는 휴게소를 알리고, 그 휴게소에 화물차가 들어올 때마다 요구안 서명과 조직화의 필요성을 담은 전단지를 배포했다. 12월 옥산휴게소 투쟁에서도 TRS는 큰 역할을 담당했다.

2003년 파업 투쟁 때는 부산항 신선대부두에 결집했던 조합원 8백여 명이 갑자기 사라져 경찰이 이동 장소를 찾느라 허둥댔다. 조합원 2천여 명이 TRS로 연락을 주고받으며 단 1시간 만에 부산대 학생회관에 집결했기 때문에 경찰이 따라잡을 수 없었던 상황이었다. 이렇게 조직력과 투쟁력을 확보한 화물연대는 정부를 상대로 본격적 투쟁에 나설 수 있었다.

조합원들 교육에서도 TRS를 활용한다. 업무의 특성상 일상적으로 집단적인 모임이 불가능하므로 일정한 시간을 정해 교육을 한다고 통보하면 기사들은 그 시간대 운행을 하거나 잠시 쉬면서 TRS를 통한 원격교육을 받는다. 이 밖에도 TRS는 조합원과 의사소통, 여론 형성, 투표 등 조직화와 선전·홍보에서 역할을 톡톡히 했다.

이처럼 '모래알'처럼 흩어져 혼자 일하는 화물연대 조합원들이 강력하고 일사불란한 결집력을 갖추게 된 배경에는 TRS의 역할을 빼놓을 수 없다.

출범과 함께 폭발적 조직 확대

화물연대 출범 직후 전체 조합원 수는 4.084명에 달했다. 지부별로는 부산지부가 1,659명으로 가장 많았다. 월별 가입 현황을 살펴보면 10월 800명, 11월 1,376명, 12월 977명으로 출범하자마자 폭발적으로 조직이 확대됐음을 알 수 있다.

지부별 가입 현황(2003년 1월 7일 현재) [9]

지부명	조합원 수	지부명	조합원 수	지부명	조합원 수
부산지부	1,659명	경인지부	480명	포항지부	337명
대구경북	308명	경남지부	292명	울산지부	290명
광주전남	247명	충청지부	242명	전북지부	100명
강원지역 13명, 제주지역 7명, 주소불명 109명					

개별성이 큰 노동의 특성에도 짧은 시간에 조직을 확대했다는 점은 큰 성과다. 이는 운송하역노조의 목적 의식적인 비정규직 조직화 사업과 화물연대 초동 주체들의 적극적인 활동이 결합하면서 가능했다. 특히 법 개악 저지와 시행령 제정, 휴게소 투쟁 등 적절한 투쟁을 배치하고, 출범식과 이후 전국노동자대회 등 대규모 집회를 통해 조직적 자신감과 전망을 확보함으로써 조직이 크게 확장할 수 있었다.

다만, 출범 당시만 해도 조합원의 절반 이상이 영남권에 집중돼 특정 지역 의존도가 높고 지부별 조직력과 활동력의 편차가 크다는 점은 한계로 지적됐다. 운송하역노조의 기존 정규직 조직과의 결합도를 높이는 것도 과제였다. 노동조합을 지향하는 명실상부한 조직체로서 실질적인

---

[9]　운송하역노조-화물노련 정기대의원대회 자료(2003년 2월 6일).

지도·집행력과 현안 해결을 지원하는 등의 실무력을 갖추는 것이 절실했다.

그럼에도 특수고용노동자 조직화의 선두에서 빠르게 위·수탁-지입차주를 조직화해 내고 조직화 과정에서 위력적인 집회와 대중투쟁, 일상적인 조직관리와 체계화라는 어려운 과제를 동시에 수행함으로써 민주노조운동 전체에 모범을 보였다는 점은 화물연대 조합원들 스스로 자신감을 느끼기에 충분했다.

특수고용노동자의 노동권 쟁취 투쟁 본격화

2000년 당시 국가 물류비는 66조 7천억 원으로 GDP의 12.8%에 해당했다. 물류비 가운데 수송비가 64.2%를 차지했으며, 수송비 가운데 94%가 도로운송비였다. 이렇듯 국내 화물운송의 대부분을 차지하는 도로운송은 우리와 가장 친숙하며, 일상에서 쉽게 찾아볼 수 있는 운송 수단이다.

도로운송의 최대 강점 중 하나는 바로 접근성이다. 공항이나 항구, 역을 거칠 필요가 전혀 없고 어디서든 쉽게 연결되기 때문이다. 특히 한국과 같이 도시 간 거리가 멀지 않고 동시에 몇 개의 중심 교점(Node)이 매우 중요한 역할을 하는 환경에서 가장 선호되는 운송 수단이다. 따라서 현재에도 국내 화물운송 시장에서 화물자동차 운송은 절대적인 영향을 발휘할 수밖에 없으며, 모든 복합운송의 마침표 역할을 하는 유일한 운송 수단이라는 특징을 갖고 있다.

이처럼 2000년대 초반 화물자동차가 국내 물동량의 대부분을 처리함에도 사업 규모가 영세하고, 사업용 화물차의 90% 이상인 13만 대가량이 지입제나 위·수탁으로 운영되고 있었다. 사업 면허 기준 대수(당시 5대)를 보유하지 못한 화물차주(지입차주)가 명의를 보유한 사업자에게 명의(면허권)를 빌리는 대가로 차량관리비 명목의 지입료를 납부하는 지입차주가 70%, 회사 소속으로 있다가 차량을 불하받으면서 회사가 정해주는 물량을 운반하는 위·수탁 노동자는 전체의 20%를 차지했다. 화물운수노동자 가운데 회사에 직접 고용돼 정규직으로 일하는 '직영 노동자'는 전체의 10%에 지나지 않았다.

화물운송 시장의 문제점은 불필요한 다단계 구조와 지입제(위·수탁제)에서 비롯된다. 화물자동차운송시장에서 물량의 변동성이라는 특성상 하청구조가 불가피하다 하더라도 또 다른 요인으로 다단계 구조가 발생하는 것이다. 지입제(위·수탁제)로 인해 개별사업자가 많아 운송사 단위가 아닌 주선사, 개별차주 단위로 운송 구조를 형성하고 있기 때문이다. 대부분의 운송사가 운송업과 주선업을 겸업하며 수탁받은 물량을 주선 기능으로 타 운송사에 일괄 위탁하고 있다. 결과적으로 화물운송 과정은 화주-주선(운송)사-운송사(협력운송사)로 이루어진 다단계 구조를 띤다.

이런 구조에서 중소형 화주는 소량의 물량이 수시로 발생하기 때문에 고정 차량을 가진 운송사에 위탁하는 것보다는 주선업체를 주로 이용한다. 주선업체는 중소 화주 또는 운송업체로부터 다수의 물량을 확보해 다수의 차량과 연결해 주는 기능을 한다. 화물차주의 장기계약이더라도 물량이 일정치 않기 때문에 운송사가 일부는 자차로 처리하고 일부는 협력업체에 의뢰하고 있는 실태다.

정부와 자본은 1990년대를 전후로 정규직 고용을 줄임으로써 '고용의 외부화', 즉 '이익의 사유화와 위험의 사회화 전략'을 택했다. 노동력 제공으로 만들어진 이익은 사유화하고, 고용으로 인한 책임은 회피하려는 사용자의 '무차별 이윤배가' 욕구에 맞춰 정권은 합법적으로 노동자의 권리를 압살하는 법과 제도적 장치를 마련했는데, 이것이 바로 '특수고용'이다. 그 한복판의 피해자가 특수고용노동자다. 특수고용노동자는 노동자와 마찬가지로 노동을 제공함에도 근로기준법이 적용되지 않는다.

화물산업에서 특수고용이 정착된 것은 신자유주의와 무관하지 않다. 1980년대 말, 1990년대 초반 이전까지는 정규직으로 되어 있던 고용 형태를 국가경쟁력 강화와 세계화를 명분 삼아 지입제(위·수탁)로 변경하기 시작했다.

이런 과정이 화물산업에서도 특수고용노동자가 확산하고 정착하는 계기였다. 자본에는 이윤을 보장하지만, 화물노동자에게는 사업자(사장)라는 당근을 안기며 실제로는 특수고용이라는 이름으로 기본권을 유린하고 삶을 파괴하는 정책이자 전략이었다.

특수고용노동자는 형식상 개인사업자로 분류되지만, 실질적으로는 노동력을 제공하고 그 대가로 생활하는 노동자다. 한국의 특수고용노동자는 약 250만 명으로 추산되는데, 이는 전체 취업자 2,500만 명의 10%에 해당한다. 화물차량·셔틀버스·대리운전 기사, 건설·기계 노동자, 퀵서비스 기사, 간병인, 방과 후 강사 등 이미 우리 사회에서 보편화된 노동들이다.

특수고용노동자는 근로기준법에 따른 근로자 보호 규정도, 노동조합법에 따른 노동3권도, 사회보험법에 따른 사회적 안전망도 없다. 완벽하고 철저하게 법의 사각지대에 놓여 있는 셈이다. 그런데도 지난 수십 년간 우리 사회, 입법·사법·행정부는 특수고용노동자들의 절박한 호소를 철저히 외면해 왔다. 따라서 특수고용노동자의 노동기본권 보장은 더 이상 미룰 수 없는 시대적 과제다.

국내·외적으로 권고할 수 있는 기관이란 곳은 모두 한목소리로 특수고용노동자의 노동기본권 보장을 촉구해 왔다. 국제노동기구와 국내 각종 기관과 위원회에서 촉구의 목소리가 높아진다고 해서 특수고용노동자들에게 기본권 보장은 허용되지 않았다. 노동자들에게 법과 제도개선은 그에 상응하는 투쟁이 조직되어 파괴력을 가질 때 조금씩 개선된다는 것이 역사의 교훈이다.

2001년 건설운송노조가 특수고용노동자 노동자성 인정 투쟁을 벌인

데 이어 2002년 결성한 화물연대는 바로 이듬해 전국을 뒤흔든 총파업
에 나섰다. 화물연대는 결성과 함께 이러한 특수고용노동자들의 노동기
본권 쟁취를 위해 최선두에서 투쟁하며 길을 열어 왔다.

2부

물류를 멈춰
세상을 바꾸다

2003~2006년

1.

화물노동자를 둘러싼 정세

기대 져버린 노무현 정권

화물연대 출범 직후 2002년 12월 19일, 16대 대선에서 노무현이 당선됐다. 인권변호사 출신 대통령에 대한 기대는 컸다. 화물연대 역시 1월 24일 대통령직인수위원회에 '육상운송비용 절감과 화물자동차 운전자 처우개선을 위한 10대 정책 제안서'를 전달했다.

10대 요구는 △사업용 자동차에 부과되는 경유세 인하 △도로비 인하 및 요금체계 개선 △지입제 철폐 △지입차주 차량 소유권 보장 △다단계 물류 수송 알선 근절 △면허제 도입 등을 통한 운송비 직접비용 인하와 전근대적 운송 체계 타파 △지입차주 노동3권 보장 △화물알선업체 처벌강화 등 과적 단속 제도 정비 △고속도로휴게소 운영 공익적 방향으로 개선 △제도개선을 위한 노정 협의체 구성이다.

민주노조 진영은 노무현 정부의 개혁성에 기대를 걸기도 했지만, 그 기대가 무너지는 데는 오랜 시간이 걸리지 않았다. 노무현 정권 시기 노동 탄압은 역대 정권보다 극심했다. 특히 2003년은 노동자·민중에게 힘든 한 해였다. 생계형 자살이 이어졌고, 노동자들이 죽음으로 노동 탄압에 항거했다. 화물노동자들은 투쟁 과정에서 최복남, 김동윤 등 동료들의 죽음을 목도해야 했다. 사회복지를 강화하겠다던 노무현 정부 공약은 금세 텅 빈 약속이 되어버렸다.

노동시장 유연화 입법에 맞선 저항

2003년 출범한 노무현 정부는 '서비스산업 경쟁력 강화 종합대책'과 같은 자발적 자유화 조치의 전면화, 한미FTA를 중심으로 한 전 지구적 FTA 추진, 해외투자 자유화, 자본의 대북 진출 추진, 자본통합법 시행과 연금의 금융시장·주식시장으로의 투입 등을 통한 금융화, 그리고 구조조정과 노동유연화의 제도화 등 신자유주의 세계화를 제도적으로 완성하고자 했다.

노무현 정부는 '기업이 마음 놓고 투자할 수 있는 노동환경을 위한 선진적 노사관계'를 구축한다는 명분 아래 2003년 9월 3일에 '노사관계 선진화 방안'을 구체화했다. 그 내용은 '기업 하기 좋은 환경'에 걸림돌이 되는 노동조합운동을 약화·순치시켜서 노사협조적 노동운동으로 재편하는 것이다.

노무현 정부는 인수위 당시 국정과제를 발표하면서 노사쟁의에 대한 공권력 개입을 최소화하겠다고 한 바 있다. 그러나 취임하던 해에만 시흥안산지역일반노조 금창공업을 시작으로 한국오웬스코닝, 철도, KGI증권, 화물연대 당진 한보철강, 성남 낙원택시, 세원테크 등 노동자들 투쟁 현장에 경찰병력을 투입됐다. 2003년 12월까지 1년도 채 되지 않아 민주노총이 확인한 구속 노동자 수만 204명에 달했다. 이는 1년 평균 126명의 노동자를 구속한 김영삼 정권이나 178명을 구속한 김대중 정권과 비교해 각각 61%, 14% 늘어난 수치다. 손배·가압류도 계속됐다. 정부가 실질적 사용자로 있는 공공부문에서만 손배·가압류 금액이 5개 사업장에서 394억 7천만 원에 달했다.

정부가 추진하는 '선진노사관계로드맵'은 노동자의 결사의 자유를 제한하고, 노조의 파업권을 약화하며, 고용유연성을 강화하는 내용을 담고 있었다. 노무현 정권은 비정규직 노조들과 민주노총의 반대에도 2006년 말 비정규3법[10]과 노사관계 선진화법을 국회에서 강행 처리했다. 핵심 쟁점이었던 '기업 단위 복수노조 허용'은 3년간 유예했다. 필수 공익사업장 직권중재를 폐지하는 대신 필수유지업무제도를 도입하고 대체근로를 허용했다. 이로써 사업주의 해고 권한은 대폭 강화됐고 부당 해고도 돈으로 해결할 수 있게 됐으며 근로기준법은 무력화됐다.

노무현 정부가 추진한 경제자유화 또한 노동자들에게 직접적 영향을 미치는 것이었다. 노동자·민중의 반대에도 한·칠레 FTA는 결국 국회를 통과했다. 경제자유구역법도 제정됐다. 노무현 정권의 경제정책 기조는 여전히 신자유주의 구조조정의 강화고 그 중심에는 노동의 유연화가 있었다.

민주노조 진영은 화물연대의 '물류를 멈춘 총파업'을 비롯 철도노조의 민영화 저지, 법정 노동시간 단축, 손배·가압류 반대, 공무원노조의 노동3권 쟁취, 노사관계로드맵 저지 등 노무현 정부의 개혁 정책 표방의 허구성을 드러내는 투쟁을 이어갔다. 비정규법안 통과 후 뉴코아-이랜드, 코스콤, GM부평공장 비정규직, 기륭전자, KTX, 학습지 노조 등 비정규직 노동자들의 투쟁도 계속됐다.

민주노조 진영은 전 세계적인 신자유주의 세계화 반대 투쟁에 발맞춰 노동권, 식량주권, 교육·의료·물·에너지·의약품 등 필수 공공서비스에 접근할 권리, 지식에 대한 민중의 소유권 등을 옹호하는 투쟁으로 그 쟁점을 점차 확장해 나갔다. WTO 각료회의 저지 투쟁, 4차 세계사회포럼 등 신자유주의 세계화 반대 투쟁도 활발하게 전개했다.

---

10   기간제및단시간근로자보호등에관한법률안, 파견근로자보호등에관한법률중개정법률안, 노동위원
      회법중개정법률안.

산업구조 변화에 화물연대도 능동적 대응

노무현 정부의 국정 목표 중 하나가 '평화와 번영의 동북아 시대'였다. 외교에서는 동북아 균형자론, 경제에서는 동북아경제공동체의 허브 역할을 하겠다는 방침을 천명했으며, 물류를 앞세워 '동북아 물류 중심기지 구축' 전략을 내세웠다. 2001년 개항한 인천국제공항이 동북아 항공화물의 중심지로 떠오르고 있었던 점도 작용했다.

김대중 정부의 햇볕정책을 이어받은 노무현 정부는 2005년에 개성공단을 출범시켰고, 2006년 11월에는 '부산항 인력 공급 체제 개편을 위한 노사정 세부협약'을 체결함에 따라 이듬해 1월 1일부터 항만 인력 공급 상용화를 본격 시행했다.

화물운송 자본은 수년간 빠른 발전을 거듭해 왔으며, 2003년에도 안정적 성장이 예상됐다. 반면 영세업체는 대거 도산하고 대기업은 외국 자본에 편입되는 등 신자유주의적인 재편이 빨라지고 있었다. 도로운송 분야는 장기적으로 고속철도 완공에 따른 철도화물 분담률의 증가, 남북·대륙횡단 열차 운영 등으로 전체적인 축소도 예상됐다. 또 완전 등록제를 포함한 제도의 변경은 육상운송업 전반에 큰 영향을 미칠 수 있었다. 공항과 항만의 대대적인 개발은 한편으로는 산업의 확대를 꾀할 수 있지만 동북아를 중심으로 한 경쟁의 격화에서 살아남지 못하면 엄청난 후과를 낳을 수 있는 상황이었다.

결국 외국자본의 운송하역산업 진출은 눈에 띄게 늘어났다. 항만 운영업체와 개발 투자, 공항 운영업체, 택배 특송 등 모든 영역에서 활발하게 국내시장과 자본을 잠식했다. 이러한 초국적 잠식은 종속성 강화와 함께 국제 경쟁력 약화를 초래했다. 노동권은 제약당하고 직접비용은 인상됐다. 항만·공항 분야가 대대적으로 개방됨으로써 운송하역 분야는 유연화 수준을 넘어서 극단적인 비정규직화가 진행됐다. 택배 등 급성장하는 업종의 노동력도 대부분 비정규직으로 채워졌다.

　대형 운수업체들은 위·수탁화를 강요하며 노동자 조직의 약화를 꾀했다. 화물연대는 위·수탁-개별용차를 대거 조직해 나가며 전반적인 산업 구조 변화에 능동적으로 대응하고자 힘썼다.

2.

화물노동자 생존권 투쟁 나서다

2003년 세상을 뒤흔든 총파업

탄탄한 조직력 확인하며 투쟁 채비

2002년 출범과 함께 휴게소 투쟁과 위력적인 결집으로 존재를 각인시킨 화물연대는 2003년 들어서 화물노동자의 생존권을 쟁취하기 위한 투쟁을 본격화했다.

1월 24일 대통령직인수위원회에 '육상운송비용 절감과 화물자동차 운전자 처우개선을 위한 정책 제안서'를 전달했다. 2월에는 충청지부 서부지회가 운송료 인상 투쟁의 포문을 열었다. LG, 삼성, 현대 등을 상대로 대산석유화학단지 조합원 3백여 명이 3일간 파업을 벌여 운송료 인상에 합의했다. 울산지부 현대강관분회의 운송료 인상 투쟁도 이어졌다. 2월 16일에는 노무현 당선자 직접 면담 요구서를 전달하기도 했지만, 반응이 없었다.

화물악법 핵심 문제는 전근대적인 물류체계에 따른 '위·수탁제'와 '다단계 알선'이 대표적이다. 게다가 10년째 운송료는 인상되지 않은 채 경유가와 고속도로 통행료만 3~4배 오른 탓에 운행할수록 적자가 나는 상황은 화물노동자들을 극한 상황으로 내몰고 있었다. 화물연대는 3월 22일 포항에서 대규모 집회로 기세를 올렸다. 포항 5호광장에서 연 '화물노동자 생존권 쟁취와 화물악법 철폐를 위한 포항지역 결의대회'에는 2,500여 명이 참석했다. 이날 영남권을 시작으로 이후 권역별 집회와 상경투쟁이 이어졌다.

화물연대는 투쟁과 함께 정책 대안도 제시했다. 3월 24일 국회 헌정기념관에서 민주노총 주최로 '육상운송비용 절감과 화물운송노동자 권리 보장을 위한 토론회'를 열었다. 노동부(현 고용노동부), 건설교통부(현 국토교통부), 산업자원부(현 산업통상자원부), 재정경제부(현 기획재정부) 등 관련 기관은 토론회 참석 요청을 거부했다. 토론회에서 부경대학교 윤영삼 교수(경영학)가 발표한 '화물노동자의 노동실태와 생활실태 설문조사' 결과에는 화물노동자들이 위기에 몰려있다는 점이 뚜렷하게 드러났다. 설문에 응한 931명의 지입 화물 운전기사 가운데 87.2%가 '경윳값이 휘발유의 85%로 인상된다면' "적자 때문에 운송업계를 떠나야 할 것"이라고 답했으며 "산업 전반이 위기에 처할 것"이라는 응답도 85%에 달했다. 또 64.9%가 높은 경유가가 가장 불만이라고 답했다. 화물노동자들의 이런 인식은 운송비는 어음으로 받는데 현금으로 지급해야 하는 경유가는 급격하게 치솟고, 도로운송비는 수송비의 90%를 넘게 차지하는 현실에서 비롯된다. 토론회에서 운송하역노조는 2000년 국가 물류비가 GDP의 12.8%에 해당하는데, 이 가운데 64.2%가 수송비고 수송비 가운데 도로운송비가 94%나 차지하고 있다는 교통개발연구원 발표를 소개했다. 특히 1리터당 약 870원인 경유가에서 교통세, 특소세 등 세금이 468원으로 절반을 넘게 차지했다. 노조는 자금 여유가 없는 지입차주들은 경유가가 올라가면 운행할수록 손해를 보기 때문에 운행을 포기하는 사태가 벌어진다며 이는 곧 물류비 상승과 도로화물운송 붕괴로 이어질 것이라고 주장했다.

화물연대는 지부·사업장별로 화주와 운송업체들에 운송료 인상, 지입제 개선, 화주와의 직접계약 체결 등을 요구했으나 별다른 진척이 없었다. 그러자 정부에 △사업용 자동차에 부과하는 경유세 인하 △고속도

로 통행료 인하 및 요금체계 개선 △지입제 폐지 △제도개선을 위한 노
정협의기구 구성 등을 요구했다. 화물연대는 3월 22일 포항 집회에 이어
3월 31일 정부과천청사에서 3,500여 명이 참가한 가운데 수도권 결의대
회(사진)를 열고 노동부, 건설교통부, 산업자원부, 재정경제부에 요구서
를 전달했다.

이어 4월 13일에는 부산역 광장에서 4,700여 명이 참가한 가운데 결의
대회를 열어 대정부 투쟁을 선포했다. 화물연대 투쟁이 달아오르자, 노
무현 대통령은 4월 16일 청와대 회의에서 화물연대 상황을 제대로 파악
하지 못하는 관계 장관을 질책했다고 알려졌다. 다음날 청와대는 화물
연대가 투쟁을 자제해야 한다고 언급했고, 화물연대의 요구에 대해 노
동부와 건설교통부는 "수용 불가", 산업자원부는 "소관 사항 아니다"라
는 답을 공문으로 보내왔다.

화물연대의 끈질긴 요구 끝에 4월 19일 마침내 건설교통부에서 노정 사전협의를 진행하게 됐다. 21일 상견례에서 논의 방식에 합의하고 우선 협의 대상을 선정해 4월 30일까지 구체적 성과를 도출하기로 했다. 이에 따라 25일과 28일 두 차례 대정부 교섭을 벌였지만, 논의는 공전했다. 노정 교섭이 진행되는 와중에도 포스코는 ‘화물연대 스티커’를 붙인 차량에 대해 출입을 막고 배차를 거부하는 등 탄압을 멈추지 않았다.

급기야 4월 말, 불어나는 빚을 감당하지 못한 화물연대 조합원이 스스로 목숨을 끊는 비극이 발생했다. 27일 밤 포항지부 박상준(34세) 조합원이 포항 자택에서 극약을 먹은 채 발견돼 병원으로 옮겼으나 28일 오전 숨지고 말았다. 박 조합원은 음독 전 동료 조합원에게 전화를 걸어 “늘어나는 빚을 더는 감당하기 어렵다. 화물연대 투쟁을 반드시 승리해달라”는 말을 전한 것으로 알려졌다. 평소에도 조합원 조직사업에 열성적이었던 고인은 1997년 IMF 경제위기 전후에 운송비를 제대로 받지 못해 생긴 빚으로 어려움을 겪어왔다. 2002년부터는 25톤 트럭을 사들여 운행했지만, 수익은커녕 도리어 빚만 8천여만 원으로 늘어났다. 부채 대부분은 기름값과 도로비 등 직접비용과 차량 할부금, 그리고 누적된 과적 단속 벌금이었던 것으로 파악됐다.

화물노동자들의 분노가 더욱 불타올랐다. 포항지부는 즉각 파업에 돌입해 차량 800여 대가 멈춰 섰다. 전국의 화물연대 조합원들은 28일 밤부터 차량에 검은 리본을 달고 운행하기 시작, 매일 자정과 정오에 경적을 울리며 고인의 명복을 빌었다. 그리고 이틀 동안 상경투쟁에 나섰다. 4월 30일 정부과천청사 앞에 모인 조합원 6천여 명은 ‘고(故) 박상준 조합원 추모제’를 시작으로 경유가 인하와 노동3권 인정을 요구하며 ‘화물노동자 생존권 쟁취와 대정부 투쟁 승리 결의대회’를 열었다. 이어 2천여 대의 화물차와 대형버스를 과천 일대에 주차하고 고려대로 이동해 민주노총의 ‘비정규직 차별철폐·정규직화·권리보장, 경제특구 폐지 4.30 노동자대회’에 결합했다. 이튿날인 5월 1일에는 동대문운동장 앞에

서 노동절 기념 사전 결의대회를 하고 대학로까지 행진, 전국노동자대회에 참가했다. 화물연대는 출범 후 첫 노동절 집회에 조합원 7천여 명이 참가함으로써 탄탄한 조직력을 확인했다.(사진)

5월 총파업으로 포항에서 운송업체 대표들과 합의

화물연대는 당초 처음 하는 대자본·대정부 투쟁에서 승리하려면 요구안 마련과 전략·전술 등 철저한 준비가 필요하다고 봤다. 정세 조건에 따라 8월경이 교섭과 투쟁의 적기라고 판단해 계획을 세우고 준비해 나가던 중 박상준 조합원 사망 사건이 벌어지며 정세가 급변했다.

포항에서 투쟁이 불붙었다. 노동절 대회를 마치고 돌아가던 조합원 4백여 명이 5월 2일 새벽 포항시 입구에서 시내까지 화물차량 2백여 대를 세워놓고 전면파업을 선언했다. 현장에서 파업을 시작한 화물연대 포항지부는 전 조합원에게 해당 지역에 대한 '대체 운반 투입 거부'를 지침으로 내렸다. 이에 호응해 경남지부도 파업에 돌입했다.

화물연대의 대정부 교섭에도 진전이 없자 포항에서 시작된 투쟁은 전국으로 확산했다. 5월 5일 포항지부가 포스코 봉쇄 투쟁에 나섰고, 부산지부 양산지회도 파업에 돌입했다. 화물연대와 4차 협의를 앞둔 5월 6일, 정부는 관계장관대책회의에서 화물연대 파업에 강경하게 대처키로 결정했다. 재정경제부에서도 화물연대의 요구에 '수용 불가' 공문을 보내옴에 따라 협의는 중단되고 말았다. 파업은 충남 당진, 전남 광양 등 전국으로 급속히 확산했다. 5월 6일 자정부터 조합원들은 고속도로 모든 구간에서 10~30여 대씩 무리를 지어 시속 40~60km로 운행하고 도로비를 동전으로 내는 준법투쟁을 벌였다.

그렇게 부산·경인·위수탁 지부 차량 5천여 대가 비상대기하며 파업을 이어가던 5월 7일, 남해고속도로 서김해나들목에서 파업 동참을 호소하며 선전전을 벌이던 최복남 김해지회장이 비조합원의 의도적인 차량 충격으로 사망하는 사건이 벌어졌다. 그는 2002년 화물연대가 출범하자마자 조합원으로 가입해 부산지부 김해지회장을 맡는 등 열성적으로 활동해 온 터라 주위를 더 안타깝게 했다.

화물연대 포항지부는 9개 운송업체 대표와 5월 7일부터 결렬과 협상을 반복하다 사흘만인 9일 오전 재협상에 나선 끝에 의견을 모을 수 있었다. 주요 합의 내용은 △운송료는 포스코 전담 5개사(대한통운·한진·삼일·동방·천일) 15%, 로얄 11%, 상한 13%, 성호 13%, 동부 14.5% 인상 △과적 강요 금지 △배차일지 공개 △불공정 배차 금지 △민형사상 불이익 면탈 △조합원임을 이유로 불이익 처우 금지 등이다. 이 합의는 화물연대를 노조로 인정하지 않았던 포스코 등 주요 대기업들을 협상테이블로 불러냈다는 점에서 큰 성과였다. 화물연대는 곧바로 포항 인덕운동장에서 투쟁 참여 조합원 총회를 열어 잠정 합의안에 대한 찬반을 물은 결과, 1,098명 가운데 743명(67.7%) 찬성으로 합의안을 수용하기로 했

다. 5월 2일 시작돼 전국 5곳으로 확산한 투쟁은 7일 만에 마무리됐다.

10일까지 경고성 파업을 이어가던 부산지부는 장례식 이후 투쟁 수위에 관해 다시 논의키로 하고, 5월 10일에 '고(故) 최복남 동지 전국화물노동자장'을 엄수했다.(사진) 화물연대 지도부는 10일, 화주업체와 운수업체, 건설교통부와 산업자원부가 참여하는 다자간 교섭을 통해 운임비 인상 문제를 논의하자는 정부측 제안을 받아들여 '18일까지 파업 유보' 방침을 밝혔다. 그러나 부산지부가 거세게 반발했다. 5월 10일 최복남 열사 장례식 후 지도부의 향후 계획 설명을 듣고 분노한 조합원들은 즉각 총파업에 돌입할 것을 요구했다. 지도부 역시 더는 투쟁을 미룰 수 없다는 판단에 따라 투쟁과 교섭을 병행한다는 결정을 내렸다.

신선대부두 앞에 집결한 부산지부 조합원들은 교섭이 끝날 때까지 해산하지 않고 농성을 이어가기로 했다. 지도부는 15개 항의 대정부 요구안을 만들어 곧바로 정부에 교섭을 요구했다. 경남지부 세화통운과 충청지부 당진지회도 교섭에 난항을 겪고 있었고, 광주전남지부 광양컨테이너분회 역시 9일부터 다시 파업에 돌입한 상황이었다.

5월 15일 화물연대 최초 노정 합의

5월 11일 오후 3시부터 노사정 다자간 교섭이 서울 마포구에 있는 중앙노동위원회 회의실에서 시작됐다. 정부 7개 부처 국장급과 12일 새벽까지 밤샘 마라톤협상을 벌인 끝에 화물연대 요구 가운데 11개 항에 대해 잠정 합의가 이루어졌다. 여전히 미합의 상태로 남은 경유세 인하, 근로소득세제 개선[11], 노동자성 인정 등 첨예한 쟁점들은 추후 13일에 협상을 재개하기로 했다.

곧바로 이어진 컨테이너 운송업체 관계자들과 노사협상에서도 운송료 인상에 관해 '중앙 단위 산별교섭 형태로 바꿔 일괄 타결'키로 합의했다. 이날 협상에는 삼성전자, LG전자 등 대형 화주사 관계자와 한국무역협회 관계자도 참관했다. 그러나 12일 오후 6시 전국화물자동차운송사업연합회(아래 '화련') 회관에서 열린 화련과의 중앙교섭은 결렬되고 말았다. 사측 협상단으로 주선사 등 실질적으로 교섭과 합의 내용을 강제할 수 있는 단위가 아닌 화련 실무진 수준의 참여에 그쳤기 때문이다.

화물연대는 이날 신선대부두 앞 현장에서 노정 합의안을 설명하고 찬반투표를 진행하려 했으나 즉각 해산하지 않으면 모두 연행하겠다는 경찰의 최후통첩이 있었다. 안정적인 총회가 불가능하다고 판단한 지도부가 비밀 지침을 내려 조합원들은 삼삼오오 부산대학교 문창회관으로 이동했다. 합의안 설명을 들은 뒤 실시한 '파업 유보'에 대한 참여 조합원

---

[11] 이는 정규직 조직인 운송하역노조의 요구임에도 화물연대는 이를 핵심 요구에 포함해 교섭을 진행했다.

찬반투표 결과는 조합원 2,125명 가운데 찬성 977명, 반대 1,104명, 무효 44표로 부결이었다. 화물연대는 13일부터 다시 총파업에 돌입하기로 결의했다.

지도부는 조합원들과 함께 부산대 문창회관에서 무기한 농성에 돌입하는 한편 투쟁을 창원 한국철강, 광양 포스코와 인근 공단, 당진 한보철강 등 전국으로 확산하는 지침을 내리고 정부에 재교섭을 요구했다. 이튿날인 13일 오전 부산지부 조합원들은 산개해 일명 '잠수함 투쟁'에 돌입했다. 정부과천청사에서 다시 노정 협상이 시작됐지만, 정부가 '선 파업 해제'를 고집하는 바람에 30분 만에 결렬되고 말았다.

13일부터 부산지부가 총파업에 돌입한 가운데 울산지부와 위수탁지부 경인ICD지회도 비상대기령을 내려 차량 운행을 멈춤에 따라 부산항 컨테이너 수송은 사실상 중단됐고 의왕 내륙컨테이너기지(ICD)[12]도 마비됐다. 전남 광양컨테이너지회, 충청지부 당진지회까지 5개 지부·지회가 파업을 이어갔다. 민주노총 역시 화물연대 파업에 적극 개입해 지원하겠다고 선언했다.

12일 파업 결의 후 잠수함처럼 종적을 감췄던 조합원들이 파업결의대회를 하기 위해 14일 오전 부산대로 속속 집결했다. 경찰은 집회를 원천 봉쇄하고 참가자 전원을 연행하겠다며 학교 주변에 병력을 대대적으로 배치했다. 경찰이 학교 안으로 들어가는 길을 모두 막았지만, 조합원 1,500여 명이 봉쇄망을 뚫고 등산로 등을 통해 부산대 문창회관에 집결했다. 조합원들은 지입제 철폐와 경유가 인하 등을 요구하며 파업결의대회를 사수했다. 학교가 경찰에 시설물보호를 요청하면서 해당 건물에 전기와 수돗물 공급을 중단했다. 조합원들은 비상발전기를 돌려 집회를 이어갔다.

긴장이 고조된 가운데 중앙노동위원회 회의실에서 5월 15일 새벽 1시

---

12   Inland Container Depot.

30분부터 노정 교섭이 다시 시작됐다. 그리고 새벽 5시 30분, 마침내 11개 항에 관한 합의에 이르렀다.

화물파업 노-정협상 합의문 전문

정부는 전국운송하역노동조합 화물연대가 제기한 화물운송 관련 제도의 개선을 위하여 노조 측과의 정책협의를 거쳐 다음과 같은 방안을 추진키로 하였다.

1. 도로비에 대하여
    가. 도로비 인하를 위하여 우선적으로 고속도로 통행요금 야간 할인시간대를 22:00~06:00으로 7일 이내에 2시간 연장 조치한다.
    나. 연말까지 사업용화물자동차에 대한 도로비 인하와 구간별 요금체계 개선을 위한 방안을 마련한다.

2. 고속도로휴게소 운영 개선은 화물전용휴게소 화물운전자 편의공간 제공을 포함하여 식당, 수면실 및 세면시설 등 전반적인 운영을 개선한다.

3. 중간착취 구조개선을 위하여
    가. 다단계 알선 실태조사를 즉시 착수하고 단속 및 처벌을 강화하되 처벌은 과징금 대신 사업정지를 위주로 한다.
    나. 과다한 주선료, 장기 어음결제 등 운수업의 불공정한 거래관행을 개선하기 위하여 관련 법령의 개정을 조속히 추진한다.

4. 지입제와 관련하여
    가. 지입제 폐지(개별등록제 시행) 시기를 앞당기는 내용의 화물자동차운수사업법 개정안을 조속히 마련한다.
    나. 개별등록제 시행 이전에 실질적 차주의 차량에 대한 재산권 보호방안을 강구하며, 개별등록제 시행시에 적재물보험, 수급조절, 운전자 자격요건 등을 고려하여 노동조합의 의견을 최대한 수렴한다.

5. 과적에 대해서는
    가. 컨테이너화물 과적(축중) 단속과 관련하여 운전자가 억울하게 처벌되는 일이 없도록 수사관행을 개선하고, 관계부처와 협의하여 관계법령의 개정을 추진한다.
    나. 화주와 운송업체의 과적강요행위에 대해서는 관계법령을 엄격히 적용한다.

6.   화물운송 특수고용노동자가 2004년부터 산재보험에 가입할 수 있도록 법 개정을 추진
     한다.

7.   특수고용노동자의 노동3권 보장문제에 관하여 정부는 노·사와 성실하게 협의한다.

8.   소득세법상 초과근무수당의 비과세 대상 근로자에 운송노동자도 포함시키는 방안을 마련
     하여 조속히 관계 법령을 개정한다.

9.   정부는 물류체계 선진화를 위한 종합적인 제도 개선안 마련과 현안의 논의를 위하여 건설
     교통부 실장급을 대표로 하고 관계부처, 노동조합, 사업주단체 등이 참가하는 협의기구(가
     칭 "화물운송제도선진화추진협의회")를 구성하여 운영한다.

10. 이상과 같은 화물자동차 업계의 구조조정을 지원하기 위하여 사업용 화물자동차에 사용
     되는 경유에 대한 2003.7.1 시행 예정인 교통세 추가 인상액을 전액 보조금으로 지원한다.
     아울러, 현행 보조금 지급방식의 실효성 확보를 위하여 절차, 지급액 등 개선방안을 강구
     한다. 그리고 에너지세제 개편에 따른 부작용의 예방과 해결을 위하여 노동조합, 사업주단
     체 등과 성실하게 협의한다.

11. 정부는 화물운송 노동자 단체와 운수업 사업자단체간에 중앙교섭이 원만히 이루어질 수
     있도록 적극 지원하고, 화주업체의 협조가 필요한 부분이 있는 경우에는 적극 참여하도록
     지원한다.

전국운송하역노동조합 화물연대는 즉시 업무에 복귀하고 화물운송의 조속한 정상화를 위하여
협조한다.

2003년 5월 15일

　　부산대 곳곳에서 밤을 새운 조합원 1,500여 명은 오전 7시 50분 강당
에 모여 타결 내용을 듣고, 총회에서 만장일치로 합의안을 수용했다. 5
월 파업과 함께 조합원 규모가 빠르게 늘어나고 있는 가운데, 화물노동
자들이 한마음으로 투쟁해 성과를 낸 데 조합원들의 자부심과 사기가
드높았다.

노정 교섭 틀 확보…'노동자성' 인정 물꼬

5월 1일부터 14일 동안 벌인 총파업 투쟁으로 주요 공장과 물류거점들뿐만 아니라 부산항을 비롯한 주요 항만까지 마비됐다. 물류가 멈추자 국제적인 무역분쟁까지 발생하는 등 위기에 직면한 정부는 화물연대와의 교섭에 나설 수밖에 없었다. 정부가 합의한 내용은 재계로부터 화물연대의 요구안을 일방적으로 수용했다고 비판받을 정도여서 당시 화물연대의 투쟁력을 가늠케 한다.

노동자성조차 인정받지 못하고 있는 화물노동자들의 보름 가까운 파업 투쟁은 의미 있는 성과를 남겼다. 무엇보다 제도개선과 운송료 협상 등을 위한 교섭 틀을 마련했다는 점이다. 5.15 합의서에는 협의기구로 가칭 '화물운송제도선진화추진협의회'를 구성·운영한다는 점이 분명히 적시됐다. 또 "정부는 화물운송노동자 단체와 운수업 사업자단체 간에 중앙교섭이 원만히 이루어질 수 있도록 적극 지원하고, 화주업체의 협조가 필요한 부분이 있는 경우에는 적극 참여하도록 지원"한다는 내용까지 담겼다. 물론 이러한 합의는 정부와 자본이 실질적인 의지로 집행했을 때 의미가 있다. 또 하나의 성과는 5.15 노정합의서 곳곳에 '화물운송노동자'라고 표현함으로써 정부의 노동자성 인정에 대한 의지를 남겼다는 점이다. 이는 특수고용노동자의 노동자성 보장의 물꼬를 텄다는 면에서 화물연대를 비롯한 노동계 모두에게 중대한 성과였다.

화물연대 출범 후 첫 파업 투쟁은 한국 물류체계의 모순을 고스란히 세상에 드러냈다. 화물노동자들을 극한 상황으로 몰아간 핵심은 지입차주제와 다단계 알선으로 대표되는 전근대적이고 노동 착취적인 물류체계다. 출범 직후부터 화물연대는 경유가 인하, 운송료 현실화, 고속도로휴게소 운영 개선, 제도개선을 위한 노정협의기구 구성 등 핵심 요구안을 마련해 정부에 답을 요구했다. 그러나 정부 어느 부처에서도 화물연대가 납득할 만한 답변을 내놓지 않았고 서로 책임을 회피하기에 바빴다.

특히 포항은 동방 등 대형 운송업체에 소속된 위·수탁 노동자가 대다수인 반면 부산은 대부분 번호판 장사를 하는 사업주에 속한 용차 기사들이 많다. 따라서 포항은 운송료 인상이 가장 큰 쟁점이었고 대형 운송업체에 물량을 운반하게 하는 대형 화주인 포스코가 있어 상대적으로 어렵지 않게 교섭이 성사될 수 있었다. 그러나 부산은 400여 개의 알선업체가 난립해 있어 교섭 대표자를 끌어내기도 어려운 데다 당장의 운송료 인상보다는 경유가 인하, 도로비 인하 등과 같은 제도개선이 절박했기 때문에 정부가 나서지 않는 이상 사태 해결이 어려운 구조다. 그런데도 정부는 부산지부의 파업에 제도개선을 통한 사태 해결에 나서기보다 공권력 투입이나 주동자 구속 등 강경 대응 방침만 밝혀 화물노동자들의 분노를 더욱 키웠다. '물류대란'은 안이한 정부의 자충수였던 셈이다.

한편 화물연대의 위력적인 투쟁을 경험한 정부는 이후 파업을 무력화하기 위한 대비에 나섰다. 정부는 5월 20일 국무회의에서 '국가적 위기 상황에 대한 대응 시스템 구축'에 관해 논의했다. 화물연대가 파업에 들어가면 초기에 병력 투입, 대체 운송수단 확보, 민간 인력과 장비 징발, 업무 복귀 명령 등으로 위기를 관리하는 특별법을 제정한다는 내용이다.

정부는 이 특별법의 모델로 1947년 미국에서 제정된 노사관계법인 '태프트-하틀리법'을 제시했다. 태프트-하틀리법에 따르면 파업으로 국가 경제 또는 안보를 위협할 경우 대통령이 법원의 허가를 받아 노동자들의 직장 복귀를 명령할 수 있으며 80일간의 냉각기간을 부여할 수 있다. 실제 조지 부시 미국 대통령은 2002년 서부 해안의 항만파업에 대해 이 법에 근거해 노동자들에게 조업 재개를 명령했다. 태프트-하틀리법은 노동자에 대한 직장 복귀 명령뿐만 아니라, 사용자 재산 보호 명목으로 노조의 점거 농성, 피케팅 등 파업 관련 행동까지 규제하고 있어 미국 안에서도 재개정의 필요성이 제기되는 악법으로 꼽히고 있었다. 노사관계 전문가들은 이러한 내용의 특별법 추진은 참여정부가 천명했던 노사관계 정책과 어긋나는 것이라고 비판했다. 특히 이 특별법이 5공 시절 파업 시 민간 자원 동원 등을 규정한 자원관리법을 방불케 한다는 우려도 제기됐다.

정부는 합의 어기고, 업체는 불성실 교섭 일관

5월 총파업으로 사상 초유의 '5.15 노정 합의'를 끌어냈지만, 정부는 합의사항을 이행하지 않았고 화주·운송업체 역시 약속과 달리 불성실 교섭으로 일관했다.

화물연대는 합의한 대로 개별등록제 시행 이전에 실질적 차주의 차량에 대한 재산권 보호 방안과 수급조절기구 구성, 산재 적용 방안에 대해 8월 중 정부 입법안을 만들 것을 요구했다. 그러나 정부는 부처 간 협조가 필요하다는 등의 핑계만 대며 시간을 끌어 사실상 화물연대의 요구를 거부했다. 정부-노조-사업주단체 간 협의기구인 '화물운송제도개선추진협의회'는 참가단 구성부터 의견이 엇갈려 논란이 일었다. 결국 화물연대가 참여를 반대한 전국차주연합회 등의 단체를 빼고 정부 주도로 협의회를 진행키로 했다.

노정 합의사항 가운데 이행된 사항은 경유보조금 지급과 심야 고속도로 통행료 할인 시간대 2시간 연장뿐이었다. 화물운송 특수고용노동자가 2004년부터 산재보험에 가입할 수 있도록 하는 법 개정은 추진하긴 했지만, 화물노동자의 노동자성을 인정하는 방식이 아니라 '자영업자 신분으로 임의 가입'으로, 그나마 정부가 일방적으로 추진한 것이어서 당초 합의사항과는 달랐다. 난항을 거듭하던 '5.15 노정 합의' 이행은 한 달이나 지난 6월 14일에서야 '별도의 노정 협의로 합의사항 이행 점검'에 합의할 수 있었다.

화련과 진행하던 산별 중앙교섭 역시 연합회 측의 일방적인 교섭 지연으로 한 달 넘도록 진행되지 않았다. 일반화물, 컨테이너, 벌크·시멘트·트레일러(BCT) 업태별 교섭도 진척이 없었다.

이런 와중에 사전 체포영장이 발부돼 자진 출두한 18명 가운데 부산지부 지회장 3명과 포항지부 간부·조합원 등 6명이 업무방해 등의 혐의로 6월 13일에 기어이 구속되고 말았다. 이렇게 파업을 전후로 탄압은 거셌지만, 화물연대 조직 규모는 더욱 확대됐다. 파업 돌입 당시 조합원은 1만여 명이었는데, 파업 돌입 직후 하루에 1백 장 넘는 가입 원서가 들어와 파업 진행 중 2만 장을 넘어섰고, 6월 중순에는 3만 장에 육박했다.

파업 투쟁을 거치며 화물연대의 조직 규모는 더욱 확대됐고, 합의사항을 이행하지 않는 정부에 대한 반발은 더욱 거세졌다. 화물연대는 다시 투쟁에 나설 수밖에 없었다. 화물연대는 6월 말까지 성실 교섭을 촉구하되 교섭이 진행되지 않으면 7월 7일 파업 찬반투표를 거쳐 다시 파업에 나설 것을 결의했다.

화물연대가 투쟁을 예고하자 한국무역협회, 복합운송주선협회, 한국선주협회 등 관련 단체는 7월 4~5일 재개된 회의에서야 운임협상을 적극 지원하겠다고 밝혔다. 이에 따라 화물연대는 7일로 예정된 파업 찬반투표는 유보하는 대신 같은 날 전국 7개 지역에서 '화물노동자 생존권 쟁취 결의대회'를 열었다. 정부과천청사 앞, 부산역 앞, 포항 남구 인덕둔치, 전주시청 앞 등 7곳에서 열린 집회에 모인 2만여 명의 조합원들은 노정 합의사항을 하루빨리 이행하라고 촉구했다. 운송업체와의 운임협상에서 성과가 없다면 다시 파업에 돌입한다고도 경고했다.

이 와중에 회사 사장의 빚 독촉에 시달려온 포항지부 고성학(41세) 조합원이 7월 27일 목을 매 숨지는 일까지 벌어졌다. 이를 계기로 5월 파업 이후 기사들에게서 받던 알선 수수료가 삭감되자 고인이 속한 다단계 알선업체 우경운수가 해당 노동자들에게 차량 구입 대여금을 한꺼번에 갚으라고 종용해 온 사실이 드러났다. 5월에 합의한 대로 정부와 운수업체들이 다단계 알선을 근절하기 위한 노력을 조금이라도 기울였다면 알선업체의 횡포를 막을 수 있었기에 더욱 안타까운 죽음이었다.

노정 합의 이후 두 달이 넘도록 그 어느 것 하나 해결되지 않자 화물연대는 유보했던 총파업 찬반투표를 실시했다. 7월 21일부터 31일까지 전체 21,006명 가운데 15,315명(72.9%)이 투표해 90%(13,829명)가 넘는 압도적 찬성률로 파업을 결의했다. 화물연대는 8월 20일 전면파업을 예고한 가운데 업태별 교섭을 이어갔다. 컨테이너쪽은 상당 부분 의견접근을 이뤘지만, BCT 분야는 업체와 운송회사들이 교섭 방식 자체를 문제 삼는 바람에 진척이 전혀 없었다. 화물연대는 BCT 분야를 고립시키려는 의도라는 판단에 따라 일괄 타결을 추진했다. 화물연대는 파업을 예고한 8월 20일까지도 일괄 타결을 위한 막바지 협상을 계속했지만, 교섭은 결렬됐다. 화물연대는 8월 21일 오전 9시부로 전면 총파업 지침을 내렸다.

8월 2차 총파업, 물류기지·고속도로 차량 봉쇄

8월 21일 조합원들은 지침에 따라 즉각 산개·재택 형태로 총파업에 돌입했다. 22일에는 민주노총 지역본부마다 화물연대 투쟁본부 상황실이 설치됐고, 23일에는 민주노총 차원의 전국 동시다발 집회에 1만여 명의 화물연대 조합원이 참여했다. 파업 참여는 비조합원까지 전면 확대됐고, 조합원 가입률도 큰 폭으로 증가했다.

파업의 효과는 금세 나타났다. 부산항과 광양항의 컨테이너 반출입 물량이 급감하는 등 전국의 물동량이 30~40%대로 떨어져 물류 파업의 위력을 실감케 했다. 화물연대는 24일, 평화적 해결을 위해 노정, 노사 협상을 재차 촉구했다.

그러나 정부와 업계는 2차 총파업이 시작되자 지난 5월과는 전혀 다른 초강경 기조로 화물연대 압박에 나섰다. 25일, 정부와 사측은 대화를 거부하고 무조건 복귀를 종용했다. 정부는 관계장관대책회의를 열어 화물연대 지도부에 대해서는 업무방해죄를 적용하고, 집단 화물운송 거부행위에 대해서는 업무 복귀 명령을 내리거나 자격을 정지·취소하는 화물자동차 운전자격제도 도입을 추진하겠다고 밝혔다. 업무 미복귀 기사들

2003년 8월 20일 민주노총 화물연대 투쟁결의대회 참가자 모습.

에 대한 유류세 보조도 중단하겠다고 으름장을 놨다. 건교부와 BCT 업체는 '선 복귀 후 교섭'을 요구하며 화물연대의 교섭을 거부했다. 의견접근을 이루었던 화련과 컨테이너업체들 역시 태도를 바꿔 '선 복귀 후 교섭' 방침으로 돌아섰다.

경찰은 파업 조합원들을 폭력적으로 연행하고 가혹한 수사를 벌였으며, 화물연대 집행부 16명에 대한 체포영장을 발부했다. 화물연대 지도부가 농성하고 있는 민주노총 사무실에 압수수색 영장을 발부하는 등 연일 강경 대응 방침을 쏟아냈다. 여기에 가세한 보수언론은 화물연대 실체를 부정하고 조합원 복귀율을 부풀리는 등 허위 여론을 유포하며 '화물연대 죽이기'에 열을 올렸다.

화물연대 총파업 투쟁본부는 정부와 사측의 태도 변화 없이는 대화를 제안하지 않기로 했다. 26일 노무현 대통령은 화물연대 파업 투쟁에 강경 대응을 지시했고, 경찰은 지도부 체포에 나섰다. 화물연대 지도부가 농성 중이던 민주노총 중앙과 부산본부 사무실 앞에서 조합원들이 격렬하게 저항한 끝에 경찰의 침탈을 가까스로 막아냈다.

한편 27일에는 노동부가 언론사에 이례적인 보도자료를 배포해 빈축을 사기도 했다. '화물연대 보도 관련 협조 요청자료'에 따르면 화물연대와 관련 '파업', '조합원·근로자', '임금인상'은 각각 '집단 운송거부', '회원', '운송료 인상'으로 바꿔 보도하라고 주문했다. 화물지입 차주와 화물연대가 노동관계법상 조합원·근로자와 노동조합으로 잘못 인식될 소지가 있기 때문이라는 것이다. 이는 5월 파업 때 협상에 적극적으로 개입하고, 노정 합의서에 '화물운송노동자'로 적시했던 것과 상반되는 행보여서 참여정부의 노동정책이 오락가락한다는 사실만 방증할 뿐이었다.

8월 27일, 6천여 명의 화물연대 조합원이 서울, 부산, 제천, 울산, 광주, 포항, 그리고 전국 컨테이너 차량기지에서 동시다발로 탄압규탄 결의대회를 열었다. 28일에는 서울에서 열린 민주노총·한국노총의 근로기준법 개악 저지 투쟁에 화물연대 경인지부와 충청지부가 결합했고, 부산·울산·포항·제천 등에서는 집회 투쟁을, 나머지 지역은 산개 투쟁을 전개했다. 당진지회 한보철강 투쟁으로 구속된 조합원 4명은 옥중에서 단식투쟁을 시작했다. 이날은 운송하역노조 현대카캐리어지부도 출정식을 하고 파업에 돌입했으며, 성남, 이진, 중앙, 고려 등 기아카캐리어 80여 대도 파업에 동참했다.

정부의 도를 넘어선 탄압에 화물연대 파업에 대한 시민사회의 지지와 엄호·지원이 이어졌다. 28일 민주노총, 민주사회를위한변호사모임(아래 '민변'), 전국농민회총연맹(아래 '전농'), 참여연대 등 50여 개 노동·시민·사회단체가 화물연대 파업에 대한 탄압규탄 기자회견을 하고 긴급토론회를 열어 참여정부의 노동정책에 대해 비판의 목소리를 높였다. 금속산업연맹(현 금속노조) 조합원 200여 명도 상경 지원 투쟁에 나서고, 궤도노조연대회의가 "화물파업 정당하다"는 내용의 신문광고를 내는 등 시민사회의 연대가 물결쳤다.

이런 와중에 8월 29일, <오마이뉴스> 보도로 산자부와 시멘트 업계의 언론 조작 비리가 드러나기도 했다. BCT 업체와 시멘트 제조업체로 구성된 한국양회공업협회(아래 '양회협회')가 파업대책팀을 만들어 산자부 출입 기자들에게 취재비를 지원했다는 정황이 담긴 양회협회 내부 문건이 발견된 것이다. 건교부와 업체가 파업에 동참한 차량의 복귀율과 물류 운송 상황을 과대포장하고 있다는 의혹도 불거졌다. 이렇게 여론을 호도하며 사태를 방치한다면 물류대란은 더욱 심각해질 뿐이다.

29일 민주노총과 한국노총은 국회 앞에서 근로기준법 개악 저지 결의대회를 마친 뒤 영등포 민주노총 사무실 앞 도로로 옮겨 화물연대 총파업을 지지하는 집회를 열었다. 이날 부산지부와 위수탁지부도 3천여 명이 모여 가족 동반 결의대회를 열었고, 부산지부 부지부장과 지회장 등 8명은 삭발식을 단행해 결의를 다졌다. 파업 중인 충청 북부·서부지회와 천안 오일뱅크 조합원들은 29~30일 결의대회와 체육대회를 했다. 30일 민변은 정부의 업무복귀명령제 도입과 관련해 "민주주의의 심각한 후퇴”라는 규탄 성명을 발표하기도 했다.

화물연대 투쟁본부는 8월 31일부터 총파업 프로그램을 마련하고 파업 장기화에 대비했다. 화물연대는 일일 시간표를 만들어 △노동자·노동조합·노동자운동 교육 △화물운송 특수고용노동자의 요구안과 법률 강좌 △노래·율동 배우기 등 문화 체험 △연행·구속 시 대응 방안 공유 △대국민 여론 선전전 △구속 동지에게 편지 쓰기 등 다채로운 프로그램을 가동했다.

정부와 보수언론의 복귀율 조작 등 전방위적 압박 속에서도 화물연대는 파업 12일째인 9월 1일, 서울과 부산 두 곳으로 나누어 1만여 명이 참가한 대규모 집회를 열어 파업 대오가 건재함을 과시했다. 특히 서울 집회는 여의도에서 민주노총까지 행진을 벌였는데, 마무리 집회에 민주노총 건물 입구부터 인간 띠로 바리케이드를 친 가운데 수배 중인 김종인 의장이 모습을 드러내 “목숨을 걸고 싸우겠다”고 외치자, 참가자들은 “투쟁”으로 화답했다. 이날 집회에서 화물연대는 결의문을 통해 “투쟁 수위와 강도를 높여 10만 화물노동자의 한과 분노가 무엇인지 보여줄 것”이라고 밝혀 한층 강력한 투쟁을 예고했다.

경인지부 조합원들은 1일 밤 10시부터 의왕 ICD, 안성휴게소, 서평택 요금소 등 고속도로 곳곳에 집결해 차량 시위를 벌였다. 밤 11시부터는 40여 대의 차량을 동원해 의왕 ICD 정문을 봉쇄했으며, 경찰이 차량을 강제 견인하자 이튿날 새벽 2시 40분께 150여 명이 재차 정문 봉쇄를 시도했다. 서울 등 수도권 주요 도로와 한남대교, 가양대교, 성산대교 등 교각에서도 2일까지 화물연대 조합원들의 차량 시위가 계속됐다. 부산에서는 1일 밤 차량 200여 대를 신선대부두 앞 도로에 기습적으로 주차한 채 철수하기도 했다. 이튿날 새벽에는 수백 대의 차량으로 남해고속도로 서부산요금소와 광안대로 등 모든 도로에서 신선대부두 진입을 시도하면서 경찰과 대치했다. 충청지부 조합원들도 1일 밤부터 제천 시멘트공장 진입을 시도하며 제천요금소 앞에서 경찰과 대치했으며, 시내를 돌며 차량 시위를 벌이다 2일 오후에 제천 공설운동장에 주차하고 집회를 열었다. 이렇게 이틀 동안 진행한 차량 시위로 수도권에서만 화물차량 260여 대가 견인되고 전국에서 조합원 500여 명이 경찰에 연행됐다.

9월 3일, 경인지부는 서울대에 350여 명이 모여 총회를 열고 투쟁을 지속한다는 방침을 다시 확인했다. 부산지부 1,500여 명도 경성대에 모여 결의대회와 총회를 열고 더 강도 높은 투쟁을 결의했다. 이날 밤 자정께 연행자 가운데 구속영장이 발부된 조합원을 제외한 대부분이 석방됐다. 연행 과정에서 경찰의 폭력에 다친 조합원들이 다수였고, 수사 과정에서도 꼬박 하루를 굶거나 가족에게 연락조차 차단되는 등 가혹행위를 당했다. 또 풀려날 때는 ‘업무 복귀 각서’나 ‘집회 불참 서약’ 등의 작성을 강요받기도 했다.

지부별 총회로 결의를 다지는 가운데 화물연대는 9월 3일 정부와 접촉해 △고소·고발 취하 △위·수탁 계약 폐지 △운송료 13% 인상 등을 우선 수용하라며 ‘조건부 업무 복귀’ 뜻을 전달했다. 그런데 이날 저녁 8시경 화물연대본부와 교감 없이 위수탁지부가 ‘4일 오전 9시부로 업무 복귀’를 결정해 업체에 통보한 데 이어 체포영장이 발부됐던 위수탁지부장과 경인ICD지회장이 자진 출두하는 일이 벌어졌다. 상황이 급박해지자 화물연대는 지부별 총회를 열어 투쟁 결의를 다지는 한편 사태 해결을 위한 노력을 이어갔다.

지부별 총회가 끝난 뒤 화물연대는 4일 밤부터 밤샘 회의를 이어간 끝에 결국 9월 5일 오후에 파업 중단을 선언했다. 정부가 조합원 피해 최소화와 교섭을 보장하고 제도 개선 협의를 계속하겠다고 약속했기 때문이다. 추석을 앞둔 상황에서 물류 붕괴 등 경제적 여파가 심각하다는 판단도 작용했다. 선복귀 방침에 일부 조합원들이 반발하기도 했지만, 화물연대는 일단 물류 정상화에 힘쓰고 정부 및 관련 단체·업체들과 교섭을 재개하기로 했다. 장기간 투쟁에 따른 조합원 생활고가 깊어지고 계약 해지, 손배소 등을 동원한 정부와 업체의 강경 대응이 조합원들에게 끼칠 피해가 우려되는 가운데 투쟁 동력도 파업 초기와 같지 않은 상황에서 '선 복귀 후 협상'이 불가피하다고 판단했다.

파업 중단 후 계약해지 등 가혹한 탄압

화물연대의 복귀 선언에 정부는 △화물운송제도개선협의회 정상 가동 △개별등록제 관련 논의 지속 △사법처리 최소화를 약속했다. 업계는 △계약 해지 완화(선별적 해지) △손배·가압류 청구 방침 철회 △컨테이너 부문 운임 이전 잠정 합의 수준으로 추인 △BCT 부문 운임 개별교섭으로 합의 등을 약속했다.

그러나 파업이 끝나자, 약속은 지켜지지 않았고 후과는 가혹했다. 조합원들은 화물연대 탈퇴각서를 쓰라는 강요에 시달렸고, 끝내 서명을 거부한 조합원 1,500여 명은 계약을 해지당했다. 9월 18일 화물연대가 BCT 업체 중 한 곳에서 입수한 탈퇴각서에 따르면 △화물연대 2차 파업 참가에 대한 반성 △화물연대 탈퇴 △향후 불합리한 단체에 가입할 경우 위·수탁 계약 해지 및 민형사상 책임 감수 등의 내용이 담겨있었다. 또 수송계약서에는 △운임조정을 이유로 한 수송 작업 기피 금지 △수송 거부로 인한 운수업체의 피해액 지입차주가 전액 보상 등을 조건으로 제시했다. 업체들은 이런 내용의 각서와 계약서를 전 조합원에게 작성하도록 했으며 이를 거부한 조합원과는 계약을 해지, 해고했다.

그간 합의된 제도개선 사항은 불완전한 상태에 머물렀고, 자본의 탄압은 이전과 다른 수위로 전개됐다. 5월 파업 이후 3만 명에 육박했던 조합원 수는 반토막 났다. 9월 21일, 화물연대는 임시대의원대회를 열어 2차 총파업을 평가하고 대대적인 조직 정비에 나섰다. 대의원대회 참가자들은 조직 정비와 교섭력 확보에 집중하기로 결의하고, 정부와 업체에 합의이행과 성실 교섭을 촉구했다. 문제가 해결되지 않으면 11월 중 3차 파업에 나서자고도 결의했다. 9월 25일에는 체포영장이 발부된 지도부 13명 가운데 지부장 3명이 자진 출두했다.

　2003년 연말 화물연대는 화사법과 철도공사법 개정안의 국회 통과를 막아내기 위해 철도노조와 공동으로 대정부 투쟁에 나섰다. 철도노조는 철도공사법이 철도노동자의 희생만을 강요한 것이라며, 부족 인력 충원을 요구하고 장기해고자 복직과 조합비 10억여 원 가압류 철회 등을 주장했다.

　화물연대 역시 9월 5일 파업 복귀 시 정부가 한 약속을 지키라고 요구했다. 화물연대는 5월과 8월 두 차례의 파업으로 40여 명이 구속·수배되고 30억 원이 넘는 손해배상 청구로 고통받고 있었다. 특히 화사법 개정안은 업무복귀명령제를 포함하고 있어 문제가 심각했다. 노무현 정부는 화물연대 2차 총파업이 종료되자마자 나흘 뒤인 9월 9일, 업무복귀명령제 도입을 골자로 하는 화사법 개정안을 입법 예고한 바 있다. 업무복귀명령제는 화물운송노동자들의 파업으로 국가 위기 상황이 벌어질 경우, 정부가 국무회의를 거쳐 복귀를 명령할 수 있는 제도다. 업무 복귀 명령을 이행하지 않는 화물노동자에게는 3년 이하의 징역 또는 3,000만 원 이하의 벌금형에 처할 수 있고, 사업자는 사업등록 취소 또는 정지, 운전자는 종사자 자격증이 취소 또는 정지된다. 화물연대의 5월과 8월 두 차례의 파업으로 물류대란이 벌어지자 정부가 그간 대응 방안으로 검토했던 업무복귀명령제를 현실화한 것이다. 화물연대는 세계 유례없는 제도라며 크게 반발했다.

　화물연대는 11월 24일부터 철도노조와 함께 전국의 국회 건설교통위원회(아래 '건교위') 소속 의원들의 지구당사 11곳에서 점거 농성을 시작했다. 김종인 의장과 철도노조 전·현직 위원장 3명은 무기한 단식투쟁에 돌입하며 시민·사회·법률·종교·언론 단체, 진보정당들과 연대해 투쟁을 이어갔다. 화물연대는 고속도로에서 80km 이하로 운행하고 주요 휴게소에서 차량 수십 대가 무리 지어 운행하는 등 경제속도 투쟁을 벌였다. 철도노조는 전 차량 스티커 부착, 배차시간과 규정 속도 지키기 등의 준법투쟁에 나섰다. 화물연대는 철도노조와 국회 앞 농성을 벌이며 전국

13개 지부 철야농성도 이어갔지만, 12월 22일 임시국회에서 화사법 개정안은 여야 합의로 가결되고 말았다.

가혹한 탄압에도 불굴의 의지로 투쟁을 이어 나간 화물연대는 '2003년 물류를 멈춰 세상을 바꾸는 총파업 투쟁'으로 그해 전국노동자대회에서 '전태일 노동상'을 수상했다.

2004년 산별협약·유가보조금 투쟁

대정부 요구안 내고 다시 전열 가다듬다

2004년 2~3월 9개 지부장 동시 선거로 지도부를 구축한 화물연대는 조직 안정을 찾아갔다. 2월에는 준조합원으로 가입돼 있던 운송하역노조와 1대1 조직통합을 결의, 3월 21일에 통합노조 결성을 준비하기 위한 화물통준위를 발족했다. 화물통준위는 창립대의원대회에서 김종인 운송하역노조 위원장 겸 화물연대 의장을 준비위원장으로 선출했다.

2003년 파업으로 6개월 이상 불구속 재판을 받아오던 화물연대 전·현직 간부 6명이 3월 31일 재판 중 법정 구속되는 등 화물연대에 대한 탄압은 악랄하게 계속되고 있었다. 게다가 건설교통부는 업무개시명령을 따르지 않을 경우 화물운송 자격을 취소·정지하고, 화물운수사업 허가를 받은 사람은 3년마다 차고지와 자본금 등 기준을 충족하고 있는지 증명하는 서류를 관할관청에 신고토록 하는 등의 화사법 시행령과 시행규칙을 4월 21일 개정, 공포했다.

이러한 탄압은 화물연대를 다시 투쟁 전선으로 불러냈다. 화물연대는 4월 24일 임시대의원대회를 열어 화물운송 직접비용 상승에 따른 대책, 화물운송 재편에 따른 대책, 불합리한 법·제도 관행 개선 등을 기조로 대정부 요구안을 확정했다. 특히 직접비용 상승에 따른 대책으로 △유류세 인상분 전액 보조금 지급 및 지급 절차 간소화 △운송료 표준요율제 도입 △운송료 어음 지급 관행 근절 △알선 수수료 상한제 도입 △운송

료 횡령 사범 단속 및 처벌강화 등을 요구했다. 이와 함께 △불법다단계
알선 행위 단속 및 처벌강화 △과적 관련 화주 처벌강화 △공제제도 운
영개선 및 참여 보장 △업무개시명령제 등 화물악법 폐지 △재산권 보
장 등의 구체적인 요구안을 마련했다. 2003년 8월 파업 이후 중단된 노
정 교섭 정례화와 노동3권 보장도 요구하기로 했다.

5월 7일에 대정부 요구안을 건설교통부에 전달하고, 받아들이지 않으
면 6월 13일 대규모 집회를 시작으로 투쟁 수위를 높여나가겠다고 경고
했다. 정부에 5월 15일까지 교섭 여부를 통보해 달라고 했으나 건설교통
부는 5월 17일 "정부는 노조의 교섭 대상이 아니며 제출된 요구안은 향
후 정부의 정책 추진 시 참고하겠다"며 사실상 교섭을 거부했다. 2003년
5.15 노정 합의로 구성한 화물운송제도개선협의회는 8월 2차 파업 이후
사실상 중단된 상태였다.

화물연대는 2003년 7월부터 시작했다가 중단된 '화물운송제도 개선
과 노동자성 보호 방안 등에 대한 정책 프로젝트'를 완성하기 위해 2004
년 5월 16일부터 30일까지 조합원들을 상대로 권역별 공청회를 진행했
다. 6월 9일에는 최복남 열사 1주기를 맞아 열사 정신 계승 기간을 선포
하고 추모제에서 결의를 다잡았다. 6월 10일까지는 고속도로휴게소와
주요 항만·공단 등에서 전 지부가 선전전, 투쟁선포식, 간부결단식 등을
진행했다.

그리고 6월 13일, 화물연대와 운송하역노조로 구성된 화물통준위가
부산역 광장에서 5천여 명의 조합원이 모인 가운데 '교섭 촉구 및 생존
권 쟁취를 위한 화물노동자 총력투쟁 결의대회'를 열어 대정부 투쟁을
선포했다. 참가자들은 도로운송·항만하역·항공화물·특송택배 노동자들
의 생존권 쟁취와 물류체계 개혁을 위해 투쟁할 것을 결의했다. 또 정규
직과 지입차주, 운송하역노조와 화물연대의 차이를 극복하고 운수 관련
노조와의 연대투쟁과 민주노총 차원의 총단결 투쟁을 실현하자고 뜻을
모았다. 정부 태도에 변화가 없다면 이후 투쟁 수위를 높여나가겠다는

결의도 다졌다.

　화물연대는 건설교통부에 요구안을 전달하고 줄기차게 투쟁을 이어 갔다. 결국 정부와 열린우리당은 6월 18일 당정협의회에서 7월부터 운수업계에 대한 유류세 인상분 보조금 지급 비율을 100%에서 50%로 낮출 예정이었던 것을 1년 미루기로 했다. 2004년 6월 말까지 기한인 화물차·버스·택시 사업자 등에 대한 경유와 LPG 유류세 인상분 전액 보조 기간을 1년 연장하기로 한 것이다. 화물연대는 일단 환영하면서도 근본적 제도개선을 위해서는 정부가 화물연대와의 교섭에 나서야 한다고 주장했다.

에너지세제 개편에 맞서 투쟁 결의

　이런 가운데 정부는 2003년 5.15 합의사항인 '2차 에너지세제 개편 시 화물연대와 성실하게 협의'한다는 약속을 어기고 일방적으로 '2차 에너지세제 개편안'을 발표했다. 정부는 2000년 1차 에너지세제 개편 때 '2006년 7월까지 경유 가격을 휘발유 가격 대비 75% 수준까지 인상'하기로 법을 개정한 바 있다. 2004년 8월에 정부가 발표한 2차 개편안은 2006년이나 2007년 7월까지 경유 가격을 휘발유 가격의 85%(현행 69%) 수준까지 인상하는 내용이다.

　화물연대는 8월 27일 성명을 내고 거세게 반발했다. 이미 국제유가 급등으로 경유가 등 직접비용 비중이 운임의 50%를 넘어 영세 화물차주 겸 기사들의 적자 운행이 계속되고 있었다. 화물연대는 경유가가 여기서 더 인상되면 전국 20여만 명에 달하는 화물노동자들은 생업을 포기할 수밖에 없다고 맞섰다. 또 화물수송용 경유에 대한 면세유 지정을 요구하고, 교통세 인상 방침에도 강력하게 항의했다. 같은 날 한국조세연구원이 서울 명동 은행회관 국제회의장에서 에너지세제 개편에 관한 공청회를 계획했지만 화물연대의 시위로 무산됐다. 재정경제부는 9월 14일 공청회를 강행했다.

화물연대는 다른 한 축으로 화물통준위 차원의 운수노동자 공동투쟁에도 힘을 쏟았다. 화물통준위는 철도노조, 민주택시연맹과 7월부터 공동투쟁기획단을 구성해 운영해 왔다. 세 조직 모두 2003년부터 파업 투쟁으로 대정부 합의를 이뤘으나 합의사항이 지켜지지 않고 있다는 공통점이 있었다. 세 조직은 제도개선을 통한 운수노동자 노동조건 개선과 생존권 확보, 시민 안전 확보 등을 요구하며 11월에 집중해 공동투쟁을 벌이기로 결의했다.

이에 맞춰 화물통준위도 2004년 9월 11일 임시대의원대회를 열어 △운수 공동투쟁 승리 △화물연대 요구 쟁취 △항만하역 조직 확대·강화 △항공-특송-택배 대규모 조직화 등 하반기 핵심사업을 확정했다. 그리고 중앙집행위원회 산하에 운수공투 기획단, 화물연대투쟁 기획단 등을 꾸렸다. 이날 화물연대도 임시대의원대회를 열어 같은 내용의 하반기 사업계획을 확정하고, 면세유 지급 등 직접비용 상승 대책 마련과 개별 허가제 보완 등 노정 합의 이행, 특수고용노동자 노동기본권 쟁취를 대정부 핵심 요구로 설정했다.

화물통준위는 이날 특별결의문을 채택해 최근 정부가 화물연대의 집단행동을 국가안전보장회의(NSC)에서 다루기로 한 것에 대해 강력히 경고했다. 민주노총도 9월 20일, 정부의 파견 확대를 내용으로 하는 비정규 법안과 NSC의 화물연대 파업 대응 지침에 거세게 반발하며 계획의 전면 철회를 요구했다. 민주노총은 정부 광화문종합청사 앞에서 '파견법 개악 저지와 노동운동 말살 기도 규탄대회'를 연 뒤 정부에 공식 입장을 전달했다.

화물연대는 11월 13일 서울 동국대 강당에서 확대간부회의와 대의원대회를 잇달아 열어 보조금 지급 확대 등 유류세 인상에 대한 정부 대책 없이 2차 에너지세제 개편이 강행되면 즉각 총파업에 돌입하기로 결의했다. 이날 참가자들은 보조금 지급 확대와 실효성 확보를 단기 쟁취 목표로, 면세유 등 직접비용 인하를 장기 추진 목표로 정했다. 또 전체 조

2004년 10월 16일 운수노동자 총력투쟁 결의대회.

직을 14일부터 투쟁본부 체계로 전환했다. 화물통준위는 14일 전국노동자대회 사전대회로 철도노조, 민주택시연맹과 함께 운수노동자 총력투쟁 결의대회를 열어 생존권 보장, 노정 합의 이행, 제도개혁 쟁취를 위한 본격적인 투쟁 돌입을 선언했다.

화련과 실질적 '중앙 산별협약' 체결

운수노동자들이 예고한 집중 투쟁 시기가 다가오는 가운데 화물운송 주선업체들의 운송료 횡령마저 곳곳에서 벌어져 조합원들의 고통과 불안은 더욱 커졌다. 인천에 있는 글로비스 하청업체 (주)청우 사장이 8~10월 3개월 치 운송료 1억을 챙겨 도주한 데 이어 직원 2명으로 운영하던 부산에 있는 주선업체 (주)다래에서도 10월에 부도가 나자 사장이 운송료와 주선료 1억여 원을 횡령해 도망쳤다. 곧 시행되는 개별허가제를 앞두고 소규모 운송업체나 영세한 주선업체들의 연쇄 도산이 우려되는 가운데 운송료 미지급과 횡령 사태는 더욱 폭증할 것으로 예상됐다. 화물연대에 따르면 차량은 없이 사무실만 운영하는 소규모 영세 운송업체가 전국적으로 14,000여 개에 이르며, 7천여 개의 운송업체 중 상당수도 실제는 주선업체로 운영되는 실정이어서 정부 차원의 대책 마련이 시급했다.

화물연대는 2003년 8월 2차 파업 이후 중단됐던 화련과의 교섭을 2004년 10월 27일부터 재개했다. 화물연대는 화련과 5차례의 실무교섭과 4차례의 본교섭 끝에 11월 29일, 마침내 화물차 재산권 보장, 노조 활동 보장 등 총 12개 항목에 합의하기에 이르렀다. 합의서에 '중앙 산별협약'이라는 문구는 없지만, 협약의 적용 범위와 효력 등을 명시했고 화련에 8천여 개의 운송사업체가 가입된 만큼 사실상 중앙 산별협약의 위상을 갖는 합의다.

재산권 보장과 관련, "연합회는 회원사의 고의 또는 과실로 차량 소유권과 관련된 문제가 발생한 경우 해당 회원사에서 일차적으로 책임지도록 하며, 구체적인 사항은 표준위수탁계약서에 명시한다"고 합의했다. 또 "회원사에서 책임질 수 없는 경우에 대비해 위험공제 등 금전으로 보상할 방안을 강구하고, 관계 법령의 정비를 포함해 필요한 조치가 완료되는 즉시 시행한다"고도 명시했다. 이와 함께 회원사가 조합원 소유의 차량에 대해 해당 조합원 명의로 근저당을 설정하도록 지도하기로 했다. 이는 법적인 차량 소유주가 실소유자인 지입차주(운전자)가 아닌 운송사로 돼 있어 회사 부도 등의 상황이 발생했을 때 차량에 대한 지입차주들의 재산권 행사가 불가능한 현재 지입차주제를 일정하게 보완한 내용이다. 지입차주들의 재산권을 완전히 보장하지는 못했지만 최소한 금전적 보상을 받을 수는 있는 장치는 마련한 셈이다.

특히 이번 합의는 화물연대 활동을 보장했다는 점에서 의미가 크다. 화물연대 조합원의 각종 회의, 집회, 행사 참석 등을 방해할 수 없으며, 화물연대 조합원임을 이유로 스티커 등 차량의 부착물 철거 요구나 불공정 배차 등 일체의 탄압과 불이익한 처우를 하지 않기로 합의했다. 이는 2003년 8월 파업 뒤 운송업체들이 화물연대 조합원들을 상대로 벌였던 표적 탄압에 제동을 건 조항이다.

이밖에 불법다단계 알선 행위와 과적 강요 근절을 위해 노력하고, 운송원가를 공개하도록 하는 등 회원사의 경영책임을 강화했다. 다가올 개별허가제 시행으로 예상되는 혼란을 막기 위한 공영차고지 확충, 분쟁 조정 등의 방안을 노사가 공동으로 정부에 건의하기로 했다. 화련은 업무 중 사망한 조합원 유자녀의 중고등학교 학비 지원사업도 벌이기로 했다. 화물연대는 이번 합의를 두고 "현안을 완전히 해결할 수는 없지만 조직을 상호 인정하게 된 점이 중요하다"고 평가했다. 화련 가입 회원사들의 이행 여부가 관건으로 남았다.

파업 배수진으로 유류세 인상분 전액 보조금 쟁취

화물연대가 11월 13일 총파업을 결의한 가운데 건설교통부가 2차 에너지세제 개편 시 인상액 전액 보조금 지급, 보조금 지급방식 개선, 각종 협의기구 참여 등 일부 해결책을 제시하고 정부 부처 간 협의를 진행하고 있다고 알려졌지만, 공식 발표는 나오지 않았다.

화물연대는 정부 움직임을 지켜보며 투쟁 태세를 갖춰 나갔다. 11월 26일 서울경기지부가 의왕 ICD와 신정동 화물터미널에서 집회를 연 것을 시작으로 화물차량들의 주요 거점인 항만, 터미널, 대형 공단 등 13개 지역에서 순회 집회와 선전전을 벌이며 조직화에 박차를 가했다. 전국 순회투쟁은 12월 13일 의왕 ICD에서 해단식으로 마무리했다.

그러던 중 정부가 보조금 지급 등 대책은 뺀 채 경유가격 인상만 발표할 계획이라는 소식이 전해졌다. 화물연대는 12월 10일 곧바로 '전 간부

파업 비상대기' 지침을 내리고 상황 파악에 나섰다. 13일 언론 보도를 통해 정부가 2차 에너지세제 개편을 위한 법 개정을 추진하고 있고, 관련 업계와 최종 조율 중이라는 사실이 확인됐다. 화물연대는 14일 곧바로 성명을 내 "파국을 원치 않지만 재정경제부 등 정부 당국이 피할 수 없는 벼랑으로 내몬다면 강력한 투쟁으로 맞설 수밖에 없다"며 인상분에 대한 전액 보조금 지급을 거듭 촉구했다. 이어 화물연대의 항의 면담에 응한 재정경제부는 "당사자 의견을 충분히 반영해 피해가 없도록 하겠다"고 밝혔다.

긴장이 고조되는 가운데 12월 17일 화물연대와 교섭에 나선 건설교통부와 재정경제부는 △경유 유류세 인상분 전액 보조금 지급 △보조금 지급을 위한 재원 확충 △지급방식 및 절차 개선 등에 합의했다. 유가보조금은 톤수와 상관없이 일률적으로 지원됐던 것을 화물연대 요구에 따라 12톤 기준으로 차등 지급하기로 하고, 재원 확보를 위해 주행세율을 상향 조정하기로 했다. 또 운전자가 화주업체 등의 과적 강요를 신고하면 포상금을 지급하기로 했으며, 5월부터 추진해 온 불법다단계 거래에 대한 정기 특별 단속도 강화하기로 했다. 그밖에 △화물운송시장 수급 조절을 위한 허가제 실시 △개별허가제에 따른 화물공제제도의 전국채산제 실시 △공영·공동차고지 확충 등에도 합의했으며 화물연대가 화물운송개선협의회 등 각종 정부 협의기구에 참가하는 것도 보장키로 했다.

이러한 합의를 바탕으로 정부와 여당(열린우리당)은 12월 24일 경제장관 간담회와 당정 협의를 열어 2007년까지 경유가를 휘발유가의 85% 수준(현행 70%)까지 인상하는 대신 화물업계 등의 부담을 고려해 향후 3년간 유류세 인상분을 전액 유가보조금으로 지급하기로 결정했다. 또 화물운송시장 수급 조절, 불법다단계 알선과 과적 근절, 개별허가제 시행에 따른 보험제도 개선 등 화물업계 구조개혁을 적극 지원하기로 했다.

화물연대는 12월 28일 화물통준위 중앙위원회에서 이러한 정부 방침을 최종 확인하고 총파업을 유보했다. 이번 노정 합의와 정부 발표로 가장 시급했던 경유가 쟁점이 일단 해소됐다는 판단에 따른 것이다. 다만 화물노동자들의 생존권 문제가 근본적으로 해소됐다고 볼 수는 없는 만큼 추후 화물차량 면세유 공급과 지속적인 화물업계 구조개혁 추진이 필요하다는 점은 분명히 했다.

한편 하반기 투쟁까지 마무리됨에 따라 2003년 두 차례 파업으로 수배됐던 김종인 화물연대 의장 겸 운송하역노조 위원장이 2005년 1월 9일 대의원대회가 끝난 뒤 1년여간의 수배 생활을 정리하고 출두했다가 구속됐다. 화물연대 의장직무대행은 김달식 부의장(포항지부장)이 수행하게 됐다. 화물통준위와 운송하역노조 위원장직무대행은 이상규 아시아나공항서비스지부장이 이어받았다.

2005년 정부 제도개선안 쟁취

김동윤 조합원 분신으로 열사 투쟁

화물통준위는 2005년 1월 31일 중앙위원회를 열어 2005년에는 조직 확대 사업에 주력하기로 뜻을 모았다. 이에 따라 화물연대도 2004년 노정 합의와 산별협약 체결 등 노정-노사관계 복원을 토대로 2005년 말까지 현재 1만 9천여 명의 조합원을 3만 명 수준으로 확대할 방침을 세웠다. 또 화련과 체결한 산별협약 적용과 업태·지역별 운임교섭을 통한 생존권 투쟁, 특수노동자 노동권 쟁취도 주요 사업계획에 포함했다. 화물연대는 2월 26일 정기대의원대회에서 이러한 사업계획을 확정했다.

화물통준위는 4월 13일 부산에서 중앙위원회를 열어 표준요율제 시행과 면세유 지급 등을 뼈대로 하는 대정부 요구안을 확정했다. 아울러 요구가 받아들여지지 않으면 6월 중 대규모 집회 등 강력한 투쟁을 펼치기로 결의했다. 화물연대도 개별허가제 보완, 다단계 알선 금지, 화물노동자 노동자성 인정 등을 요구키로 하고 노동부, 건설교통부, 재정경제부, 해양수산부 등에 요구서를 전달하며 교섭에 나섰다.

5월 들어 화물연대는 대전, 포항, 광주, 전남 광양 등 전국 곳곳에서 생존권 투쟁에 돌입했다. 포항 INI스틸, 크모비스, 광주지부 소속 오일뱅크지회(목포·마산·부산), 전남광양컨테이너 등이 임금(운송료) 인상과 노조 탄압 분쇄투쟁을 시작했다. 대전에 있는 크라운베이커리 물류센터 도급업체인 대림운수와 하나로운수 노동자 33명도 화물연대에 가입하고 부당한 노동 현실 개선 투쟁에 나섰다. 이처럼 2005년 들어 화물연대 소속 지부 30여 개 사업장이 교섭과 천막농성, 집회 등 요구 관철을 위해 다양한 투쟁을 벌였으나 회사의 교섭 거부와 노조 탄압으로 어려움을 겪었다.

화물통준위는 대규모 집회를 통해 2005년 임단투 승리에 대한 자신감을 확보하고 대정부 요구를 사회적으로 쟁점화하고자 했다. 이에 따라 6월 12일 부산역 광장에서 전국화물노동자대회를 열어 대정부 투쟁을 선포했다. 참가자들은 정부에 △표준요율제 도입을 통한 운임 현실화 △유류가 인하 및 생계형 화물차에 면세유 지급 △화물의 불법다단계 알선 행위 근절 △항만산업 구조조정에 따른 생존권 보장 등을 요구하며 투쟁을 결의했다. 집회가 끝난 뒤에는 서면 태화쇼핑 앞까지 약 5km를 행진하며 시위를 벌였다.

화물통준위는 9월 7일 중앙위원회에서 2005년 대정부 요구 관철을 위한 투쟁본부 체계로 전환했다. 투쟁본부는 노동3권 쟁취를 하반기 핵심목표로 정하고 정기국회를 겨냥해 11월 중 총력투쟁에 돌입하기로 결정했다. △운송료 현실화 △면세유 지급 △통행료 인하 △소득세제 개선 △불법다단계 알선 행위 금지 △불합리한 과적 단속제도 개선 △보험제도 개선 △수급 조절 △노동기본권 보장 △사회보험 가입 △화물악법 폐지 등을 요구하며 화물노동자들은 11월 총력투쟁을 조직해 나갔다. 요구사항에는 2003년에 정부와 합의했던 내용이 고스란히 담겨있어 정부가 전혀 약속을 지키지 않았음을 알 수 있다. 화물연대는 유류가 인하를 위한 총력투쟁과 함께 정당·시민단체 등에 유류세 인하 범국민운동을 제안하기도 했다.

투쟁을 이어가던 9월 10일 오전 10시경, 화물연대 부산지부 해운대지회 김동윤(48세) 조합원이 신선대부두에서 분신하는 일이 벌어졌다. 김동윤 조합원은 분신 전에 지부 사무실에 전화를 걸어 "도저히 못 살겠다. 죽어야겠다"고 말했으며, 놀란 노조 간부들이 급히 현장으로 달려갔으나 그의 몸에는 이미 불이 붙어 있었다. 곧바로 동아대병원으로 옮겨 응급치료를 했지만, 전신 2~3도 화상에 폐와 기관지까지 화기를 흡입해 위독한 상태였다. 김 조합원은 최근 유가보조금까지 압류당한 것으로 밝혀졌는데, 이유는 미납 부가세 1,200만 원 때문이었다.

2004년 6월 발표된 화물통준위 실태조사에 따르면 화물운송노동자들은 평균 3,648만 원의 가계부채를 지고 있으며, 이 가운데 신용카드 부채가 1,652만 원이었다. 조합원의 25%가량이 신용불량자로 추정됐다. 이처럼 화물운송노동자들의 부채비율이 높은 것은 계속되는 경유가 인상에 비해 운송료는 정체되고 있기 때문이다. 한국통합물류협회(아래 '물류협회')에 따르면 1998년 경유가는 리터당 557원(세금 85원)이었고, 화련이 발표한 운송료(서울-부산 편도, 40피트 컨테이너 기준)는 45만 원이었다. 그런데 2004년 경유가는 리터당 963원(세금 255원)으로 오른 반면 운송료는 오히려 39만 원으로 떨어졌다. 2004년 기준으로 중간수수료를 빼면 실제 운송비 수령액은 33만 원 수준이다. 특히 운송료는 2005년에도 동일한 수준이었는데, 경유가는 2005년 9월 현재 리터당 1,170원(세금 323원)으로 더 올라있었다. 적자를 면할 수 없는 화물운송노동자들의 상황을 충분히 가늠할 수 있는 수치다. 2005년에 물류 운송 직접비용 가운데 유류비는 53%를 넘어서고 있었다. 서울에서 부산을 왕복하면 경유 300리터가량이 소모되는데, 가격으로 환산하면 351,000원이다. 서울-부산 왕복 운송비 실제 수령액을 70만 원으로 치면 35만 원 정도의 수익이 남는데, 도로비, 지입비, 식사비를 빼면 수입은 더욱 줄어들고 차량 할부금까지 있다면 적자로 이어지는 악순환인 셈이다. 에너지세제 개편으로 정부가 경유가 인상분 전액을 보조하고 있다지만 2005년 9월 현재 보조금은 리터당 210원으로, 40피트 컨테이너 운반 차량이 서울에서 부산으로 이동할 때 받는 액수는 고작 6만 3천 원이다. 이마저 재원 부족 등의 이유로 지자체별로 지급액의 차이가 컸다.

김동윤 조합원의 분신으로 화물연대의 투쟁은 더욱 거세게 불타올랐다. 화물연대는 9월 11일 긴급집행위원회 회의를 열어 핵심 요구사항인 유가보조금 압류 해제, 유가보조금 전액 지급, 유류가 인하와 면세유 지급, 화물운송특수고용노동자 노동기본권 보장 등이 받아들여지지 않으면 11월로 예정된 총력투쟁을 앞당기기로 했다. 11월에 부산에서 열리는 APEC 정상회담 저지 투쟁도 벌이겠다고 경고했다.

화물연대는 민주노총, 민주노동당과 함께 '화물노동자 생존권 쟁취, 제도개선, 노동기본권 쟁취를 위한 김동윤 조합원 분신대책위'를 구성하고 요구사항 관철을 위한 투쟁에 나섰다. 그러나 김동윤 조합원은 13일 오전 1시께 끝내 사망하고 말았다. 화물연대는 곧바로 분신대책위를 열사대책위로 전환하고, 14일 부산시청 앞에서 '김동윤 열사 정신 계승 화물노동자 총력투쟁 결의대회'를 여는 등 울분에 찬 투쟁을 이어갔다.

동료의 죽음으로 현장이 들끓자, 건설교통부는 16일 화물운송사업자에 대한 체납 처분을 탄력적으로 운영할 것이며 분납계획을 받아 기왕의 유류보조금 압류는 해제하겠다고 밝혔다. 하지만 이미 국고에 귀속된 압류분은 환급할 수 없다며, 추후 발생할 유류보조금만 압류를 가급적 자제하겠다고 했다. 국세청도 19일 건설교통부가 발표한 내용 시행을 지침으로 내렸다. 열사대책위는 9월 20일 부산시와 첫 교섭에서 책임을 물으며 공식 사과를 요구했다. 이와 함께 건설교통부에서 부산시로 이관된 2003년 합의사항 이행과 제도개선, 노사 간 교섭 관련 부산시의 역할과 책임, 열사 유족보상 등을 의제로 교섭을 벌였다.

2003년 11개 노정 합의사항이 제대로 이행되지 않는 가운데 이러한 비극은 예고된 것이나 마찬가지였다. 9월 28일 부산지방국세청 국정감사장 앞에서 형의 영정을 든 열사의 동생과 화물운송노동자들은 눈물을 삼키며 침묵시위를 벌였다.

11월 총파업 조직해 정부 처우개선 대책 도출

10월 15일까지 노조 요구안이 일괄 타결되지 않으면 물류 총파업에 돌입하기로 한 화물연대는 10월 1일 5백여 명이 비상확대간부회의를 열었다. 확대간부회의에서 정부와 부산시의 미온적인 태도에 반발해 당장 전면파업에 돌입하자는 강경한 의견이 제기됨에 따라 시한을 앞당겨 10월 9일까지 정부 최종안이 없다면 총파업 찬반투표를 하기로 했다.

화물연대의 강력한 투쟁이 예고된 가운데 허남식 부산시장과 수영세무서장은 10월 4일 김동윤 열사의 빈소를 찾아 조문하고 사과와 재발 방지, 성실 교섭, 대책 수립 등을 약속했다. 유족과 조합원들은 '약속 실천'을 강하게 요구했다.

10월 6일 추병직 건설교통부 장관이 김종인 화물연대 의장과 회동한 자리에서 정부 안을 제시했다. 8일에는 부산시도 △모자보건법상 모자가정 지정 △임대주택 입주 지원 △장례 절차 지원 △공동성금 모금 등 유족 지원을 약속했다. 화물연대는 바로 투본대표자회를 열어 '정부안 수용' 찬반투표를 17~18일에 진행키로 했다.

김동윤 열사 장례식은 신선대부두에서 분신 자결한 지 꼭 한 달 만인 10월 10일 '전국노동자장'으로 치러졌다.(사진) 장례는 고인의 빈소가 마련돼 있던 부산의료원에서 영결식을 하고 신선대부두 앞 노제에 이어 오후 3시 양산 솔발산 공원묘지에 안장하는 순으로 엄숙한 분위기 속에 진행됐다.

그러나 하관식을 마친 뒤 정부가 제시한 안이 고작 '고속도로 통행료 야간 할인 1시간 연장'이라는 데 조합원들의 분노가 터져 나왔다. 조합

노동열사 김동윤

원들은 지도부 총사퇴와 총파업을 요구하며 거세게 반발했다. 화물연대는 정부안을 받아들일지 조합원들에게 묻고 부결되면 총파업에 돌입할 예정이었으나, 조합원들이 투쟁 일정을 밝히라고 거세게 요구하자 투표 내용을 '파업 찬반'으로 변경해 묻기로 했다.

10월 17~18일 찬반투표 결과는 63% 찬성으로 '파업' 결의였다. 이에 따라 화물연대는 정부 제시안을 전면 거부하고 총파업에 돌입하기로 했다. 화물연대는 19일 오후 충남 공주에서 500여 명의 조합원이 참석한 가운데 다시 비상확대간부회의를 열고 향후 투쟁 방향을 논의했다. 열띤 논의 끝에 의견을 확인한 결과, 493명 중 '즉각적 전면파업 돌입'에 276명(55.98%)이 찬성, '단계적 파업 돌입'에 196명(39.75%)이 찬성함에 따라 즉각적인 전면파업을 결정했다. 건설교통부에서 제시한 정부안에 화물연대가 내건 핵심 요구인 △표준요율제 도입 등 운송료 현실화 △면세유 지급 △노동기본권 보장 등이 빠졌기 때문에 '즉각적 전면파업' 주장이 힘을 얻은 것이다. 파업 돌입의 구체적인 시기에 대해서는 지도부에 위임했다.

화물연대는 21일 투쟁본부 회의에서 정부와 대화를 지속한 뒤 26일에 최종 입장을 정리하기로 하고, 정부와 비공식 실무교섭을 이어갔다. 화물연대가 다시 총파업 채비를 갖춰 나가자 정부와 열린우리당은 24일 오전 당정협의를 열어 이번 정기국회에서 유가보조금 압류 관행을 제한하는 입법을 추진하기로 했다. 정부는 이어 26일에 '화물운송산업 발전과 종사자 처우개선에 대한 대책'을 내놓기에 이르렀다.

이에 따라 화물연대는 10월 26일 투쟁본부 회의에서 31일에 정부·여당 안 수용 여부를 조합원 찬반투표에 붙이기로 함으로써 사실상 정부안을 받아들였다. 화물연대는 기자회견을 열어 정부 안이 단기 처방이 아닌 종합적 대안을 제시하고 있다는 점, 화물연대의 요구가 상당 부분 수용됐다는 점에서 긍정적으로 평가하며 미진한 부분은 지속적인 협의를 통해 해결해 나가겠다고 밝혔다. 10월 31일 찬반투표에 조합원의

정부의 화물운송산업발전 개선 방안

구분	10월 7일 정부제시안	10월 26일 당정 추가발표
공급과잉 해소	공급기준심의위원회 화물연대 참여	(동일)
	2006년 이후 최대한 신규공급 억제 추진	2007년까지 화물자동차 공급제한
		불법운행화물자동차 퇴출(2006년)
		부실업체, Paper Company 퇴출(2007년)
운송료 어음지급 개선	하도급법 예비실태조사(2005년 11월), 대규모실태조사(2006년) 위반사항 확인시 의법조치	법령위반업체 강력하게 의법조치, 예비실태조사 결과에 따라 중점조사를 실시하여 불법적인 행위 근절(2006년)
운송료 현실화	주요 품목 참고운임제 중장기적 추진	표준요율제(불균등거래 제한 및 적정 시장가격 기준 권고) 공공부문 우선 도입, 민간부문 확대
유가보조금	압류제한 입법추진	정기국회에서 입법
	실태조사를 거쳐 12톤 초과 차량 톤급별 세분화	12톤 초과 톤급별 세분화하여 실제 사용량에 맞게 지급(2006년)
	복지카드 개선 실무협의회 구성 신용불량자 활용방안 강구	화물운전자 복지카드 사용 의무화
		신용불량자 등 보완대책을 화물연대와 별도 협의 추진
	보조금 횡령 등 불법행위 엄단, 관계부처 합동단속	(동일)
직접비용 절감	야간할인 1시간 연장	(동일)
불법다단계 근절	집중단속(2005년 11월), 10% 이상 의무점검	(동일)
	상시단속반 구성하여 사회적 문제발생시 집중 단속	정기국회 입법
	위·수탁증 교부 단속 강화	(동일)
	불법신고센터 운영 강화	(동일)
	주선료 상한제 중장기적 추진	(동일)
과적단속 개선	화주 입증책임 강화하는 도로법 개정 추진	정기국회 입법
	중량 허위기재자 수사·처벌 위해 수사관행 개선	(동일)
	명예과적차량단속원 도입	
	높이제한 현실화	
노동기본권	(제외)	화물연대를 화물차주들을 대변하는 조직적 실체로 인정하고 진지하게 대화, 노동권 보호 위해 관련 입법 조속 마련

94.4%가 참여해 59.7%가 정부안 수용에 찬성함에 따라 파업은 공식 철회했다.

화물연대는 11월 총파업 배수진을 치고 두 달여 간 열사 투쟁을 전개했다. 그 성과로 정부 여당으로부터 '20만 화물노동자를 대변하는 대표 조직'으로 공식 인정받고 상당 정도의 물류체계 개혁 방안을 쟁취하기에 이르렀다.

그러나 열사 투쟁의 후유증은 내홍으로 번져 2005년 하반기에 조직 전체는 어려움에 부닥쳤다. 파업을 결의했는데도 동력 부재를 핑계 삼아 투쟁을 회피한다며 지도부 즉각 총사퇴와 비상대책위 구성, 파업 돌입을 요구하는 현장 분위기가 적지 않았다. 이에 따라 화물연대는 지도부에 책임을 묻는 재신임 투표를 진행했다. 11월 2일 96.3%가 투표에 참여해 56.7% 찬성으로 김종인 위원장이 재신임됐고, 3일 진행한 13개 지부별 지부장 재신임 찬반투표에서는 부산을 제외한 12개 지부 지부장이 재신임됐다.

정부 합의 이후에도 도로법 개정안은 국회 법사위에 표류했다. 화물연대와 덤프연대 조합원 101명은 '과적 책임자 처벌을 명시한 도로법 개정'과 '특수고용노동자의 노동3권 보장'을 촉구하며 12월 1일 오후 4시께 열린우리당 전국 14개 광역시·도당과 한나라당 경기·강원·대구 광역시·도당 당사를 일제히 점거하고 농성을 벌였다. 경찰은 조합원의 출입을 가로막으며 해당 건물의 출입문을 봉쇄했다. 농성자들은 제3, 제4의 물류대란과 건설 대란으로 치닫는 상황을 원치 않는다면 도로법 개정안을 정기국회 회기 내에 통과시키라고 주장했다. 이러한 투쟁 끝에 12월 8일 국회에서 과적 관련 도로법 개정안과 유가보조금 압류금지 내용을 담은 화사법 일부 개정안이 통과됐다.

2006년 투쟁으로 지도·집행력 복원

총자본과의 대리전, 삼성에 맞서 이기다

화물통준위가 서울지하철노조, 철도노조, 민주택시연맹 등과 함께 운수 4조직 공동투쟁을 결의한 가운데 화물연대도 2006년 2월 2일부터 운송료 인상을 두고 컨테이너운송사업자협의회(CTCA)[13]와 교섭을 시작했다. 화물연대는 요구안을 전달한 뒤 2월 25일을 시한으로 교섭을 진행하며, 경과에 따라 강도 높은 투쟁도 불사할 것을 결의했다.

운수 4조직은 2월 18일에 대학로에서 1만여 명이 참가한 가운데 공동결의대회를 열고 공동투쟁으로 운수산별을 건설하자고 결의했다. 꼼꼼한 조직화를 거쳐 철도노조가 예고한 대로 3월 1일 새벽에 파업에 돌입했다. 화물연대는 철도노조 파업에 호응해 전 지부에 화물운송 컨네이너 물량 배차 거부 지침을 내렸다. 이후 철도노조는 공사쪽의 전방위적인 압박으로 3월 4일 파업을 중단했고, 서울지하철노조는 공사쪽과 합의 타결함에 따라 파업을 철회했다.

이 시기 화물연대는 2월부터 CTCA와 운송료 인상을 두고 협상해 오다 3월 2일 집중 교섭에 들어갔으나 3일 결렬됐다. 화물연대는 3월 5일 대전 동구 청소년수련관에서 대의원대회를 열어 철도노조 파업 중단에 따라 6일로 예정했던 공동투쟁 차원의 총파업은 유보했다. 그리고 운송료 인상 투쟁에 집중하며 파업 돌입 시기는 추후 다시 논의하기로 했다. 다만 4~5월로 계획했던 지부별 투쟁 시기를 3~4월로 앞당기기로 했다.

화물노동자들은 대형 화주로부터 운송사로 내려오는 1차 운임 자체가 낮게 책정돼 있을 뿐 아니라, 주선사와 운송사의 중간 착취로 대부분 적자 운행을 감수하는 실정이었다. 게다가 10년 전보다 유류비, 차량유

---

13   CTCA(Container Transportation CY Association)는 컨테이너 운송과 CY(Container Yard) 사업을 운영하는 대형 운송사들로 구성돼 있으며 2009년에 다른 물류 관련 단체들과 함께 한국통합물류협회(KILA)로 통합, 통합물류협회의 컨테이너운송위원회가 됐다.

지비, 수리비, 보험료, 고속도로 통행료, 식대 등 직접비용으로 분류되는 모든 항목이 인상됐지만 운임은 IMF 외환위기 이후 30%가량 삭감된 상태였다. 이뿐 아니라 2005년에 이어 2006년에도 조합원에 대한 계약 해지와 배차 거부 등으로 사실상 해고가 잇따랐다.

3월 들어 배스킨라빈스 코리아, 훼미리택배 등에서 조합원들이 해고되고 아세아시멘트, 충남 대산석유화학단지 등에서도 운송료 교섭에 진척이 없어 여러 지역에서 투쟁이 거세지고 있었다. 이렇게 화물연대의 3~4월 집중 투쟁에 불이 붙었다.

삼성전자 광주공장에서도 집단해고 사태가 벌어졌다. 삼성전자 제품을 실어 나르는 화물연대 광주지부 조합원 51명이 3월 7일 문자메시지로 계약 해지를 통보받았다. 해당 노동자들은 2005년 10월 화물연대 광주지부에 가입하고, 12월부터 운송료 현실화 등을 요구해 왔다. 화물연대 광주지부와 (주)극동컨테이너는 2월 15일 상견례 이후 운송료 인상을 두고 여러 차례 교섭을 벌인 끝에 3월 6일 어느 정도 의견접근을 이루었다. 그런데 이튿날 돌연 조합원 51명에게 해고를 통보한 것이다.

화물연대는 이번 집단해고 사태를 삼성을 비롯한 대형 화주와 운송자본의 '화물연대 죽이기' 작전이라고 봤다. 삼성전자는 주선업체인 (주)삼성전자로지텍에 제품운송 하청을 주고, (주)삼성전자로지텍은 다시 운송사 (주)극동컨테이너에 재하청을 주고, (주)극동컨테이너는 다시 개별 지입차주에게 운송을 위탁하고 있었다. 이런 복잡한 구조를 화주와 운송업체가 악용하는 것이다. 특히 극동이 화물연대 조합원만 골라 계약을 해지했다는 점에서 '무노조 경영을 내세우는 대형 화주' 삼성과 무관하지 않음은 쉽게 짐작할 수 있다.

광주지부 조합원들은 △고용안정 △단체협약 체결 △적정운임 보장을 요구하며 삼성공장 정문을 차량으로 봉쇄하고 투쟁을 시작했다. 집단해고 6일 만인 3월 13일, 삼성전자가 대체 차량을 동원해 물자 수송에 나서자 조합원 40여 명은 화물차량 20여 대를 동원해 이를 막아섰다. 이 과정에서 삼성측 경비용역 직원 30여 명과 몸싸움이 붙었는데, 경찰은 조합원만 24명을 연행했다. 반면 삼성전자가 3월 13일 조합원 54명을 상대로 낸 접근금지 가처분신청은 하루 만에 받아들여져 '삼성공화국'의 위력을 실감하게 했다.

민주노총, 민주노동당, 민중연대 등 광주지역 노동·시민단체는 14일 기자회견을 열어 해고 노동자들의 조속한 석방과 복직을 촉구하는 한편 일부 언론에 대해서도 "하루 100억 손실" "수출길 빨간불" 식의 보도로 본질을 호도하지 말라고 비판했다.

삼성전자와 삼성전자로지텍은 당사자가 아니라고 방관하고, 극동은 자신들이 결정할 수준이 아니라고 했다. 2006년 상반기 생존권 쟁취 투쟁은 대자본인 삼성에 맞선 노동계 전체의 투쟁으로 확대됐다. 총자본 대 민주노조운동 진영, 특히 특수고용노동자 진영과의 대리전 성격을 띠었다.

화물연대는 정부·자본·언론의 전방위적인 압박에 굴하지 않고 대형 화주인 삼성을 상대로 투쟁의 수위를 높여나가며 전 조직이 광주 집결에 나섰다. 3월 15일 전국에서 3백여 대의 화물차량이 삼성공장 앞에 집결한 데 이어 18일에는 조합원 1,300여 명이 하남산단 흑석사거리에 모여 '노동탄압 분쇄! 운송료 인상! 총력 결의대회'를 열었다. 집회를 마친 참가자들이 삼성전자까지 거리행진을 벌이자 경찰은 조합원 36명을 또다시 연행했다. 힘겨운 투쟁을 이어가고 있는데도 문제가 해결되지 않자 화물연대는 '3월 27일 광주 긴급총회'를 소집했고, 조합원들은 "삼성과 전쟁이다! 가자! 26일 광주로"라고 적힌 현수막을 걸고 운행하는 등 투쟁 분위기를 달구어나갔다.

26일 투쟁전야제에 이은 27일 총회에서 화물연대는 4월 3일 부산 집결로 예정했던 총파업을 3월 28일 새벽 5시로 앞당기는 결단을 내렸다. 하청 운송료 책정에 압도적 지위를 가진 대기업, 그중에서도 삼성과의 당면 투쟁을 해결하지 않고서는 전국에서 같은 상황이 반복될 수밖에 없다고 판단했기 때문이다. 28일 새벽 화물연대는 하남산단 인근에 주차돼 있던 화물차량 7백여 대를 삼성광주전자 1·2공장을 포함한 하남공단 전체 진입로로 이동시켜 '지그재그' 형태로 주차해 인근 도로를 봉쇄했다. 같은 시각 김성호 광주지부장 등 화물연대 간부 2명은 광주 삼성전자 3공장에 있는 50m 높이의 송신탑에 올라가 고공농성을 시작했다. 차량 봉쇄를 마친 조합원과 광주 하남체육공원에 모였던 조합원 2천여 명도 파업집결지인 조선대로 이동했다.

화물연대가 미리 공개한 일정보다 엿새 빠른 28일 새벽 기습적으로 총파업에 돌입하자 미처 대비하지 못했던 삼성과 경찰은 크게 당황했다. 정부와 경찰은 '차량압수' '면허취소' '사법처리' 운운하며 조합원을 압박하는 한편 지도부 15명에 대해 체포영장을 발부했다. 송신탑 고공농성자들은 경찰특공대 투입으로 4시간 만에 연행됐다.

화물연대는 29일 거점을 서울에 있는 민주노총 건물로 옮겨 파업 투쟁을 이어가는 가운데 삼성로지텍과 밤부터 접촉을 이어갔다. 그리고 이후 △극동컨테이너에서 해고된 51명 원직 복직 △운송료 인상 △파업 관련 민형사상 면책 △극동-화물연대 합의 시 삼성의 이행 보증 문서화 등에 전격 합의했다.

30일 오후 합의안 수용 여부를 놓고 찬반투표를 벌인 결과 참여 조합원 1,151명 중 905명(78.6%)이 찬성했다. 3월 30일 밤 조합원 1,200여 명이 상경해 있는 가운데 화물연대-삼성전자로지텍-극동컨테이너 대표자가 서울 남부고용안정센터에서 조인식을 진행함으로써 사흘간 광주와 서울을 오가며 진행한 화물연대의 파업 투쟁이 최종 마무리됐다. "하청업체 문제에 관여할 이유 없다"던 삼성의 태도가 변한 것은 도로 봉쇄로 원자재 수급과 제품 반출이 중단되고 화물연대 투쟁이 전국으로 확대되는 데 대한 부담 때문으로 풀이된다.

삼성에 맞선 이 투쟁은 전국의 화물운송노동자들이 '연대투쟁'을 승리로 이끌었다는 점에서 매우 의미가 크다. 나아가 2005년 투쟁 후유증에

도 수백 대의 차량을 동원한 봉쇄와 역사상 초유의 삼성공장 고공농성
에 성공했으며, 화물연대 실체를 인정한 원청화주의 서명을 받아냈다.
투쟁력과 조직력을 실천적으로 복원하고, 지도·집행력도 회복했다는 점
에서 매우 소중한 성과다.

극동 조합원들은 원직 복직에 합의했지만 군산 두산테크팩(구 두산유
리), 음성 배스킨라빈스, 제천 아시아시멘트 등에서 현장 투쟁은 계속되
고 있었다. 화물연대는 전국 차원의 집중 투쟁을 비롯한 현안 투쟁을 이
어갔다.

총파업으로 표준요율제·주선료상한제 도입 합의

교통세 인상에 경유가까지 가파르게 오르자 화물연대는 정부에 유가
인하 대책을 마련하라 촉구했다. 7월 첫째 주 전국 평균 경유가는 리터
당 1,298원이었다. 국제 유가 상승에 더해 정부가 7월부터 경유에 대한
교통세, 탄력세, 주행세 등을 인상함에 따라 경유가는 더욱 치솟았다. 세
금이 차지하는 비중이 45%에 달하는 경유를 연료로 쓸 수밖에 없는 화
물연대 조합원을 포함한 영세자영업자들의 고통이 극에 달했다.

여기에 더해 조합원이라는 이유로 해고하는 등 노조를 탄압하고 교섭
에 응하지 않는 사업주들 때문에 현장 투쟁은 계속됐다. 울산 아주특수,
대전 한솔제지, 경산 일지테크 등에서 벌어진 투쟁은 장기화됐다.

화물연대는 10월 14일 경남 양산 해운자연농원에서 임시대의원대회
를 열고 노동기본권과 표준요율제 쟁취를 위한 총파업을 결의했다. 화
물차주 노동권 보장과 운송료 현실화를 위한 표준요율제 도입은 2003년
파업 이후 4년째 정부·여당에 요구하고 있지만 개선되지 않았다. 2005
년에도 10월 전면파업을 예고했다가 정부·여당이 내놓은 '화물운송산업
발전과 종사자 처우개선 등 제도개선안'을 수용해 파업을 철회한 바 있
다. 정부 개선안에는 △화물연대를 화물차주들을 대변하는 조직적 실체
로 인정하고 진지하게 대화 △노동권 보호를 위한 관련 입법 조속 마련

2006년 11월 12일 화물·덤프·레미콘 공동투쟁 결의대회.

△공공부문부터 표준요율제 단계적 도입 △공급과잉 해소 △운송료 어음 지급 관행 개선 등의 내용이 담겼지만, 노정 합의 1년이 지나도록 달라진 건 없었다.

화물연대는 사정이 비슷한 덤프연대와 함께 10월 말부터 공동투쟁을 이어갔다. 민주노총 전국노동자대회 날인 11월 12일 화물연대는 무기한 총파업에 돌입하는 건설운송노조 덤프분과·레미콘분과 함께 상경해 투쟁결의대회를 열었다.(사진) 오전 11시 건설산업연맹의 사전대회에 이어 오후 2시부터 덤프·레미콘·화물 노동자 5천여 명이 대학로 도로를 가득 메웠다. 이날 결의대회는 일본에서 온 건설노동자와 대학생 등 60여 명도 참석, 연대 발언에 나서 힘을 실었다.

화물연대는 열린우리당 등에 표준요율제와 주선료 상한제 도입에 관한 제도개선을 지속적으로 요구해 왔다. 그러나 공정거래위원회, 물류협회, 산자부 등의 입장만 전달하며 모호한 태도를 보여왔던 건설교통부가 "불가" 견해를 밝힘에 따라 보다 분명한 대정부 투쟁에 나선 것이다.

화물연대는 11월 9일부터 15일까지 총파업 찬반투표를 진행해 72.9%로 총파업을 결의했다. 17일 기자회견을 열어 "정부 여당이 지난해 화물연대를 화물노동자의 대표조직으로 인정하고 표준요율제 도입과 노동기본권을 적극 검토하겠다고 했는데, 1년이 지난 지금까지 계속되는 뻔뻔스러운 말 바꾸기에 분노를 금할 수 없다"며 12월 1일 총파업 돌입을 예고했다. 이어 11월 20~22일 간부 파업으로 투쟁에 시동을 걸고 현장을 조직해 나갔다.

12월 1일 화물연대 조합원 12,000여 명은 지부별로 의왕 ICD, 광주 하남공단, 창원 중앙공원, 인천 구(舊) 100주년 기념탑 사거리, 군산시청, 광양항 등 전국 14개 지역에서 동시에 출정식을 하고 총파업 개시를 선언했다. 화물연대는 지부별로 행동할 것과 개인행동 금지, 경찰이나 사측과 접촉 금지 등의 지침도 전달했다.

화물연대 조합원들이 일제히 파업에 돌입해 운송을 중단함에 따라 부산항을 포함한 주요 물류 거점들의 물동량이 크게 감소했다. 부산항의 장거리 운행 차량들이 전부 운송을 중단했고, 광양항은 물류가 거의 마비됐으며, 의왕 ICD도 운송량이 절반 이하로 줄었다. 화물연대가 주로 장거리를 운행하는 대형 화물차 운전자로 구성돼 있는데다 비조합원들까지 파업에 가세함에 따라 파급효과는 더욱 컸다.

12월 5일 열린 국회 건교위 법안심사소위에서 여러 국회의원이 이영순 의원이 대표 발의한 화사법 개정안에 반대하는 건설교통부를 질책하며 2007년 2월까지 대안을 제시한다는 중재안을 마련했다. 개정안은 표준요율제와 주선료 상한제 도입을 골자로 한 것으로, 화물노동자들의 요구사항이기도 했다.

화물연대는 파업 5일 만에 1단계 투쟁을 종료하며, 기자회견을 통해 "실질적인 논의가 내년 2월로 미뤄진 것은 많은 아쉬움이 남지만, 정부의 반대에 대해 건교위원들이 문제를 지적하고 실질적인 수급 조절과 운임문제 해결에 대해 대안을 제시하라고 요구한 것은 일정한 성과"라고 평했다. 또 "정부를 상대로 한 번에 모든 것을 걸었던 투쟁과 달리, 중요한 계기에 조직적으로 대응할 수 있는 투쟁을 준비하고 있으며 이번 5일간의 투쟁이 그 시작"이라며 "대권 경쟁과 정쟁에 밀려 민생 현안 법률이 국회에서 표류하는 지금까지의 행태가 계속된다면 2차, 3차 물류대란이 불가피할 것"이라고도 경고했다. 그리고 총파업 결의는 여전히 유효하며, 필요한 시점에 즉각 투쟁에 돌입하겠다고 덧붙였다.

3.

운수산별 건설 사업[14]

운수노동자 투쟁과 연대의 시작

운수 산업은 국민의 교통 기본권을 보장하고 물류를 책임지는 공공서비스인 만큼 한국 사회에 필수적인 핵심 산업으로서 그 중요성이 커져왔다. 그러나 신자유주의 세계화로 운수 산업은 초국적 자본의 주요 공략 대상이 되고 말았다. 이에 따른 자본의 무한경쟁 논리는 운수노동자들을 상시적인 구조조정 위협으로 내몰았다.

삶의 기반과 희망을 잃어가던 운수노동자들은 상시적인 구조조정과 민영화에 맞서 저항하는 한편 업종별로 정책대안을 제시했다. 운수 관련 노동조합들은 "우리가 멈추면 세상이 멈춘다" "운수를 멈추어 세상을 바꾸자"는 기치로 산별노조 건설을 지향하는 운수 노동운동의 발전 전망을 마련해 왔다.

운수노동자의 연대와 운수산별 논의의 첫 출발은 1994년 말경 화물연맹과 전국지하철노동조합협의회(아래 '전지협'), 버스노조협의회, 택시노조민주화추진위원회 등이 구성한 운수산별협의회다. 하지만 1995년 민주노총 출범과 함께 각각의 연맹조직으로 집중하면서 운수산별 건

---

14   운수노조 결성 과정은 '노동자역사 한내'에서 펴낸 『전국운수산업노동조합 운동사』(박재범, 2013)를 주로 인용·요약했다.

설 논의와 공동투쟁은 잠시 동력을 잃었다. 운수노동자학교는 운수산별 논의가 시작된 1994년과 1995년에 두 차례 진행한 뒤 중단됐다. 1999년 (구)공공연맹[15], 공익노련[16], 민철노련[17]이 공공연맹[18]으로 통합한 이후 사실상 운수산별 추진 논의는 중단됐다.

그러다 철도노조의 민주화로 운수부문이 확장하면서 공공연맹 운수분과 주도로 다시 연대사업을 확산하고 산별 조직을 추진할 계기가 마련됐다. 2003년 화물연대와 철도노조의 파업은 운수노동자 투쟁의 위력을 만천하에 알리기에 부족함이 없었다. 화물을 비롯한 궤도, 버스, 택시, 항공을 포함한 전 부문 운수노동자들은 곧바로 지난 10여 년간의 공백을 깨고 한자리에 모여 그해 12월 11일부터 13일까지 '3기 운수노동자학교'를 성대하게 진행했다. 이 자리에서 운수노동자들은 동질성을 강화하고 조직 간 깊이 있는 이해와 연대를 실현하기 위해 운수노조연대회의(아래 '운수연대') 결성을 결의, 각 조직의 적극적 발의로 2004년 2월에 마침내 운수연대를 결성했다.

2004년 공동투쟁에 화물통준위도 힘 실어

화물연대도 운수산별 추진에 맞춘 발걸음에 속도를 붙였다.

우선 운송하역노조와 함께 화물통합노동조합준비위원회(아래 '화물통준위')를 발족했다. 정규직과 비정규직의 차이와 갈등을 극복하고 운수산별로 향해 나아가는 첫 출발인 셈이다. 폭넓은 공감대와 높은 수준의 결의는 부족했지만, 화물통준위 출범은 정규직과 비정규직이 함께하겠

---

15   (구)전국공공노동조합연맹(1998~1999)

16   전국공익사회서비스노동조합연맹(1989~1999)

17   전국민주철도지하철노동조합연맹(1997~1999)

18   전국공공노동조합연맹(1999~2006)

다는 결의를 밝혔다는 점에서 매우 의미 있다. 화물통준위는 화물통합노조를 지향하는 조직으로, 취약한 지도집행력과 재정을 통합함으로써 상호보완적인 체제를 갖춰 위기를 돌파하고 힘 있는 산별노조로 나아가고자 했다. 화물통준위는 운송하역노조 32개 노조 3,700여 명과 화물연대 13개 지부 18,000여 명을 포함해 22,000여 명의 조합원을 포괄했다.

두 조직은 2004년 3월 21일, 충남 갑사청소년수련원에서 양쪽 대의원 200여 명이 참석한 가운데 화물통준위 창립대의원대회를 열었다. 준비위원장으로 선출된 김종인 운송하역노조 위원장 겸 화물연대 의장은 대회사에서 "정규직과 비정규직이 하나의 조직으로 출발하기 위한 대의원대회인 만큼 노동운동의 미래가 이곳에 집중돼 있다"며 "조직의 통일과 화합, 노동자가 주인 되는 사회를 만들기 위해 다 함께 노력하자"고 말했다.

화물통준위는 창립대회에서 △정규직과 비정규직 간 통일단결과 산별노조 강화 △컨테이너·BCT·곡물운송·정유탱크로리 부문 조직 확대·강화 △화물노동자 생존권 쟁취와 고용보장 △철도와 화물 공동투쟁으로 운수연대 강화 등을 2004년 4대 핵심사업을 설정했다. 특히 화물노동자의 생존권 쟁취와 고용보장을 위해 상반기에 현장 강화와 지부별 집중 집회, 하반기에 10~11월 중앙 상경 등 집중 투쟁을 벌일 것도 결의했다.

결의에 따라 화물통준위는 5월 1일, 노동절에 운수연대가 주최한 운수노동자결의대회에 결합했다. 집회에는 화물통준위를 비롯해 철도노조(위원장 김영훈), 민주택시연맹(위원장 구수영) 등 운수연대 소속 조합원 4천여 명이 참가했다. 운수연대는 민주버스노조의 노조민주화투쟁, 5월 민주택시연맹의 '조경식' 동지 분신으로 촉발된 투쟁, 7월 궤도연대 주5일제 공동투쟁 등 각종 사업과 투쟁에 연대하고 지원했다.

특히 운수연대는 7월 8일, 운수 공동투쟁 관련 연석회의에서 화물·철도·택시 3조직의 하반기 공동투쟁 수행을 위해 공동투쟁기획단을 구성했다. 공동투쟁기획단은 △운수 산업의 공공성 강화 △운수노동자 노동조건 개선 △시민 안전 확보 △운수노동자 노동3권 보장 △운수 분야 노정 합의이행 △통합적 운수 산업 발전 정책 수립이라는 6대 공동 요구안을 마련했다.

운수연대는 공동투쟁기획단 수련회와 대표자-기획단 연석회의 등을 잇달아 진행해 △8월에 조직별 요구와 공동 요구 확정해 대의원대회 등에서 투쟁 결의 △9월에 공동투쟁본부 출범해 본격적인 대정부 교섭 △10~11월에 총파업을 포함한 총력투쟁 돌입 방침을 정하고 차근차근 조직화 과정을 밟았다. 화물통준위는 사업용 차량 경유가 인상 저지와 화물차량 면세유 공급, 면허 수급 조절 등을 핵심적으로 요구했다.

그리고 10월 16일에는 서울 여의도공원 문화마당에서 '운수노동자 총력투쟁 결의대회'를 열어 생존권 보장과 운수제도 개혁, 노정 합의이행 등을 요구했다. 집회에 모인 1만여 명이 "운수노동자들은 열악한 노동조건과 저임금, 고용불안과 운수악법 등으로 생존권이 벼랑으로 내몰리고 있다"며 "정부는 화물노동자의 경유가 인하, 택시노동자의 최저임금 보장과 운송수입금 전액관리제 강화, 철도노동자들의 24시간 맞교대 근무 개선 등을 우선 해결하라"고 촉구했다. 또 지난 6월 택시 노동자들과 약속한 택시 제도개선 합의, 지난 4~5월 화물노조와 철도노조와의 노정 합의사항을 성실히 이행하라고 요구하며, 받아들여지지 않으면 총파업 등 총력투쟁에 나서겠다고 밝혔다. 참가자들은 집회가 끝난 뒤 영등포시장 로터리를 거쳐 열린우리당 당사 앞까지 2.5km를 행진하며 시위를 벌였다.

이러한 과정에 운수연대는 간부결의대회와 대규모 연대집회 등 시기 집중 투쟁을 전개함으로써 2003년 정부의 탄압 이후 어려워진 각 조직의 조직력을 회복하고 향후 운수노동자 공동투쟁의 가능성을 확인했다. 그리고 공동투쟁 결과 화물통준위는 정부와 화련을 상대로 한 교섭에서 진척을 봤고, 철도노조는 특별 단체교섭 협약을 맺었으며, 민주택시연

맹은 제도개선 과제 입법을 위한 국회 처리 절차를 밟는 등 성과를 일궈
갔다.

2005년 운수노동자학교에서 산별 전환 결의

운수연대 활동이 3조직(화물·철도·택시) 중심의 공동투쟁에 집중되면
서 다른 사업은 주춤하기도 했다. 그 결과 운수연대에 속한 항공, 지하
철, 버스 등의 노동조합들과는 공동 신문광고 이외에 별다른 연대나 지
지를 조직하지 못함에 따라 회의체계 정상화나 조직강화 등의 과제가
대두됐다.

이에 운수연대는 2005년 1월 5일, 1차 집행위원회에서 △회의체계 정
상화 △4기 운수노동자학교 3월 개최 △운수산업 관련 노동조합 발전
전망 논의 등을 진행키로 뜻을 모았다. 이후 관련 토론을 이어가던 운수
연대는 1월과 2월 대표자회의에서 '4기 운수노동자학교 준비위'를 구성
해 토론 내용을 마련하고 검토해 나갔다.

이러한 준비 과정을 거쳐 3월 17일부터 19일까지 진행한 운수노동자
학교에서는 '운수산별 전망과 과제'에 관한 치열한 논의가 벌어졌다. 주
요 내용은 운수산별 건설의 필요성이었다. 신자유주의 시대에 각종 법·
제도·정책으로 자본의 이해와 요구가 관철되고 있는 현실에서 산업별로
단결된 대응을 하지 않으면 노동운동의 발전과 노동자들의 인간다운 삶
의 실현이 요원하다는 것이다. 따라서 조직 형식을 떠나 운수노동자들
의 업종·지역·국가별, 나아가 전 지구적 차원에서 대단결이 필수 불가결
이라고 판단했다. 그간 전개해 온 운수산업 관련 노조의 투쟁은 낮은 차
원의 생존권적 투쟁이라도 국가정책과 긴밀히 연관될 수밖에 없었고 결
국에는 대정부 투쟁으로 발전해 왔다. 이에 운수 산업 관련 노조들의 요
구 관철은 운수산별 건설을 통한 조직력과 투쟁력의 비약적 확대로만
가능하다는 데 뜻을 모았다.

운수산별 건설의 또 다른 필요성은 노동운동의 위기에서도 나왔다. 운수산업은 대부분 어용노조가 뿌리 깊게 유지돼 온 만큼 2007년부터 노조 전임자 임금 지급 금지, 복수노조 허용 등이 시행되면 영향이 몹시 클 것으로 예상됐다. 화물, 철도, 지하철, 항공, 택시, 버스 등 관련 6개 단위 모두 정도의 차이는 있으나 지금과 같은 방식으로는 정체를 극복하기 힘들고 일부 단위는 현상 유지조차 어려울 수도 있다는 절박한 현실에 처해 있었다. 위기를 기회로 전환하기 위한 운수산별의 필요성이 제기된 것이다. 이와 함께 지금까지 벌여온 공동투쟁 경험의 축적, 공동투쟁 시 투쟁력의 비약적 상승, 궤도연대·운수연대 등 운수산별 추진의 핵심 형성 등 주체적 조건도 성숙했다고 판단했다.

이러한 논의 끝에 운수연대는 운수노동자학교 마지막 날 열린 대표자회의에서 2006년에 운수산별노조와 공공운수산별 건설을 동시에 추진하자고 결정했다. 이러한 '동시 추진-상호 추동 원칙'을 세운 것은 공공과 운수산별 추진을 대립이나 갈등이 아니라 통합과 발전의 관점에서 접근하자는 취지다.

2005년 노동절에 공공연맹 운수분과와 화물통준위, 민주택시연맹, 민주버스노조를 중심으로 운수노동자 결의대회를 진행한 운수연대는 운수산별 추진을 본격화했다. 5월 26일 1차 전체회의에서 기존의 조직체계를 강화하기 위해 산별 회의체계로 전환하고, 전체 대표자회의를 공동의장단회의(상임의장 김연환)와 단위노조대표자회의로 구분했다. 또 집행위원회로 조직체계를 정비해 공동투쟁과 운수산별 추진 사업에 박차를 가했다. 동시에 포털사이트 구축, 신문 발행, 정책연구소 설립, 재정 확보 등을 위한 구체적인 계획을 세웠다. 2005년 구체 과제로 설정한 △운수산업의 공공성 강화 △운수산업 발전 정책 수립 △운수노동자 생존권 보장 △운수노동자 기본권 보장 등을 실현하기 위해 건설교통부에 면담을 요청하는 공문도 보냈다.

6월 12일 부산역 광장에서 화물통준위가 주최한 전국화물노동자대회에는 운수연대가 전 조직적 차원에서 결합해 조직력을 과시했다. 8월 19일에는 '운수연대 산별 건설을 위한 토론회'를 열어 산별노조 건설 방향에 관해 의견을 수렴하고 공감대를 형성해 나갔다.

택시·버스·공공과 운수산별추진위 구성

앞서 공공연맹은 2005년 3월 정기대의원대회에서 산별노조 건설 방침을 결정한 바 있다. 2006년 하반기까지 산별노조로 전환하고, 2007년에는 공공부문 다른 연맹과 대산별을 추진한다는 내용이다. 결과적으로 운수연대는 공공연맹과 다른 산별 건설경로를 정한 셈이다. 운수산별 논의는 지난 10여 년간 독자적 연맹체를 구성한 화물, 버스, 택시는 물론 공공연맹에 속한 철도, 지하철, 항공까지 아우르는 조직을 지향해 왔기 때문이다.

이에 화물연대, 민주버스노조, 민주택시연맹, 공공연맹(아래 '4조직')은 함께 공공·운수 노동자들의 단결과 통합, 산별 건설을 위한 논의를 시작했다. 7월 5일 운수연대 상임의장과 4조직 위원장이 회동해 '공공운수산별 추진 논의'에 합의했다. 9월 23일 회동에서는 연맹통합과 산별 건설을 추진하기로 하고 실무 논의를 사무처장단 회의에 위임했다. 이후 11월부터 2차례의 사무처장단 회의에서 조직별 기본 입장을 확인하고 12월 7일 4조직 위원장-사무처장 연석회의가 열렸다. 이날 회의에서 4조직은 통합과 산별 건설을 위해 추진기구(준)를 구성하고, 추진기구(준)는 △운수·공공노동자의 단결과 산별 건설을 위해 노력 △4조직 통합과 산별 건설 동시 추진 △2006년 2월까지 활동에 합의했다.

이후 추진기구(준) 논의에서 산별노조 건설 시기, 경로, 상에 대한 이견이 확인됐다. 논란 속에 쟁점은 '공공운수산별 동시 건설'이냐 '운수산별을 경과한 건설'이냐였다. 활동 시한인 2006년 2월까지 논의를 거듭한 끝에 추진기구(준)는 △2006년 9월까지 4조직 통합연맹 결성, 통합연맹

은 산별추진위로서 역할 수행 △2007년까지 공공운수산별노조 건설 △
4조직은 운수산업 노동자들의 산별 건설 전망에 대한 자체 결정 존중 △
하나의 조직구조(통합연맹추진위) 확보해 총력투쟁 수행 △통합과 공동
투쟁을 위한 추진위 2006년 3월 중 구성 △통합추진위는 공동투쟁-공
동사업 추진 등을 결정하기에 이르렀다.

운수산업 노동자들의 산별 건설 전망에 대한 자체 결정을 존중키로
함에 따라 이후 논의는 '운수산별 건설 후 공공운수산별 건설' 쪽으로
일단락됐다. 이는 운수-공공의 대립적 갈등이 아닌 보완과 추동의 의미
와 함께 민주노조운동의 지형과 조직별 준비 정도의 차이를 반영한 결
정이다.

이후 2005년부터 2006년 상반기까지 화물연대를 비롯한 아시아나조
종사노조, 대한항공조종사노조, 철도노조 등 운수노동자들의 위력적인
투쟁은 사회적으로 더욱 확산되며 대중적 공감을 얻었다. 2006년 2월에
는 철도파업이 예고되면서 화물, 서울지하철, 택시의 시기 집중 공동투
쟁이 추진됐고, 화물연대와 철도노조가 공동파업을 벌였다. 이러한 운
수노동자들의 연대와 공동투쟁의 경험은 이후 운수산별 건설의 토대가
됐다.

한편 출범 초기였던 이 시기 화물통준위는 내부적으로 어려움을 겪기
도 해다. 화물연대로서는 운동의 정체성(사업자운동과 노동운동)과 운송
하역노조와의 연대활동에 대한 의구심이 존재했다. 운송하역노조로서
는 상당한 인적·재정적 지원을 하면서도 조직 활동에서 소외되는 역차
별이 발생해 불만이 제기됐다. 정규직과 비정규직의 통일단결을 위한
전망과 다양한 사업을 시도했지만, 여전히 단일 대오로서의 사업 기풍
은 자리 잡지 못한 셈이다. 정규직과 비정규직 모두 만족할 만한 수준의
활동과 전망을 제시하지 못한 게 현실이었다. 지도부 차원에서의 공조
는 어느 정도 이뤄지고 있었지만 대중사업으로 전개되지 못함으로써 통
합적 기풍과 기운은 확산되지 못했다. 지도부 구속에 따른 직무대행체

계 역시 통합적 지도력을 발휘하기 취약한 구조였고 한동안은 현상 유지에 전력을 쏟아야 할 정도로 힘든 시기를 거쳐 왔다.

특히 화물연대는 침체에 빠져 있던 2005년에 김동윤열사 투쟁을 통해 조직적 질서와 안정을 되찾아 가기는 했지만, 잇따른 투쟁으로 연대사업을 추진할 여력이 없었던 점도 한계로 작용했다. 그러나 화물연대는 안주하지 않았다. 투쟁을 통해 사회적 위상을 회복하고 대정부 관계를 복구함으로써 혼란과 침체에 빠져 있던 조직을 점차 회복해 나가기 시작했다.

남북 운수노동자 자주교류에도 힘써

한편 운수연대는 2005년에 남북 운수노동자들의 자주교류 사업을 활발하게 전개했다.

민주노총, 한국노총, 우리겨레하나되기운동본부가 주관한 '북한 비료지원사업'에 화물노동자들이 나섰다. 화물연대는 3월 22일부터 24일까지 울산 화학공단에서 질소비료 200톤을 화물차 8대에 싣고 출발해 고성을 거쳐 금강산까지 운반했다. 비료 지원은 앞서 2월에 '해방 60주년 공동행사준비위' 발족을 위해 평양에 방문한 남측 민주노총과 한국노총이 조선직업총동맹(아래 '직총')과 협의해 이뤄졌다.

이때 김달식 화물연대 의장직무대행과 김용욱 철도노조 통일위원장 등은 금강산에서 북측의 조선광업및동력직업동맹, 운수및수산직업동맹(아래 '운수수산동맹') 등과 만났다. 운수연대는 '남북운수노동자 통일선언대회'와 이후 교류가 일상화될 수 있도록 하는 '남북운수노동자 자주교류 협정' 체결 등을 제안했다. 이에 북측은 4월 20일 직총 중앙위원회 명의로 5월 6~7 금강산 실무협의를 제안했다. 그렇게 금강산에서 남북 운수노동자들이 처음으로 한자리에 모여 회의를 진행했다.

운수연대는 민주노총과 직총 차원에서 이루어지는 교류사업을 분야와 업종별로 확대하자는 취지로 운수수산동맹과 교류사업을 기획했다. 8·15 민족대축전 때 남측의 두 노총과 북측의 합의에 따라 12월 20일에는 마침내 개성에서 남북 운수노동자 대표자회의가 성사됐다. 행사에는 남측 운수연대의 김연환 상임의장 등 37명과 한국노총 한국교통운수노동조합연합의 박대수 상임의장 등 7명이 참석했다. 북측은 운수수산동맹에서 최용수 위원장 등 20여 명이 참석했다. 이 자리에서 남북 대표들은 이후 지속적인 자주교류 사업을 결의하고, 2006년 1월 중에 남북 운수노동자 통일선언대회 개최를 위한 실무협의를 하기로 뜻을 모았다. 회의에 이어 선죽교 견학을 마친 뒤 정오에 열린 만찬은 시종일관 화기애애했다. 고려성균관 견학까지 마친 남측 대표자들은 손 흔드는 북측 대표단을 뒤로한 채 북방한계선을 넘어 돌아왔다.

이로써 남북 운수노동자들은 남측 전교조와 북측 조선교육문화직업동맹의 교류에 이어 두 번째로 산업·직업별 노동자 자주교류 사업을 시작한 셈이다. 이후 운수노동자들은 2006년 2월 실무회담을 열어 8월 말~9월 초에 '남북 운수노동자 통일대회'를 열기로 합의했다. 운수연대는 첫 대중적 교류사업으로 남측 운수노동자 축구대표팀 선발을 위한 '통일축구 추진위원회'를 구성했다. 전국 11개 권역에서 벌어진 예선을 거쳐 올라온 화물통준위 등 총 11개 팀이 경합을 벌인 끝에 아시아나공항서비스노조 축구팀이 출전권을 따냈다. 그러나 '남북 운수노동자 통일대회'는 북측의 큰물 피해와 북미 정세 악화 등이 겹치면서 아쉽게도 연기되고 말았다.

운수노조추진위 구성해 산별 추진 본격화

운수산별을 건설하기로 한 2006년, 운수연대는 1월 18일에 용산 철도노조 웨딩홀에서 '운수노동자 산별 건설을 위한 토론회'를 열었다. 토론회에서 공공연맹은 2006년 말 통합산별노조 전환, 민주버스노조는

2006년 말 공공운수산별노조 전환, 민주택시연맹은 2006년 말 운수산별노조 건설, 화물통준위는 운수산별 건설 후 단계적으로 대산별 건설을 주장했다. 견해차를 보인 4조직은 조합원들과 폭넓은 논의를 지속해가기로 했다.

논의를 이어가던 운수노동자 1만여 명은 2월 18일 대학로에 결집해 '운수 제도개혁과 공공성 강화'를 요구하며 '공동투쟁으로 산별노조 건설'을 다짐했다. 이날 참가한 화물연대, 철도노조, 서울지하철노조, 민주택시연맹은 정부의 일방적인 인력감축과 노동조건 악화를 비판하고, "운수노동자들의 투쟁은 단순한 생존권 싸움이 아닌 세상을 바꾸겠다는 의지와 염원의 표현"이라고 강조했다.

이어 2월 24일, 운수연대는 공동의장단 회의에서 '(가칭)전국운수산업노동조합 추진위원회' 전환을 결의했다. 이와 함께 △공동요구에 기초한 공동투쟁·공동교섭으로 11월 총파업 조직 △'운수노동자는 하나'라는 대중적 인식통일과 산별 건설 가시화 △운수연대 조직강화를 위한 일상 사업 활성화와 지역조직 건설 완료를 주요 목표로 하는 2006년 사업계획안도 확정했다.

공동의장단 회의는 3월 24일 추진위를 운영위원회-의장단회의-집행위원회-상집위원회 등으로 구성한 데 이어 4월 14일 집행위원회에서 운영에 관해 규정 등 세부 사항을 확정했다. 전국운수산업노동조합추진위원회(아래 '운수노조추진위')로 전환한 이후 4월 20일 열린 첫 운영위에서는 김연환 운수연대 상임의장을 상임위원장으로 선출했다. 운수노조추진위 운영위원회는 1명의 상임위원장과 6명의 업종별 공동위원장 등 27명의 운영위원으로 구성했다.

한편 화물통준위는 2006년 3월 5일 정기대의원대회에서 통준위를 해산할지, 활동 시한을 연장할지, 즉각 통합할지를 두고 논쟁을 벌이다 2006년 이내 운수산별 건설을 목표로 형식의 통합을 연장해 내용적 통합을 강화하기로 결정했다. 활동 시한을 1년 연장하고, 통합의 내용성을 확보하기 위한 사업을 강화하기로 한 것이다. 다만 2006년 내 운수산별을 목표로 조직사업을 추진하고 운수산별 건설 시점에 조직 재편을 진행하되, 2006년 안에 운수산별을 건설하지 못하면 통준위를 분리하기로 했다. 그동안의 화물통준위 활동에 대한 겸허한 평가를 통해 당장 통합할만한 준비가 되지 못했다는 점을 인정하면서도 조직을 분리하면 정규직이든 비정규직이든 공멸할 것이라는 위기의식에 따른 것이다. 이러한 결정은 통준위 활동이 목적에 부합하지 못했다는 자체 평가와 함께 운수산별노조라는 더 큰 틀에서 통일단결을 모색한다는 방향 설정이자, 운수산별노조를 건설하지 못하면 조직을 분리한다는 배수진을 침으로써 산별노조 운동에 더욱 박차를 가하자는 의지의 표명이기도 했다.

5기 운수노동자학교는 5월 11일 충주리조트에서 열렸다. 이날 발표된 '2006년 운수산별 건설 기본 계획'에는 △대중적 이해와 요구에 기초해 대중적 사업·투쟁 △직접민주주의 실현, 자주성·창조성 발양, 현장 강화와 연대 원칙에 기반 △미조직·비정규 대규모 조직화 △업종 단위를 기본으로 편제하되 지역단위에 대한 계획 수립 △노동자계급 변혁운동에 복무하는 산별노조 건설 등의 내용이 담겼다. 이와 함께 운수노조 건설경로에 조직별 편차가 있다는 점과 통합연맹-운수산별을 동시에 추진하며 상호 보완해야 한다는 점을 다시 확인했다. 또 운수노조추진위 활동은 2006년 8월까지로 하고, 그 이후부터 10월까지는 준비위 단계로 전환해 가능한 단위부터 조직 전환을 결의하고 공동투쟁기획단을 구성해 11월 총파업 투쟁 기획과 준비에 들어간다는 사업계획을 논의했다. 제출된 운수산별과 통합연맹 출범 일정은 단계적으로 제출되었는데 △1단계로 조직결의 가능한 단위부터 9월에 운수노조 창립 △2단계로 2006년 12월까지 최대한 많은 단위를 결합시켜 운수노조 정착화 △2007년부터 미조직 비정규직 가입 확대해 최종적으로 공공-운수노조 통합산별 건설에 나선다는 계획이다. 운수노동자학교 마지막 날인 12일에는 운수노조추진위 공식 출범식을 진행했다.

5월 19일에는 운수노동자들의 노동권 보장과 현장 활동 지원을 위한 정책을 개발하고 운수 산업의 공공적 발전에 이바지하기 위한 운수노동정책연구소가 창립됐다. 초대 소장은 윤영삼 교수(부경대 경영학과)가 맡았다. 6월 9일에는 운수노조추진위 운영위-집행위 합동수련회를 열어 운수산별 건설에 집중하면서 공동 요구안 마련과 공동 실천을 담보하는 총력투쟁이 필요하다는 데 의견을 모았다.

6월 23일 3차 운영위원회에 '운수산별 건설 시기와 경로'에 관해 △4조직 통합연맹과 운수노조 건설 동시추진-상호보완 원칙 △10월 말까지 운수노조추진위 소속 조직 산별전환 완료 △11월 노동자대회 때 운수노조 창립대회 개최 △이를 위해 준비된 조직부터 조건부 조직 전환 결의를 진행하는 내용을 담은 초안이 제출됐다. 그간 각급 단위에서 다양한 논의를 거쳐왔음에도 단일한 입장을 마련하지 못했기 때문에 초안에 관해 7월 15일까지 조직별로 입장을 정리하기로 했다. 통합연맹과 운수노조 건설을 동시 추진하고 상호 보완해야 한다는 것을 기본전제로 한 운수산별 추진 시기와 경로는 조직별 편차와 입장, 통합연맹추진위 일정을 고려해 진행할 수밖에 없었다. 이러한 현실을 고려해 운수노조추진위는 최소한 2006년 10월 말까지 소속 모든 조직이 산별전환 결의를 완료하고 늦어도 11월 노동자대회 때 운수노조를 출범시키자는 안이 제출된 것이다.

7월 28일 4차 운영위에 조직별 의견이 제출됐다. 민주버스노조는 4조직 합의 내용 성실한 이행과 운수산별 건설에 최선을 다한다는 뜻을 재확인하고, 8월 초 임시대의원대회와 9월 초 총회에서 결의하겠다는 계획을 밝혔다. 철도노조도 조직 간 합의 정신을 존중하며, 통합연맹과 운수노조추진위의 산별 건설 사업에 적극 결합하겠다고 밝혔다.

운수산별 건설 시기·경로 둘러싼 이견 극복

4조직 통합연맹추진위도 운수노조와 통합연맹이 동시에 성공적으로 건설될 수 있도록 통합 시점을 9월에서 11월 전국노동자대회까지로 연기했다. 또 4조직은 운수노조 등 산별노조 건설 사업(조직 형태 변경), 산별노조와 통합연맹 가맹을 결의하는 대의원대회(또는 총회) 배치 등에 적극 노력하기로 했다.

화물통준위는 활동 시한을 연장한 만큼 운수산별노조 건설에 집중해야 했지만 2006년 정기대의원대회 직후부터 광주 삼성투쟁을 비롯해 대규모 투쟁이 잇따라 진행되면서 조직 일상사업보다는 투쟁사업에 전력을 기울일 수밖에 없었다. 결국 운수산별 건설을 위한 대중적인 교육과 홍보, 토론은 상반기 내내 거의 진행하지 못했다.

어려운 조건 속에서도 화물통준위는 운수산별을 추진하고 있는 다른 조직들에 발맞춰 '11월 노동자대회까지 4조직 통합과 운수산별 건설'을 위해 9월 임시대의원대회에서 상급단체를 (가칭)통합연맹으로 한다는 조건으로 전국운수산업노동조합 산하 화물(업종)본부로 조직 전환을 결의했다.

산하 조직의 입장을 확인한 운수노조추진위는 운영위에서 만장일치로 운수산별노조 건설계획안을 의결하고 전국노동자대회가 예정된 11월 12일 운수산별노조를 건설키로 확정했다. 오랜 논의 끝에 운수노조 공식 출범일을 확정한 가운데 운수노조추진위 활동이 본격화됐다. 그러나 9월 22일 6차 운영위원회에서는 9월 26일 진행키로 한 운수노동자 총력 결의대회가 취소되는 등 조직별 현안과 상황에 맞물려 산별 전환 사업에 여러 어려움이 따르기도 했다. 특히 공공연맹에서 '전국공공서비스노동조합'이 11월 30일 출범 예정임을 고려해 운수산별 출범일을 11월 30일로 연기해 달라고 요청해 왔다.

운수노조추진위는 2006년 9월 28일 철도웨딩홀에서 간부 100여 명이 참가한 가운데 강령·규약과 지도부 선출에 관한 토론회를 진행하는 등 차분한 준비를 이어갔다. 그런데 10월 14일 운송하역노조 대의원대회에서 운수산별 조직 전환 안건이 2표 차로 부결되고, 화물연대는 대의원대회에서 운수산별 조직 전환 논의를 총회에서 다루기로 결정함에 따라 출범 일정 조정이 불가피해졌다. 이런 상황을 놓고 운수노조추진위는 10월 20~21일 대전 동구청소년수련원에 110여 명의 확대간부가 모여 변화된 상황을 진단하고 출범 시기 조정, 준비위 전환 등 조직 태세 재정비, 총회 가결을 위한 사업방안 등 당면 과제에 관한 토론을 벌였다. 김연환 운수노조추진위 상임위원장은 출범 연기에 따른 대중적 책임을 지고 사의를 표명했다. 그럼에도 토론회에서는 "연내에 운수노조를 반드시 출범시키자" "운수노조 건설에 힘을 싣기 위해 산별 전환투표를 동시에 진행하자" "준비위로 전환해 책임 있는 준비에 나서자" "11월 12일 전에 운수 조직의 총회를 진행하자" 등 전화위복의 자세로 운수노조 건설을 더욱 성과적으로 힘있게 진행하자는 의견이 제시됐다. 이런 상황은 역으로 조직 전체에 긴장감을 높여 11월 초 철도, 화물, 택시, 버스가 시기 집중 찬반투표를 진행한 끝에 모든 조직이 압도적 찬성으로 운수산별노조 건설을 결의하기에 이른다.

산별 전환투표와 운수노조준비위 구성

운수노조추진위는 확대간부 수련회 이후 10월 27일 7차 운영위에서 산하 조직의 총회를 통한 산별 전환투표의 집중 진행과 동시 개표를 결정하고, 운수노조 출범은 11월 30일을 목표로 정했다.

운수노조추진위 소속 단위는 운영위 결정에 따라 2006년 11월 9일부터 15일 사이에 일제히 조직 전환투표를 벌인 끝에 모두 압도적 찬성으로 운수산별 전환을 의결했다. 화물연대는 11월 12일 조합원 총회(사진)에서 산별 전환(83.6% 찬성)과 하반기 총력투쟁(72.9% 찬성) 모두 높은

찬성률로 가결했다.

　철도노조는 11월 13~15일 총회에서 전체 24,822명 가운데 22,962명(92.51%)이 투표해 15,698명(68.37%)이 찬성했다. 민주택시연맹도 같은 날 총투표에서 택시노조가 87.5%, 인천지역노조가 92.8%, 11개 기업별 노조가 88.3% 찬성함에 따라 압도적으로 가결됐다. 버스노조도 11월 14일부터 이틀 동안 전체 1,175명 중 1,054명이 투표, 87.86%가 찬성했다. 이 과정에서 운수노조추진위는 집중적인 지역·현장 순회를 전개해 조합원 총회를 지원했다. 11월 12일에는 5,000여 운수노동자들이 집결해 전국노동자대회 사전대회로 '운수노조 건설과 하반기 투쟁 승리를 위한 결의대회'를 진행해 결의를 드높이기도 했다. 이후 운송하역노조 역시 12월 초에 다시 투표를 진행해 조직전환을 결의했다. 이렇게 운수노조추진위 소속 노동조합의 전체 투표 결과 이미 전환을 결의한 민주선원노조[19] 2,200명을 합쳐 총 47,337명의 조합원이 운수산별 전환을 확정했다.

운수노조추진위는 11월 17일 8차 운영위에서 창립일을 12월 16일로 확정하고, 전국운수노동조합창립준비위원회(아래 '운수노조준비위')로 전환하기로 했다. 준비위원장으로 철도노조 김영훈 위원장이 추대됐다.

11월 24일 열린 운수노조준비위 1차 운영위에서 철도, 화물연대, 운송하역, 택시, 버스, 아시아나항공 등이 준비위원회 참가조직으로 17명의 운영위원을 확정했으며, 민주선원노조는 참관하기로 가닥을 잡았다. 부산지하철노조는 운수노조 창립예정일 이전에 산별 전환투표가 불가능함에 따라 참가를 유보하되, '연내에 산별노조추진단 구성해 산별 추진' 방침을 세우고 2007년 상반기 내에 산별 전환투표를 마무리하겠다고 밝혔다. 이 밖에도 1차 운영위에서는 분과를 나누어 조직체계, 강령·규약, 사업계획, 재정·예산, 창립대회 등에 관한 사업을 구체적으로 준비하기로 했다.

12월 9일 2차 운영위에서는 출범 준비 논의를 구체화해 나갔다. 특히 이날 회의에서는 12월 16일 운수노조 창립대회 출범 일정이 민주노총의 '노사관계로드맵 국회 통과'에 맞선 총파업 일정과 겹침에 따라 공동위원장 회의에서 일정을 조정할 수 있도록 위임했다. 논의를 거쳐 12월 15일 3차 운영위에서 운수노조 창립대회 일정을 12월 26일로 정했다. 12월 21일 4차 운영위에서 조직별 창립 대의원명단 등 창립대회 준비에 관한 최종 점검이 완료됐다.

다른 조직보다 늦은 12월 6~14일에 산별 전환투표를 한 아시아나항공노조도 전체 조합원 1,193명 중 723명이 투표해 70%가 찬성함에 따라

---

19   1998년 5월 8일 대형트롤노조로 출범해 2002년 민주선원노조로 조직을 변경했으며, 운수연대는 2006년 2월 24일 2차 공동의장단회의에서 민주선원노조의 가입을 승인하고 박대희 민주선원노조 위원장을 공동의장으로 선임한 바 있다.

운수노조에 창립대회부터 함께할 수 있게 됐다.

2006년 전국운수산업노동조합 출범

2006년 12월 26일, 마침내 전국운수산업노동조합(아래 '운수노조')이 출범했다.

이렇게 민주노총 산하 화물, 버스, 택시, 철도, 항공업종 48,500여 명을 조합원으로 하는 운수산별노조가 탄생했다. 조합비 납부자 기준으로 화물연대 9,982명, 운송하역노조 3,986명, 전국철도노조 24,822명, 민주택시연맹 7,349명, 민주버스노조 1,175명, 아시아나항공노조 1,193명이다.

도시개발공사 대강당에서 열린 창립대회에는 대의원 268명 가운데 188명이 참석해 선언·강령·규약, 업종본부 설치, 중장기·2007년 사업계획, 재정과 예산안을 심의·의결했다. 이날 제출된 안건은 운수노조 창립준비위원회가 초안을 마련하고 산하 조직별 검토를 거친 것으로 대부분 원안대로 통과됐다.

조직체계는 노조 산하에 업종본부–지부–지회–분회를 편성해 당분간 업종별 체계를 유지하기로 했다. 집행력을 안정하게 구축하기까지는 과도적 체계로 화물본부(화물연대), 철도본부, 택시본부, 버스본부, 항공본부, 공항항만운송본부 등을 설치·운영하고, 정기대의원대회가 열리는 2007년 5월에 지역본부로의 이행 방안을 제출키로 했다.

또 △민주노총 산하 공공운수연맹을 상급단체로 △운수 관련 산업 종사자·해고자·실업자·예비노동자까지 조직 대상으로 △초대 임원 임기는 2007년 4월까지, 정식 임원진은 2007년 5월 정기대의원대회에서 선출하며 임기 3년 △6개 업종본부를 기반으로 조직체계 편성, 사업장이 3개 이상의 광역시·도에 걸쳐 있는 조합원 3백인 이상의 기업조직은 한시적 기업지부로 인정 △규약에 포괄하지 못한 내용은 업종별 규정 제정 등을 결정했다. 2007년도 일반회계 예산은 업종별 조합비의 15%+1,500

원으로 하고, 비정규단위(화물연대)는 3천 원으로 정액 납부키로 했다. 2007년 3월까지 조합원 1인당 1만 원씩으로 창립 기금 5억 원을 조성하기로 했다.

운수노조는 2007년까지를 조직 안정화 시기로 보고 한 해 동안 산별노조 운영체계를 정립하는 데 주력한다는 방침을 세웠다. 이를 위해 △2007년 1~2월 국회 제도개선투쟁(화사법·여객자동차운수사업법 개정, 특수고용직 보호입법 제정 촉구) △1~4월 운수산별 조직체계 완성 △5~7월 운수노조 산별교섭 요구와 2007년 임투 △하반기 운수산업정책 개혁과 제도개선 촉구 대선 총력투쟁 등 2007년 사업계획도 승인했다.

초대 임원으로는 위원장에 철도노조 김영훈 위원장, 수석부위원장에 구수영 민주택시연맹 위원장, 사무처장에 정호희 화물통준위 사무처장을 각각 선출됐다. 운수노조 창립대회 참가자들은 결의문을 채택해 "정부의 주먹구구식 운수 정책을 분쇄하고 운수 공공성 확보를 위한 투쟁

전국운수노동조합 선언

우리는 일제하 민족해방투쟁으로부터 사회민주화투쟁, 87년 노동자대투쟁, 신자유주의 세계화 저지투쟁에 이르기까지 노동해방과 사회변혁의 주인으로 자임하여 왔으며 치열한 저항의 역사 속에서 확인한 자주, 민주, 통일의 꿈과 변혁지향의 민주노조운동 정신을 계승하여 오늘 전국운수산업노동조합의 출범을 온 세상에 선포한다.
기업과 업종, 지역의 벽을 넘어 뜨거운 동지애와 일치단결의 힘으로 자본과 권력의 탄압을 뚫고 운수산업의 공공성 확보, 비인간적인 노동조건 개혁과 노동기본권 쟁취, 노동조합의 민주화를 쟁취함으로써 우리는 백만 운수노동자의 깃발, 등대, 희망이 될 것이다.
우리는 운수노동자를 하나로 묶어세우며 공공노동자와 함께 전국적 통합산별조직을 건설함으로써 공공운수노동자의 정치, 경제, 문화적 지위을 향상하며 이 땅의 모든 민중들과 함께 사회개혁투쟁을 힘차게 전개하여 자주적이고 평등한 민주사회를 건설하고 더 나아가 전 세계 노동자의 단결을 위하여 앞장서 투쟁할 것이다.

운수노동자의 참된 벗 운수노조여 영원하라!

2006년 12월 26일

을 전개할 것”이라며 “운수노동자들의 생존권 쟁취 투쟁, 2월 개혁법안 관철 투쟁에 총력 매진하겠다”고 다짐했다.

한편 같은 날 출범하기로 한 ‘전국공공운수노동조합연맹’(통합연맹)은 대의원대회 성원 부족으로 유예돼 공공연맹, 민주버스노조, 민주택시연맹, 화물통준위 4조직 통합은 결국 해를 넘기게 됐다. 공공연맹 대의원들은 간담회와 비상중집회의를 잇달아 열어 통합연맹 건설은 유효하다고 확인하고 대책을 논의했다. 앞서 11월 30일에는 공공연맹 산하 의료연대노조, 사회보험노조 등 45개 노조 3만여 명이 산별 전환을 결의, ‘전국공공서비스노동조합’(아래 ‘공공노조’)이 출범했다.

4.
노동기본권 쟁취 투쟁

단결하기 시작한 특수고용노동자들

화물연대 조합원들은 위·수탁 화물차주 신분으로 '특수고용직 노동자'[20]에 해당된다. 이러한 사정 때문에 운송하역노조에 준조합원으로 가입해 활동을 시작했다. 특수고용이란 사용자가 노동자를 개인사업자로 등록하도록 하는 방식으로 '근로계약'이 아닌 위탁·도급 등의 계약을 체결하고 일을 시키는 형태다. 레미콘 기사, 학습지 교사, 보험설계사, 애니메이터, 대리운전 기사, 텔레마케터, 골프장 캐디, 배달 라이더, A/S수리기사 등도 개인사업자로 돼 있어서 노동자성을 부정당하는 특수고용노동자에 해당한다.

간접고용이 주변 업무를 외주화하는 방식이라면, 특수고용은 고용을 법상 규제 외부에 두는 방식으로 자본의 책임을 회피한다. 노동자를 개인사업자로 위장해 정규직으로 고용했을 때 발생하는 사용자의 책임을 피하고, 100% 실적에 따른 임금체계로 노동자를 통제한다. 또 부당해고 관련 규제도 받지 않고 계약을 해지하는 방식으로 노동을 통제한다. 이러한 고용 형태는 신자유주의가 본격화한 1990년을 전후해 급격하게 확

---

20 법률상 용어는 '특수형태근로종사자'다.

산했다.

화물산업의 경우 특수고용은 노동력뿐만 아니라 화물차량 등 기본적 생산수단마저 외부화하는 것을 포함해 전개됐다. 이는 사업자등록이라는 형식적 요건만이 아니라 마치 노동자가 실질적으로 생산수단을 소유하고 있는 듯한 외양을 형성해서 손쉽게 노동자성을 부정해 왔다.

이처럼 특수고용은 자본의 노동조합 파괴와 더 유연한 인력 운용을 위해 도입됐다. 노동조합 파괴 시도는 대체로 성공했고, 노동의 외부화는 유연한 고용조정으로 이어졌다. 기본급 없는 수당·수수료 중심의 임금체계, 사용자의 일방적인 계약 해지 권한은 정작 노동을 외부화했음에도 도리어 노동을 더욱 강하게 통제하는 효과를 가져왔다. 그리고 이러한 방식은 초기 특수고용형태가 도입된 직종에 한정되지 않고 유사한 노동체계를 가진 산업과 업종으로 확장됐다.

2000년을 전후해 특수고용노동자들의 대중적 조직화와 투쟁이 활발하게 벌어지기 시작했다. 1997년 애니메이션노조가 조직됐고, 1999년 재능교육교사노조 건설과 33일간의 파업 투쟁으로 학습지 업계에 잇달아 노동조합이 결성돼 2000년에는 전국학습지산업노조를 설립했다. 1999년 유성CC를 시작으로 골프장 경기보조원 역시 사업장별로 노동조합을 조직해 나갔다. 2000년 전국보험모집인노조, 레미콘 운송차주로 구성된 건설운송노조, 2001년 홍익매점노조 등이 결성됐다.

그리고 2002년 화물연대가 출범했다. 1950년대 국내 운송업이 시작하면서부터 지입제가 장기화·고질화하고 1990년을 전후해 위·수탁제가 더욱 확대된 가운데 화물노동자들의 노동기본권에 대한 열망은 매우 컸다. 자연스레 화물연대는 출범할 때부터 특수고용노동자의 노동3권 보장을 핵심 과제로 설정했고, 그 실현을 위해 최선두에서 투쟁했다.

특수고용노동자들은 노동자성을 인정받고 회사의 복수노조 시비 등을 극복하기 위해 고단한 투쟁을 이어가야 했다. 단결의 중요성을 절감한 특수고용노동자들은 공동투쟁의 기틀을 마련해 나갔다. 2002년 4월,

1999년 11월 13일 성균관대 유림회관에서 열린 재능교육교사노동조합 창립대회 모습. [사진 : 『알기』, 노동자역사 한내]

민주노총 서울본부에서 두 차례의 준비모임 후 '특수고용대책회의'(아래 '특고대책회의')를 구성해 활동했고, 이후 2003년에는 민주노총 산하로 자리 잡았다.

특고대책회의는 △특수고용노동자의 노동기본권 쟁취 △상호 투쟁 지원 및 조직 활동·확대 방안 논의와 지원 △일상 활동 지원과 상호 연대 교류를 주요 역할로 삼았다. 출범 첫해인 2002년 4월 18일과 6월 10일 '특수고용노동자 기본권 외면 노사정위원회 규탄 집회', 5월 1일 '특수고용노동자 노동기본권 쟁취 결의대회' 등 공동투쟁을 벌였다. 특수고용노동자들의 절규에도 노사정위원회는 2002년 5월 6일 발표한 비정규특위의 '비정규 근로자 대책 관련 1차 노사정 합의문'에서 특수고용을 비정규직 범위에 포함하지 않아 거센 반발을 샀다.

특수고용 노동자성 인정 법·제도개선 투쟁

특고대책회의는 10월 20일 '특수고용노동자 권리 찾기 한마당'을 열어 법·제도 개선을 위한 2003년 대중투쟁을 결의했다.(사진) 2003년 들어서 특고대책회의는 민주노총과 해당 연맹, 노동조합과 논의구조를 확보하고 체계적인 투쟁·조직 활동을 해나갔다. 특수고용 문제를 사회적으로 알려내고 관련 법·제도적 요구를 모아내는 한편 요구를 쟁취하기 위한 공동 활동을 벌였다.

하지만 특수고용노동자 노동권 보장에 관한 정부 입장은 이전보다 더 후퇴했다. 2003년 5월 23일 노사정위원회에 '유사 근로자'라는 개념을 도입해 노동법이 아닌 별도 법으로 다루는 방안이 공익위원 안으로 제출됐다. 이는 노동자성을 부정하고 당연히 보장돼야 할 노동법과 사회보장법상의 권리를 박탈하는 것이다.

이후 2005년 11월에는 세 가지 안의 공익위원 검토 의견이 제출되고, 2006년 10월에는 노동부 노사정 실무회의를 통해 노동법과 경제법적 적용을 모두 논의해 방안을 마련하겠다고 했으나, 노동법 적용 방안은 검토하지 않았다.

정부 입장이 지속적으로 후퇴하는 가운데 특수고용노동자들은 총력투쟁으로 맞섰다. 2003년 1~2월 대선공약 이행 촉구 투쟁과 건설운송노동자 노동자성 관련 대법원판결[21] 규탄 투쟁, 6월 15일 민주노총-한국노총 레미콘노동자 결의대회, 7월 19일 간부결의대회, 9월 21일 입법 촉구 결의대회를 연이어 개최했고, 10월 20일부터는 근로기준법 적용과 노동3권 보장을 요구하며 국회 앞에서 천막농성을 시작했다. 11월 12일

---

21   2003년 1월10일 대법원(주심 박재윤 대법관)은 전국건설운송노조(위원장 박대규) 씨케이인프라시스 분회 조합원들이 낸 '근로자 지위 부존재 확인' 소송 상고심에서 레미콘 노동자의 '노동자성'을 부정하는 판결을 내렸다. 재판부는 판결문에서 "업무 내용을 회사가 정하고, 근무태도를 교육받는 등 업무 수행 과정이 고용관계와 유사한 사실만으로 운송차주들이 근로자라고 단정할 수 없다"고 밝혔다.

특수고용노동자 노동자성 인정! 노동3권 보장! 근로기준법 적용!
특수고용노동자 권리찾기 한마당
주최:전국민주노동조합총연맹 / 주관:특수고용노동자 노동기본권 쟁취 대책회의
비정규직 정확히 봅시다!!
특수고용노동자 노동자성 인정! 노동3권 보장! 근기법 적용!
전국민주노동조합총연맹 / 특수고용노동자 대책회의
못참겠다 차별, 서럽다 눈치밥
정규직 철폐 100만 서명
민주노총
전국건설운송
노동해방
건설운송

민주노총 총파업에는 간부 파업으로 결합했다. 2004년 1월 16일에 노사정위원회 앞에서 '특수고용노동자 노동3권 보장, 근로기준법 적용 쟁취 결의대회'를 진행했다.

2004년 민주노총은 특수고용 문제와 관련해 5월 21일 한국노총과 공동 기자회견을 연 데 이어 6월 20일 특수고용노동자 노동자성 인정을 촉구하는 결의대회를 진행했다. 9월 10일 노동부장관이 비정규노동자 보호와 권리보장을 외면한 법안을 하반기 정기국회에 상정하겠다고 밝힘에 따라 전국비정규직노조연대회의(아래 '전비연') 준비위원회[22]는 9월 16일 열린우리당 의장실 점거 농성에 돌입해 정부·여당에 비정규법안 철회를 요구했다. 민주노총도 9월 21일 대의원대회에서 총파업을 결의하고 11월 26일 총파업에 돌입하는 등 강력한 투쟁을 이어가 비정규법안 국회 처리는 무산됐다.

2005년 들어 노사정위원회에서 다시 논의가 진행되는 가운데 특고대책회의는 10월 4일 성명을 내 투쟁을 선포하고 10월 8일부터 대표자들이 무기한 단식농성을 시작했다. 12월 1일에는 화물연대와 덤프연대 조합원 101명이 전국에서 열린우리당 전국 14개 광역시도당과 한나라당 경기·강원·대구 광역시도당 당사를 일제히 점거하고 '특수고용노동자의 노동3권 보장'을 촉구했다. 노사정 협의가 계속되다 한국노총이 타협안을 제시해 12월 국회 논의가 시작됐다. 정부·여당은 2006년에 반드시 특수고용노동자 보호 방안을 내놓겠다고 했지만, 사용자의 노동법 회피 시도에 대한 규제나 노동권 보호 방안에는 관심을 두지 않은 채 노동자와 사용자 사이의 대립이 심하니 방안을 낼 수 없다는 태도였다.

이러한 지속적인 비정규 법안 개악 흐름에 대응해 특수고용노동자들은 2006년부터 대규모 투쟁으로 맞섰다. 민주노총은 한국노총의 타협안에 반대하며 12월에 세 차례 총파업을 벌였지만 2006년 2월 27일 비정

---

[22]　전비연(의장 구권서)은 2005년 10월 16일 50여 개 노조 4만여 명이 가입해 공식 출범했다.

규법안은 결국 환경노동위원회를 통과하고 말았다. 민주노총은 다음날인 2월 28일과 3월 2일 총파업을 벌였다.

특수고용노동자들의 노동권 확보를 위한 절박한 투쟁이 전국적으로 벌어지는 가운데 ILO는 제네바에서 진행한 95차 총회에서 6월 15일 한국 정부에 '특수고용노동자에 노동기본권을 인정과 고용관계 개선 권고'를 채택했다. ILO는 권고에서 "위장된 고용관계에 대응하기 위해 고용관계의 존재를 판단하기 위한 광범위한 수단을 허용하고, 하나 또는 그 이상의 관련된 지표가 존재하면 고용관계의 존재에 대한 법적 추정을 제공하도록 하며, 고용관계의 존재 여부를 판단할 수 있는 지표를 정의할 때 노동자가 사업자로서의 이윤 획득과 상실의 위험을 부담하며 실질적으로 사용자로서의 행위를 수행하는지를 판단해야 한다"고 밝혔다. 형식적으로 사업자로 위장된 부분만 가지고 쉽게 노동자성을 부정해서는 안 된다는 것이다. ILO 권고를 통해 특수고용노동자들의 목소리는 더욱 힘을 얻었다. 그러나 국제사회의 논의와 달리 한국 정부 입장은 점점 더 후퇴하고 있었다.

8월 22~27일에 특수고용노동자들이 '노동기본권 쟁취 1차 전국 순회 투쟁'을 벌였다. 화물연대도 8월 7일부터 11일까지 인천, 충남, 전북, 광주, 전남 등 서남부 지역의 주요 항만과 화물터미널 등에서 1차 선전전을 진행하고, 16일부터 25일까지 2차 선전전에 나서 경남, 부산, 울산, 포항, 대구·경북, 대전, 충청·강원, 서울·경인 등을 순회했다. 대형 화물차량에 현수막과 깃발을 내걸고 주요 거점에서 대규모로 진행한 선전전은 장관을 이루었다. 주요 터미널 등에 방송차를 설치해 미리 준비한 영상물을 상영하고, 화물노동자들에게 선전물을 나눠주는 한편 상담 테이블을 설치해 노동자들과 직접 대화에도 나섰다. 20일 가까이 진행한 선전전은 10~11월 집중적으로 진행될 특수고용노동자 노동3권 쟁취 투쟁에 앞서 하반기 투쟁의 당위성을 대중적으로 알리고 결의를 모으는 성과를 남겼다. 10월 23일부터는 '특수고용노동자 노동기본권 쟁취를 위한 2차 전국 순회 공동선전전'을 진행했는데, 화물과 덤프 노동자들이 주축을 이뤘다. 화물연대는 건설운송노조 덤프·레미콘분과와 함께 공동수련회, 선전전, 집회 등을 함께하며 연대의 기운을 높여나갔다.

비정규 법안 강행 처리 움직임이 본격화된 가운데 화물연대는 민주노총 전국노동자대회인 11월 12일, 이날부터 무기한 총파업에 돌입하는 건설운송노조 덤프분과·레미콘분과 조합원들과 함께 총력투쟁 결의대회를 진행했다. 오전 11시 건설산업연맹의 사전대회에 이어 오후 2시부터 덤프, 레미콘, 화물노동자 5천여 명이 대학로를 가득 메웠다. 김종인 화물연대 위원장은 연설에 나서 "이 땅의 건설과 물류의 주체가 모였는데 저들은 우리를 노동자가 아니라고 한다"며 "우리의 신분을 찾자"고 외쳤다. 또 "지난 4년 동안 건설노동자 82명이 사망했고 그중 63명이 사고사였지만 단 한 명도 산재 적용을 받지 못했다"며 "덤프, 레미콘, 화물노동자들이 뭉치니 서로 든든하다, 총파업 깃발을 올리고 노동기본권을 쟁취하자"고 강조했다.

참가자들은 투쟁결의문을 통해 "2백만 명의 특수고용노동자들이 노동자성을 거세당하고 앞날에 대한 어떠한 희망도 없이 하루하루를 견디며 죽어가고 있는 현실에서 우리는 더 이상 물러날 곳도 비켜설 곳도 없다"며 노동기본권 쟁취를 위해 특수고용노동자들과 함께 결사 항전할 것을 결의했다. 결의대회를 마친 참가자들은 서울광장 전국노동자대회에 참가한 뒤 오후 7시에는 여의도공원 문화마당에서 총파업 출정식과 문화제를 여는 등 3박 4일 상경투쟁을 전개했다.

민주노총은 이어 15일부터 30일까지 네 차례에 걸쳐 총파업을 벌이는 등 결사 투쟁을 벌였다. 그러나 11월 30일 비정규 법안은 국회의장 직권으로 상정돼 국회 본회의에서 통과되고 말았다.

화물노동자 재해 심각, 산재보험 적용 투쟁

특수고용직 신분인 화물운송노동자들은 2002년 출범부터 노동기본권 쟁취를 핵심 목표로 활동했다. 노동법에 따른 노동자성을 인정받지 못해 여러 불이익을 받고 있는데, 그 가운데 하나가 산재보험 적용이다.

2003년 파업의 성과로 이룬 '5.15 노정 합의'에는 '화물운송 특수고용노동자가 2004년부터 산재보험에 가입할 수 있도록 법 개정을 추진한다'는 내용도 담겨있다. 당시 노정 합의가 진행되는 가운데 노동부가 5월 14일 기자간담회를 열어 화물노동자의 산재보험 가입을 허용하고, 업무 중 사고를 당하면 보상받을 수 있도록 연내 법 개정을 추진하겠다고 밝혔다. 그런데 특례 규정을 두어 자영업자의 임의가입 형태로 산재보험에 들 수 있도록 한다는 것이다. 이는 화물노동자의 노동자성을 인정하는 방식이 아닐뿐더러 일방적으로 발표한 것으로 화물연대의 요구와는 동떨어진 내용이어서 반발을 샀다.

화물노동자들의 산업재해는 다른 업종보다 매우 심각한 수준이라는 조사 결과도 나왔다. 원진노동환경연구소가 2006년 덤프·레미콘·화물운송에 종사하는 노동자 481명을 대상으로 조사한 결과, 운반물 상·하차와 같은 운행 업무 외 작업에서의 재해율(요양 4일 이상)이 8%로 한국 평균 재해율인 0.8%보다 10배 이상 높았다. 2005년 한 해 동안 32%가 업무상 재해를 경험한 것으로 나타났다.

화물노동자 가운데 운송회사 소속 노동자들만 가입된 산재보상 통계를 봐도 사정은 크게 다르지 않다. 1997년부터 2004년까지 전 산업 재해자는 1천 명당 6.7~8.5명인데, 화물노동자는 16.5~31.5명으로 서너 배 높았다. 게다가 다른 업종은 매년 재해율이 비슷하지만, 화물운수업은 계속 증가추세였다.

윤간우 원진녹색병원 산업의학과장은 "운수업 특수고용노동자의 높은 재해율과 사망률에도 적절한 보호 대책이 없다"며 "대부분 사고를 당해도 개인 수준에서 처리되고 있어 어려운 생활고를 가중시키는 원인”
이라고 지적했다. 지입제가 일반화된 가운데 화물노동자 대다수는 특수
고용노동자 신분으로 산재보험의 사각지대에 처해 있었다.

2006년 5~6월 두 달간 화물연대 조합원 9명이 사망한 가운데, 사망원
인 대부분이 교통사고와 산재였다. 4명은 교통사고로, 3명은 파일·고철·
원목 등을 하차하던 중 안전 장비 부재 등으로 숨졌다. 화물연대는 이러
한 사망사고가 매년 60여 건에 달하고 해가 갈수록 증가세를 보인다며
운전자 과로와 하차 작업을 강요하는 분위기가 화물노동자들을 죽음으
로 내몰고 있다고 지적했다. 장시간 운전, 야간 운전, 대기시간을 이용한
차내 수면 등 만성적인 피로가 교통사고의 직접적인 원인으로 작용하는
것이다.

교통사고가 운전자 과로에 따른 것이라면, 산재사고는 화주의 하차 작
업 강요로 발생하는 '사회적 타살'이다. 화물노동자들은 화물을 배달하
는 것만으로 책임 업무가 완료되지만, 실제 현장에서는 하차 작업까지
떠맡고 있다. 하차 작업에 동원된 화물노동자들에게는 기본적인 안전
장비조차 지급되지 않는다.

법 개정으로 2005년부터 화물지입차주와 개인택시사업주도 임의로
산재보험에 가입할 수 있게 됐지만, 해당 노동자들을 자영업자로 전제
한 채 노동자성을 인정하지 않는 산재보험 적용이어서 당초 취지에서
벗어난 조치였다. 화물연대는 '화물노동자 노동기본권 인정'과 더불어
'산재보험 완전 적용'을 줄기차게 요구했다.

5.
화물연대의 사업과 활동

2기 임원·대의원 조합원이 직접 선출

2002년 출범 당시 운송하역노조 김종인 위원장이 의장을 맡아 온 화물연대는 2004년 초 2기 임원을 선출했다. 2003년 11월 설립 당시 이미 지부장을 선출한 바 있는 광주, 인천, 대전, 충북강원 지부를 제외하고, 2월 28일부터 3월 10일까지 전 조합원 직선제로 지역지부장과 대의원을 선출했다.

운송하역노조와 조직통합을 결의함에 따라 통합을 고려해 선출을 미뤄둔 본부 임원은 2004년 3월 20일 정기대의원대회에서 의장에 김종인, 부의장에 김달식 포항지부장(수감 중)과 이상배 대전지부장을 선출했다. 다음날 화물연대와 운송하역노조는 화물통합노조준비위를 결성, 김종인 화물연대 의장 겸 운송하역노조 위원장을 준비위원장으로 선출했다.

2003년 두 차례 파업으로 수배됐던 김종인 화물연대 의장은 2005년 1월 9일 대의원대회가 끝난 뒤 1년여간의 수배 생활을 정리하고 출두해 구속됐다. 김 위원장은 2심에서 징역 2년 6개월을 선고한 원심을 깨고 집행유예 4년을 선고받아 7월 14일 석방돼 다시 투쟁 대열에 합류했다.

이후 2005년 10월 31일 정부·여당 제도개선안에 대한 수용 여부 찬반투표 등의 과정에서 빚어진 혼선에 대한 책임을 물어 화물연대는 김종인 의장에 대한 재신임 여부를 11월 2일 조합원에게 물은 결과 투표권자 96.3%가 참여, 56.7% 찬성으로 가결됐다. 11월 3일에는 13개 지부장에 대한 재신임 찬반투표를 지부별로 진행한 결과 12개 지부는 조합원의 60~70%가 찬성해 가결됐으나 부산지부는 불신임됐다.

두 차례 파업 후 조직 정비

2002년 10월 출범 직후 조합원이 1만 명가량으로 급속하게 확대된 화물연대는 2003년 핵심 목표를 조직화로 삼았다. 운송하역노조의 핵심 목표 가운데 하나 역시 미조직-비정규 조직화로, 이는 민주노총 차원의 전략사업임과 동시에 화물연대의 조직 확대·강화 사업으로서 매우 중요했다.

이러한 목표에 따라 화물연대는 조직체계를 정비하고 노조 활동을 활성화하는 것을 첫 번째 방침으로 세웠다. 모든 지부에 지회 체계를 갖추고, 분회도 둘 수 있도록 해서 정기적인 회의와 사업총화, 활동 평가를 진행하고 영역별 담당자를 둬서 조직 확대에 주력했다. 또 기초 조직 단위인 지회와 분회의 일상 활동도 정착하고자 했다. 일상 활동으로는 선전물(소식지)의 조직적 배포, 조합원 교육, 조합원 행사(체육대회·등반대회) 등을 배치했다. 특히 조직 확대 사업에 주력하는 단위를 별도로 구성했다. 2003년 5월 파업을 앞둔 4월에는 부산에 있던 본부 사무실을 서울 영등포에 민주노총 총연맹이 들어있는 건물로 이전했다.

조직화 사업의 성과는 2003년 5월 총파업을 전후로 두드러졌다. 파업 시기 매일 1백 명 이상의 화물운송노동자들이 화물연대에 가입해 조합원 수는 비약적으로 늘어났다. 그러나 8월 2차 파업이 마무리된 뒤 현장 조합원들은 화물연대 탈퇴각서 강요, 블랙리스트 압박 등에 시달려 1,500여 명이 계약 해지당했다. 이런 영향으로 결국 조직규모는 반토막이 났다.

　8월 2차 파업 후 화물연대는 9월 21일 임시대의원대회에서 10월 한 달을 이후 투쟁을 위한 조직 정비 기간으로 정했다. 10월 7~8일 상근간부 수련회를 열어 조직 정비를 위한 실무교육을 진행한 뒤 간부들은 지부의 현안 파악을 위해 11월 노동자대회까지 전 지부 순회간담회를 진행했다. 더불어 고속도로 휴게소에서 운반단가 정상화, 화물운송 관련 법·제도 개선 등을 촉구하는 선전전과 서명운동(업무복귀명령제와 개별등록제 도입 저지), 관련 법 제정을 촉구하는 관계기관 항의전화 걸기, 간부 중심 항의집회 등을 병행하며 조직의 기틀을 다시 다져나갔다.

　조합원의 단결과 조직강화를 위한 활동을 펴나간 끝에 2005년 8월 조합원 수는 다시 19,691명으로 회복했다. 화물연대는 명실상부한 노조 활동을 위해 조합비 장기 미납자를 제명 처리하는 등 과감한 조직 정비를 단행해 12월에는 조합원 수가 10,531명으로 줄어들기도 했다. 이는 5톤 이상 일반화물로는 조직률이 5%(전체 20만 대 가운데 1만 대)에 지나지 않으며, 개별화물까지 포함한 전체 35만 대를 기준으로 하면 조직화 비율은 더욱 낮아진다. 화물연대는 조직화 비율이 낮으면 물류를 멈추는 위력과 파괴력을 발휘하기 어렵고, 지부 역시 지역 장악력이 떨어지는 만큼 장기적인 조합원 배가운동에 나섰다.

전체 노동자·민중과 함께하는 연대사업

　2003년 3월 17일부터 전국의 고속도로에 "기름값 폭등시키는 미국의 이라크 침공 반대한다"는 대형현수막이 일제히 내걸렸다. 고속도로가 노동 현장일 수밖에 없는 화물노동자들이 전국의 주요 고속도로 휴게소에 내건 것이다. 운송하역노조가 이라크 전쟁에 강하게 반대하고 나선 것은 명분 없는 침략전쟁이라는 점과 전쟁의 여파로 폭등하는 기름값이 화물노동자들의 생존을 심각하게 위협하기 때문이다.

운송하역노조는 3월 22일 포항에서 진행한 '화물노동자 생존권 쟁취 투쟁결의대회'에서 '전쟁 반대, 파병 반대, 기름값 인상 반대 투쟁선언문'을 발표했다. 투쟁선언문에서 노조는 △석유를 위한 더러운 전쟁 △명분 없는 침략전쟁에 한국군 파병 △물류체계의 붕괴와 화물노동자들의 생존을 위협하는 기름값 인상에 반대했다. 그리고 '반전 평화와 생존권을 위해 결사 투쟁'을 선포하고 "한국 정부의 파병계획을 저지하기 위해 대형차량을 동원한 실력 저지도 고려하겠다"고 밝혔다.

이후 2004년 한국 정부가 실제 한국군 파병을 결정하자 운송하역노조는 6월 26일, 항만·공항·특송·택배 분야 등 30여 개 정규직 지부와 화물연대 소속 13개 지부 대표자로 통합회의를 열어 이라크 침략전쟁과 관련한 군수물자 수송 전면 거부를 특별결의했다.

2005년 한국노총 김태환 충주지부장의 사망사고에도 화물연대는 앞장서 연대했다. 6월 14일 오후 5시, 충북 충주시 앙성면 사조레미콘 앞에서 김태환 한국노총 충주지부장이 레미콘에 치여 숨지는 일이 벌어졌다. 김 지부장은 사조레미콘 파업 현장에서 회사가 고용한 대체 차량 앞을 막아섰다가 대체 차량 운전자가 그대로 차를 모는 바람에 현장에서 숨지고 말았다. 김 지부장의 죽음은 사건 자체의 충격과 함께 특수고용 노동자의 노동권 문제가 전 사회적인 쟁점으로 떠오르는 계기가 됐다. 한국노총은 6월 16일 충주시청 앞에서 천막농성에 들어가는 한편 곧바로 민주노총과 투쟁본부를 구성, 6월 18일 전국노동자대회를 여는 등 투쟁에 나섰다. 두 노총은 6월 20일 기자회견을 열어 이후 투쟁계획을 발표하는 한편 범시민사회단체 대표자 연석회의를 제안했고, 노동·시민·사회단체는 6월 22일 서울 세실레스토랑에서 비상대표자회의를 열어 '특수고용직 및 비정규직 권리보장 입법'과 '노동부 장관 해임' 등을 요구해 힘을 실었다. 연일 계속된 연대투쟁으로 한국노총은 7월 7일 충주시청에서 사측 대표, 충주시 관계자 등과 협상을 벌여 레미콘 기사에 대한 고용보장과 처우개선 노력, 유족들에 대한 보상과 장례 절차까지 모두

13개 사항에 합의했다. 합의에 따라 7월 9일 김태환 열사 영결식을 엄수했다.

조합원의 삶 살피는 노동조합

화물노동자의 삶은 줄곧 벼랑 끝에 내몰려 있었다. 화물연대는 항상 조합원들의 삶의 질에 주목하며 관련한 의제를 요구로 만들어내고 투쟁했다.

화물연대가 2003년 12월부터 2004년 1월까지 4백여 명의 조합원을 표본으로 조사한 결과 화물운송노동자 개인 평균 가계부채는 3,648만 원에 달했다. 이 가운데 신용카드 부채는 1,652만 원이었다. 이는 2003년 한국은행이 발표한 가구당 평균채무 2,926만 원보다 722만 원이나 높은 수치다. 화물연대는 화물운송노동자의 경우 기름값이나 도로비 등 직접비용을 현금으로 지급하지만, 운송료는 통상 3개월 기한의 어음으로 지급받는 관행이 부채 상황을 더욱 악화시킨다고 분석했다.

2004년 12월에 화물연대가 조합원 1천 명을 대상으로 벌인 설문조사에서는 조합원의 85%가 과적에 따른 전과기록이 있는 것으로 나타났다. 게다가 전체 응답자(960명)의 52.5%에 해당하는 504명이 과적 전과 3범 이상인 것으로 밝혀져 벌금 등으로 사회경제적 불이익을 심각하게 받은 것으로 드러났다. 전과 2범은 18.4%(177명), 전과 1범은 14.1%(135명)이었다. 과적 전과가 없다고 답한 조합원은 15%에 그쳤다. 과적 단속에 관한 법·제도적 장치 미비로 애꿎은 화물노동자들만 전과자라는 오명을 뒤집어쓰고 있는 셈이다. 과적 단속 강화와 화주업체 처벌강화 등을 수장해 온 화물연대는 조사 결과를 밝히면서 "화물운송계약상 우월적 지위에 있는 화주, 운송·주선업체에 과적의 1차적인 책임이 있는데도, 과적으로 특별한 이익이 없는 화물차 운전자들이 모든 책임을 져 왔다"며 그동안 잘못된 관행과 제도로 억울한 전과자가 양산된 만큼 정부를 향해 과적 전과 일제 말소 등 특단의 조치를 요구했다.

화물연대는 이후로도 끊임없이 발생하는 과적 단속의 문제점을 지적하며 대책을 촉구했다. 2005년 7월 17일 이목희 열린우리당 의원은 "8.15 대사면에서 화물차주 및 덤프트럭 차주 25만여 명의 과적 전과를 말소하도록 추진하고 있다"고 밝혔다. 그러나 실제 사면에서 과적 전과자들은 제외됐다. 결국 부패 정치인들을 구제하기 위해 들러리만 된 셈이다. 화물연대는 과정 근절과 예방을 위한 도로법 개정을 핵심 요구로 삼고 끈질긴 투쟁을 이어갔다.

2005년 2월 23일 화물연대는 2004년 12월 31일부터 화물차주들에게 적용되고 있는 적재물보험 의무가입제도에 대해 기존 가입 보험 인정과 보험료 분할 납부 등을 촉구했다. 새로 시행되는 제도가 국제화물운송업자배상책임보험 등 기존에 가입하고 있던 각종 보험은 인정하지 않고 적재물배상책임보험에만 의무 가입하게 해서 비용 부담만 가중시켰기 때문이다. 적재물배상책임보험 의무가입제도는 2004년 말부터 개별허가제가 실시됨에 따라 시행되는 것으로, 보험 상품 약관상 면책 범위가 지나치게 넓어 실제 사고 발생시 당사자 간 분쟁을 불러올 가능성이 컸다. 이후에도 화물연대는 시행유보와 전면 재검토를 요구하며 개선 투쟁을 벌여나갔다.

한편 출범과 동시에 정부와 자본의 탄압에 맞서 생존권과 노동기본권 쟁취를 위한 투쟁에 전 조직이 집중하느라 화물연대가 노동조합의 일상활동까지 꼼꼼하게 펼치기에는 역부족이었다. 그럼에도 화물연대는 이후 계속되는 투쟁 와중에도 점차 조직을 안정화하며 조합원에 대한 교육, 선전 등 일상적 조직강화사업에 힘쓰게 된다.

6.

주요 현장 투쟁

대산석유화학단지 첫 지역 총파업 승리(2003년)

화물연대 출범 후 '운송료 인상'을 내걸고 충청지부가 최초로 지역 총파업을 벌여 그 파급력을 입증했다.

화물연대 충청지부 서부지회 소속 300여 명의 화물노동자가 충남 서산 대산석유화학단지에 입주해 있는 현대, 삼성, LG 등 굴지의 석유화학 3사를 상대로 운송료 인상과 처우개선을 요구하며 2003년 2월 25일부터 27일까지 사흘간 전면파업을 벌였다. 이들은 파업 투쟁으로 △수출입물량 운송료 17% 인상 △내수물량 운송료 13% 인상 △근무시간 단축 △샤워·휴게시설 제공 등에 합의를 끌어냈다.

파업의 직접적인 원인은 미국의 이라크 침공을 목전에 둔 상황에서 국제유가가 연일 치솟은 탓에 대형화물차량은 운행할수록 손해를 보는 지경에 놓였기 때문이다. 더욱 문제는 정부의 에너지세제개편에 따라 2006년 6월까지 경유가를 휘발유가의 75%까지 끌어올리도록 한 특별소비세법이었다. 국제유가는 유동적이지만, 특별소비세법 때문에 경유가는 6개월 단위로 인상되고 있었다. 또 고질적인 다단계 알선 관행 때문에 운송노동자들에게 주어지는 운임은 직접비용에도 미치지 못했다. 무엇보다 운송노동자들에게 지입료를 받고 차량을 위탁 관리토록 하는 위·수탁제도는 운수회사가 자신들의 모든 책임과 비용을 화물노동자들에게 떠넘기고 다단계 알선 등으로 화주 운임에서 50%까지 착취하는 신종 노예제도와 다름없었다.

이러한 상황에서 국내 대표적인 재벌을 상대로 공동투쟁을 벌여 합의를 끌어냈다는 점에서 파업의 의미는 매우 컸다. 특히 화물노동자들이 파업으로 대산단지 내 국내 화학물품 가공업체와 수출입항으로 운반되던 물량 공급을 차단하고 전면적인 수출입·공장가동 중단 사태를 경고함으로써 엄청난 파급력이 있었기에 합의를 끌어낼 수 있었다. 분노가 축적된 화물노동자들의 응집력이 빛을 발한 투쟁이었으며, 인근 지역 화물연대 조합원들까지 대체 운송을 거부해 파업에 힘을 보탰다.

삼양사 현장 파업(2004년)

2003년 전국을 뒤흔든 총파업 이후 정부와 자본이 '화물연대' 조합원이라는 이유만으로 유무형의 탄압을 가하는 가운데 전국 곳곳에서 현장투쟁이 벌어졌다.

신탄진 3공단 삼양사(주)에서 화물을 운반하는 화물연대 대전지부 소속 경남운수·신탄진화물노동자들이 7일 파업 끝에 운송료 인상을 이뤄냈다. 2003년 9월부터 기름값이 폭등하고 차량수리비, 차량 소모품비, 차량보험료, 통행료 등이 대폭 인상됨에 따라 기사들은 삼양사에 '시세대로 즉각 운송비를 올려주기'로 계약한 내용을 근거로 운송비 인상을 수차례 요구했다. 그러나 삼양사는 기다리라는 말만 되풀이하며 8개월간 운송비용 인상을 미뤘다.

결국 화물노동자들이 2004년 4월 29일 오전 삼양사 앞에서 '생존권 쟁취 결의대회'를 열고 17대의 차량이 전면파업에 들어가 5월 3일 삼양사와 운송료 인상에 합의했다. 특히 계약 기간 특별한 과실이 없는 한 계속 근무할 수 있도록 했고, 화물연대 소속 조합원이라는 이유로 불이익을

주지 않으며, 이번 파업으로 인한 민형사상 책임을 묻지 않기로도 합의
했다.

순창고추장 파업 승리(2004년)

전북 순창고추장 물량을 운반하는 화물연대 조합원 32명도 물량 알선
업체의 차별행위에 반발하며 파업을 벌였다.

순창고추장 물량 주선업체인 (주)상우는 조합원 5명에게 배차를 거부
하고, 조합원의 인적사항을 4등급으로 분류해 블랙리스트를 작성하는
등 화물연대 조합원들에게 배차 불이익을 주거나 임금 차별을 두었다.
이에 화물연대 전북지부 순창분회가 반발해 5월 23일부터 파업을 벌인
끝에 6월 2일 새벽에 △공평한 배차 △향후 6개월 내 운임 협의 후 결정
△민형사상 책임 불문 및 고소·고발 즉각 취하 등에 합의했다.

삼양사와 순창고추장 모두 2003년 8월 총파업 이후 어려운 상황 속에
서도 화물연대가 여전히 화물노동자의 조직임을 보여준 투쟁이다.

크라운베이커리 파업 투쟁 승리(2004년)

2004년 5월 2일부터 대전 크라운베이커리물류센터 도급업체인 대림
운수와 하나로운수에서 일하는 노동자 33명이 화물연대에 가입하고 투
쟁에 나섰다. 이들은 부당한 노동 현실 개선을 위해 5월 9일 오전 생존권
사수와 파업투쟁승리 선포식을 하고 파업에 돌입했다.

크라운베이커리물류센터 노동자들은 밤 10시에 출근해 2.5~5톤 트럭
으로 물품운송과 함께 제품 분류작업, 배송한 가게에 진열까지 하고 정
오에 퇴근하는 등 14시간 장시간 노동에 시달려왔다. 법으로 정해진 주
휴일에도 쉬려면 대휴차 비용까지 부담해야 했다. 월 운송료로 받는 250
만 원에서 대휴차 비용 30만 원과 보험료, 고장차량 본인 수리 등으로 감

가상각비를 제하면 월수입은 150만 원도 채 되지 않았다.

노조는 △대휴비 회사 부담, 유가보조금 지급, 임금 10% 인상, 운송료 임의삭감 금지 △팀장제 폐지 등 업무 개선 △조식비 지급 등 복지제도 개선 △코스별 분점 수 축소와 지정 코스 외 강제 운행 금지 △센터 내 간이 수리 도크시설 확충과 차량도색 회사 부담 등을 요구하며 교섭을 요청했다. 그러나 화주인 크라운베이커리측은 화물연대를 노조로 인정하지 못하겠다며 거부했고, 용역차량 10대를 포함해 모두 36대의 화물차량을 대체 투입하고 사설경호원 10여 명을 배치하는 등 사태를 오히려 악화시켰다.

어려운 조건에도 물류센터 앞에서 농성을 전개하며 흔들림 없는 투쟁을 이어간 조합원들은 5월 14일 노사합의로 팀장제 폐지와 근로조건 개선 등 20여 개 요구사항 대부분을 쟁취했다.

광양컨테이너부두 투쟁 승리(2005년)

2005년 6월 29일부터 열흘 동안 전남 광양컨테이너부두에서 파업을 벌인 화물연대 전남지부가 투쟁을 승리로 이끌었다.

1998년 광양항 개항 초기 운송료는 광주권 21만 원, 전주권 28만 원이었으나 경유가가 인상된 2005년 현재 광주권은 15만 3천 원, 전주권은 21만 원으로 도리어 하락했다. 또 화주와의 계약에 공컨테이너 크리닝 비용이 포함돼 있음에도 화물노동자들이 직접 컨테이너를 청소하고 있어 화물노동자들의 건강뿐 아니라 환경오염까지 우려되는 실정이었다.

이에 화물연대 전남지부는 5월 26일부터 30일까지 파업찬반투표에서 조합원 228명이 투표해 162명의 찬성으로 파업을 결의했다. 지난 석 달 동안 시장 면담을 비롯해 여러 차례 다양한 방법으로 교섭하고자 했으나 회사쪽이 화물연대를 인정할 수 없다며 거부했기 때문이다. 화물연대 전남지부는 이미 배차된 물량만 6월 28일까지 운송 완료한 뒤 △운송료 인상 △공컨테이너 세척장 설치 △불법다단계 근절 △어음수수료 조합원 전가 근절을 요구하며 29일부터 전면파업을 벌였다.

투쟁 끝에 화물연대 전남지부는 7월 8일, 광양시장과 운송료 원가조사 용역 실시 등 현안에 잠정 합의했다. 합의안에 대한 조합원 찬반투표에서 130명이 투표, 101명 찬성으로 업무에 복귀했다. 합의에 따라 컨테이너 운송사업자협의회는 컨테이너 육상운임 원가조사 용역과 건교부 신고를 9월 말까지 완료하고 이를 10월부터 적용해 운송요율 신고 시 5%를 가산하도록 했다. 사측은 파업 참가자를 부당 처우하지 않고, 광양시는 건교부 지급기준에 따라 유가보조금을 지급하고 불법다단계 운송과 과적운행을 단속하며, 여수지방해양수산청과 컨테이너부두공단은 컨테이너 크리닝 시설을 광양항 화물자동차 휴게소 내에 설치하기로 했다.

배스킨라빈스 해고자 복직 쟁취(2006년)

31가지 맛을 가지고 있다는 배스킨라빈스가 그 맛을 전국으로 배달했던 노동자 31명을 해고했다. 게다가 용역 경비까지 고용해 해고에 항의하는 노동자들에게 무차별적인 폭력을 휘둘렀다. 2006년 3월 4일 계약해지를 통보받은 화물연대 배스킨라빈스분회(BR분회)는 곧바로 파업에 돌입, 80일에 걸친 투쟁 끝에 계약해지 철회를 쟁취했다.

배스킨라빈스 운송노동자들은 2005년 10월에 노조를 설립하고 배스킨라빈스코리아(BR코리아)와 일방적 계약해지를 하지 않기로 합의했으나, 회사가 다섯 달 만에 약속을 저버렸다. BR코리아는 회사 정문 앞 부지를 사들이고, 음성공장 인근에 냉동창고를 임대해 약 1개월분의 생산원료를 적재한 뒤 해고를 통보했다. 해고로 파업을 유도하고, 조합원들이 집회할 수 없도록 부지를 사들이고, 파업으로 인한 물량 부족에 대비해 미리 창고에 물건을 옮긴 것이다. 노조파괴를 치밀하게 준비해 왔다는 의심을 사는 대목이다. 게다가 회사는 조합원들의 투쟁에 대비해 사설 경비원까지 고용했다.

화물연대는 BR분회를 중심으로 배스킨라빈스 음성공장 인근 집회와 수도권 배스킨라빈스 매장 앞 선전전 등을 이어갔다. 그런데도 사태가 해결되지 않자 화물연대는 조직적으로 BR코리아의 모기업인 (주)샤니를 겨냥한 투쟁에 나섰다. 다단계 하청구조에서 원청과 직접 상대하지 않으면 아무것도 개선되지 않기 때문이다. 화물연대는 3월 21일, 서울 강남 BR코리아 본사 앞에서 기자회견을 열어 (주)샤니 불매운동을 선포하고, 서울지역 40여 개 대학 학생회와 26개 구청 공무원노동조합 지부, 시민사회 단체들과 함께 (주)샤니가 운영하는 파리크라상, 파리바게트, 배스킨라빈스, 던킨도너츠 등에 대한 불매운동에 돌입했다.

4월 7일에는 성남 (주)샤니 본사 앞에서 집중집회를 열고, 조합원들이 몰고 온 화물차로 차량 시위를 벌이기도 했다. 해고 후 계속되는 투쟁 과정에서 사측이 동원한 용역 경비들의 무차별적인 폭력으로 노동자들은 머리가 깨지고, 팔이 부러지는 등 심각한 부상이 끊이지 않았다. 투쟁을 시작한 지 46일째인 4월 20일 새벽 6시에는 BR분회 조합원 4명이 (주)샤니 본사 안 30m 높이 굴뚝에 올랐다. 5월 6일에는 고공농성장 주변에서 집회하던 화물연대 조합원 60여 명이 경찰에 연행되기도 했다.

80일 동안 끈질기게 투쟁을 이어간 끝에 5월 24일 밤, BR분회는 (주)고려냉동, (주)명진냉동 대표자들과 △조합원 18명 계약해지 철회 및 2주 내 업무 복귀 △보류 중인 운송료 즉각 지불 △운송사는 매월 화주회사로부터 받은 운송료를 7일 이내 지급 △운송료 지급 유보되고 있는 조합원에 대해 체불 없이 전액 지급 등에 합의했다. 조인식에서 배스킨라빈스와 (주)샤니 관계자들은 분회-운송회사 간 합의 내용 이행보증 확약서를 작성했다. 해고자 13명은 파업 장기화로 인한 생계의 어려움으로 차량을 운송회사에 팔고 일을 그만둔 상태여서 복직자 수는 18명이었다.

제천 아세아시멘트 72m 고공농성(2006년)

화물연대 총력투쟁이 한창이던 2006년 4월 19일 새벽 5시를 기해 운송료 정상화와 해고자 복직 등을 요구해 온 조합원들이 동시에 점거농성에 들어갔다. 바로 제천 아시아시멘트와 군산 두산유리다. 다음날에는 성남 (주)샤니 본사 굴뚝 점거농성이 시작됐다.

화물연대 충북강원지회 아세아시멘트분회는 3월 13일부터 파업에 돌입했다. 화물운송 직접비용 상승으로 생계유지조차 어려워지자 운송료 현실화과 함께 2003년 화물연대 총파업 참가자들을 관리하는 '블랙리스트' 폐기와 명예회복, 복직을 요구하고 나선 것이다. 그러나 사측의 외면으로 파업이 장기화되자 아세아시멘트분회 소속 조합원 8명은 제천 아세아시멘트 공장 안 72m 높이 사일로(시멘트저장고)를 점거했다.

파업과 고공농성이 장기화하는 가운데 4월 22일 전국의 화물연대 고공농성장 세 곳에서 '화물노동자 생존권 쟁취'를 위한 지부별 집중 집회가 동시에 진행했다. 아세아시멘트 공장 앞에서는 집회를 마치고 행진하던 대오를 경찰이 침탈, 15명이 연행되고 8명이 크게 다쳤다.

60일 동안 파업투쟁을 벌인 아세아시멘트분회는 5월 11일, 5개 운송회사 및 아세아시멘트와 마라톤협상 끝에 △노조활동 보장 △고용보장 △운송료 5% 인상 △민형사상 문제 면책 등에 합의했다. 실질적인 임금인상 효과를 기대하기 힘든 수준의 인상률이지만, 장기투쟁에 따른 조합원 피로도와 노조의 부담이 작용해 합의할 수밖에 없었다. '노조활동 보장'을 약속받은 점은 성과지만 블랙리스트 폐기에는 합의하지 못했다.

군산 두산테크팩 용광로 굴뚝 점거 농성(2006년)

전북지부 두산테크팩분회 소속 조합원 2명도 2006년 4월 19일 아시아시멘트분회가 사일로를 점거한 때와 같은 시각에 군산 두산유리 공장 안 30m 높이 용광로 굴뚝을 점거하고 농성에 돌입했다.

두산테크팩분회는 운송료 인상과 화물연대 탄압 중단을 주요 요구로 내걸고 3월 16일부터 파업에 돌입했다. 두산테크팩의 물류운송 전담 자회사인 세계물류(주)는 화물연대와 교섭할 수 없다는 태도를 고수해 오다 3월에 진행된 화물연대 광주 집회에 참석했다는 이유로 16일 조합원 33명을 해고했다.

원청회사들이 여전히 대화에 나서지 않는 가운데 하늘이 더 가까운 높이에서 화물노동자들은 목숨을 내건 투쟁을 이어갔다. 경찰까지 가세한 탄압 속에서도 조합원들의 강고한 파업투쟁과 고공농성을 사수한 사업장들은 화물연대 차원의 집중투쟁에 힘입어 차례차례 합의에 이르렀다.

두산테크팩분회는 파업 52일 만인 5월 6일, 가장 먼저 타결을 이루었다. △운송료 8% 인상 △계약해지자 31명 중 퇴사자 제외 21명 전원 복직 △민형사상 책임 불문 등에 합의했다. 다만 주요 쟁점이었던 '화물연대 인정'은 결국 합의하지 못했다.

대전 한솔제지 24일간 파업 투쟁(2006년)

화물연대 대전지부 한솔제지분회가 운송료 현실화와 화물연대 인정을 촉구하며 2006년 6월 15일부터 24일 동안 파업투쟁을 벌여 타결을 이뤄냈다.

한솔제지 대전공장의 물류 자회사인 (주)한솔CNS 소속 조합원 30명과 (주)한솔CNS와 물류 계약을 맺고 있는 대광운수·신당물류 소속 조합원 60여 명은 △운송료 17~19% 인상 △화물 적재시간 단축 △화물 과

다적재 근절 △화장실·휴게실 마련 등 작업환경 개선 내용과 더불어 화물연대 인정을 요구하며 6월 15일부터 파업을 시작했다. 19일부터는 같은 지부 신호제지분회 조합원 30여 명도 파업에 동참했다.

2006년 2월 설립된 한솔제지분회는 노조설립 이후 물류회사를 상대로 운송단가 갱신 등을 위한 교섭을 요구해 왔다. 6월 7일 첫 교섭을 가졌으나 15일 2차 교섭을 앞두고 사측이 화물연대와는 교섭할 수 없다며 회사 입구에 바리케이드를 설치하고 작업 차량 출입마저 봉쇄했다. 파업이 3주를 넘긴 가운데 경찰은 노사 대표단이 교섭 중인 7월 4일 한솔제지 동문 앞에서 농성을 벌이던 조합원 8명을 연행하고, 다음날에는 노조 간부 8명에 대한 체포영장을 발부받아 검거에 나서기도 했다. 사측과 경찰의 탄압에도 한솔제지분회는 투쟁을 이어 나갔다.

그리고 7월 8일, 분회는 한솔제지 물류회사인 한솔CSN, 신당물류, 대광운수와 △운송료 4% 인상과 수수료 인하(3월 1일부터 소급 적용) △파업 관련 고소·고발 취하 및 민형사상 책임 면탈 △공정배차 등 합리적 처우개선, 복화(연계)수송차량 수수료 현실화, 구내운반차량 월급제 시행 등에 합의했다. 또 창고 내 오염물질·환기시설·화장실·휴게실 개선과 청결한 유지 관리에도 공동 노력키로 합의했다. 이튿날 토론 후 조합원 91명 중 82명이 투표해 75% 찬성으로 잠정합의안을 가결했다.

경산 일지테크 해고 반대 차량 봉쇄 투쟁(2006년)

현대자동차 부품 납품업체와 직접 운송계약을 맺고 공장에서 생산되는 각종 부품을 실어 나르던 (주)일지테크 운송노동자들은 2005년 7월에 화물연대에 가입하고 교섭을 벌여 9월 1일 △알선수수료 과다하게 징수하는 알선물류업체 배제, 화주-운전자 간 직접교섭 △알선업체에 지급되던 수수료를 운송료에 포함해 운전자에게 지급(운송료 인상 효과) △재계약 의사 없을 경우 계약만료일로부터 1개월 전 통보 등에 합의한 바 있다.

경산 진량공단에 있는 현대차 부품 납품업체인 (주)일지테크가 2006년 8월에 돌연 9.5톤 트럭 증차계획을 밝히면서 갈등이 시작됐다. 운전자들은 "증차 문제는 조합원 해고(계약해지)와 직결된 문제이니만큼 속히 교섭을 진행하자"고 제안해 8월 22일 교섭을 벌여 양측은 다시 △증차 시 화물연대와 협의 통해 결정 △화물연대를 정식 대화 상대로 인정 등에 합의했다.

그런데 8월 24일과 28일에 운송료와 재계약 문제를 놓고 교섭한 직후인 29일, (주)일지테크는 당일특송으로 보낸 내용증명을 통해 운전자 15명에게 계약해지를 통보하고, 나머지 13명에게는 30일 정오까지 재계약 의사를 밝히라고 종용했다. 화물연대의 개입은 불법이기 때문에 화물연대와의 합의도 무효라고 억지를 부렸다.

결국 운전자들은 계약 만료일인 8월 31일까지 운송작업을 진행한 뒤 그날 밤부터 화물연대 대경지부 사무실에서 합숙농성을 시작했다. 그러자 (주)일지테크는 9월 1일부로 8톤 트럭 운전자 28명을 전원 해고했다. 회사측은 운송계약 등에 화물연대가 불법적으로 개입하고 있기 때문에 계약을 해지한다고 밝혔다.

조합원 28명은 원직복직을 촉구하며 9월 8일부터 (주)일지테크 공장 앞에서 천막농성에 돌입했다. 9월 22일에는 새벽 4시 20분께 화물차 60여 대를 동원해 공장 기습 봉쇄투쟁을 벌였다. 그러자 다음날 바로 화물연대 대경지부장을 포함한 15명의 조합원에게 체포영장이 발부됐고, 공장 주변을 봉쇄했던 화물차 대부분은 경찰에 압수됐다. 조합원들은 영남대학교로 장소를 옮겨 천막농성을 이어갔다.

화물연대 대경지부는 간부 5명에게 수배 조치(2007년 4월 구속)가 내려지고 5억여 원의 부동산·차량이 가압류된 어려운 상황 속에서도 투쟁을 이어갔으나 조직을 사수하기는 역부족이었다.

3부

안전한 노동을 향해

2007~2012년

1.

화물노동자를 둘러싼 정세

이명박 정부의 노동개악과 노동운동 무력화 시도

이명박 정부는 2008년 출범하자마자 핵심 공약으로 내걸었던 한반도 대운하 사업을 비롯해 미국산 소고기 수입, 의료민영화 정책을 추진했다. 시민들은 미국산 소고기 수입에 반대하며 촛불을 들고 거리로 나왔다. 시민들의 요구는 이명박 정부의 핵심 공약 추진 반대로 확장됐다. 여론이 촛불시위로 분출되고, 이명박 대통령은 취임하자마자 위기를 맞았다.

6월 10일 '특별기자회견문'에서 대운하정책을 철회하고, 미국소 파동에 대해 사과함으로써 위기를 모면한 이명박 정부와 집권 여당은 촛불집회가 사그라들자 다시 역행하기 시작했다. '공기업 선진화' 등으로 포장한 민영화 정책을 강행하며 공기업과 공공기관의 매각, 통폐합, 폐지 등 인력 구조조정을 추진했다. 이명박 정부는 2008년 출범부터 '친기업주의'에 입각해 신자유주의 유연화 공세를 전면화하며 노조활동 무력화를 도모했다.

이명박 정부의 역행에 사회 각계에서 반대의 목소리가 터져 나왔다. 정부는 이를 수용하기보다 비판과 반대 의견을 제압하는 등 반민주, 반헌법 작태를 드러냈다. 이명박 정부에 가장 큰 걸림돌이었던 시민사회와 노동운동 진영에 대한 탄압은 더 거셌다.

정부는 법치 준수를 명분 삼아 공권력을 무기로 휘둘렀다. 2009년 1월 20일 용산 참사가 대표적으로, 재개발을 반대하며 생존권 보장을 요구했던 철거민 농성에 공권력을 투입해 철거민 5명과 경찰 1명이 사망했다. 4월 말 대한통운 택배노동자들의 해고와 복직투쟁 과정에서 화물연대본부 박종태 지회장이 자결하는 일이 벌어졌다. 대전에서 열린 집회에서는 1시간 만에 대대적인 토끼몰이와 마구잡이 연행으로 457명을 연행하고, 지도부 60여 명에 구속영장을 신청하는 등 사상 유례없는 탄압으로 일관했다.

이명박 정권은 이처럼 노동운동을 공권력투입과 손배·가압류로 짓밟았다. 중국 자본의 '먹튀'와 사측의 정리해고 단행에 맞서 금속노조 쌍용자동차지부 노동자가 공장 점거 농성을 진행하자 2009년 8월 5일, 경찰은 이를 폭력적으로 진압하고 노조와 조합원, 연대단위에까지 손해배상을 청구했다. 같은 해, 공공기관 선진화 정책에 따른 인력 감축과 일방적인 단체협약 해지에 항의하며 11월 28일부터 8일 동안 파업을 진행한 철도노조집행부에 경찰은 체포영장을 신청하고, 사무실을 압수수색했다. 파업 뒤 사측은 154명을 해고하고 900명을 직위해제했으며 수십억대의 손해배상을 청구했다.

노동 유연성 강화를 위한 법 개악도 함께 시도했다. 대표적으로 글로벌 금융위기에 따른 국내 경기침체를 극복한다는 명분 아래 이명박 정부는 2년이란 비정규직 사용 제한 기간을 연장하는 개악을 시도했다. 특히 연장의 정당성으로 사용기간 제한 조항이 발효되는 2009년 7월에 100만 명의 비정규직이 해고될 것이라는 실업 대란설을 퍼트리기도 했다. 물론 이는 근거 없는 낭설로 드러났고, 사용 제한 기간을 연장하는 개악 시도는 노동계의 격렬한 반대로 결국 무산됐다. 노동부를 앞세워 화물연대와 건설노조를 조합원에서 배제하라는 자율시정명령을 내리기도 했다.

2008년 10월 26일 전국비정규노동자대회.

　　노동운동을 제약하기 위한 제도적 개악으로 복수노조 허용과 노조 전임자 급여지급 금지가 시행됐다. 민주노총은 반발했지만 정부와 경총, 한국노총은 2009년 12월 4일, 교섭창구 단일화를 전제로 단위사업장에서의 복수노조를 2011년 7월부터 허용하고, 노조 전임자 급여를 금지하는 대신 근로시간면제제도(타임오프제)를 2010년 9월에 시행하는 것에 야합했다. 이듬해 1월 1일 새벽, 여당은 해당 내용을 담은 노조법 개정안을 직권상정하고 날치기로 처리했다.

　　타임오프제 도입은 대기업 등에서 노조 전임자 수의 대거 감소와 노조 활동의 약화를 가져왔다. 복수노조 허용은 사용자가 선택적으로 교섭할 수 있는 권리를 부여한 교섭창구 단일화제도가 함께 시행되면서 민주노조 와해 무기로 쓰이고 있다. 특히 노무법인 창조컨설팅은 영남대의료원, 발레오전장, 상신브레이크 등 사측에 복수노조 건설을 통한 민주노조 파괴 시나리오를 적극적으로 자문했다. 그 시나리오에 따라 많은 민주노조가 파괴되고 무력화됐다.

노동운동과 민중운동의 공동 대응

민주노총을 필두로 노동운동 진영은 이명박 정부의 친자본·친기업 행보를 막기 위해 투쟁했다. 2009년에는 용산참사와 더불어 대한통운의 노조탄압에 죽음으로 항거한 박종태 열사 관련 대책위를 구성해 투쟁했다. 민주노동당, 진보신당, 민주당, 창조한국당 등 야당과의 공조를 통해 소위 'MB악법'으로 규정된 미디어법, 비정규직법, 최저임금법 등의 개정 저지 투쟁도 활발하게 벌였다. 10월 15일에는 민주노총 등 253개 노동·농민·시민·학생단체가 모여 '이명박 심판과 민주주의·민중생존권 쟁취 공동투쟁본부'(반MB공투본)을 결성해 부자감세·4대강 사업 중단, 민생예산 배정, 노동운동 말살정책 중단, 노동기본권 보장, 비정규직법 개악 중단과 정규직화 시행 등을 요구하며 공동투쟁했다.

2010년에는 노조법 개정에 따른 전임자 임금 지급 금지와 복수노조 교섭창구 단일화를 막아내기 위한 투쟁을 전개했다. 특히 근로시간면제심의위원회에서 민주노총은 물론 한국노총까지 배제한 채 타임오프 상한선 야합을 통의결한 것을 비판하며 민주노총은 위원장 단식농성 등 총력 집중투쟁에 나섰다. 반민주·반민생 행보에 대한 엄중한 심판에도 이명박 정부는 2011년에도 한미FTA 비준 등 친자본 반노동 정책 추진을 지속했다.

이명박 정부 시기 민영화와 구조조정 저지, 노동조합 탄압 등에 맞서 개별 사업장의 투쟁 역시 활발하게 이뤄졌다. 철도노조는 민영화 저지를 위해 파업을 벌였고, 금속노조 쌍용자동차지부는 정리해고에 맞서 파업과 공장 점거농성을 진행했다. 한진중공업지회는 크레인 고공농성을 진행했고 여기에 시민들까지 '희망버스'로 집결해 연대했다. 발레오전장, 유성기업, 상신브레이크 등은 민주노조 파괴를 막기 위해 죽을 각오로 싸웠다. 현대자동차 비정규직지회의 불법파견 정규직화 요구 투쟁, GM대우 비정규직지회 해고노동자의 고공농성이 이어졌다. 공영방송사수를 위해 언론노조 산하 MBC, KBS, YTN과 연합뉴스 등의 언론 노동자도 파업을 벌였다.

경제위기로 화물노동자 고통 심화

2007년 들어서도 유가 상승, 다단계 알선, 불법 증차, 차량 공급과잉으로 인한 덤핑, 직접비용 인상 등을 반영하지 않은 채 정체된 운송료 때문에 화물노동자들은 생존 자체에 위기를 맞고 있었다. 이런 상황에서 화물운송 시장 역시 상황 개선을 기대할 요인을 발견하기 힘들었다. 그럼에도 정부 정책은 화물노동자의 요구를 외면하는 방향으로 더욱 강화됐으며, 화물연대와 합의했던 정책들조차 후퇴시켰다.

이런 와중에 2008년부터 시작된 미국발 세계 경제 위기는 화물노동자들을 더욱 벼랑 끝으로 내몰았다. 정부와 자본은 경제위기의 고통을 노동자·민중에게 일방적으로 전가하기 위해 구조조정과 정리해고, 임금삭감, 법·제도 개악 등을 전면적으로 진행했다. 구조적으로 유동적 실업상태에 놓여 있는 화물운송노동자는 경제 침체의 영향을 더욱 크게 받을 수밖에 없었다. 경제위기는 물동량 감소로 직결되며, 물동량 감소는 운행축소로 직결된다. 운송비용을 모두 떠안아야 하는 처지에서 단순히 일을 하지 못하는 것에서 끝나지 않는다. 운행하지 않더라도 고정적으로 지출해야 하는 할부금, 보험료, 지입료 등은 많기 때문에 파산의 위험성이 매우 높아 고통은 더욱 컸다. 이미 물동량보다 화물차량이 과잉 공급되고 있는 상황에서 경기침체는 장기간 대규모 운행 중단 상태와 실업을 초래한다. 그럼에도 경제위기와 물동량 감소를 앞세운 화주의 운송료 인하 공세와 압박은 도리어 심해졌다. 물류 자본을 중심으로 화물연대가 요구하고 있는 표준운임제 도입을 비롯한 화물운송제도 개선이 무력화될 위기에 봉착했다.

자본은 더 많은 이윤을 위해 신자유주의 금융화·세계화 정책을 시행했지만 실물 경제의 성장 국면으로의 전환은 실패했고, 일시적인 경기회복 후 경제위기 발생이 반복됐다. 이명박 정부는 이미 폐해가 드러난 신자유주의 정책을 억압적이고 폭력적인 방식으로 더욱 확대했다.

이명박 정부가 노동자와 노동조합에 대한 집요한 공격으로 일관한 가운데 화물연대도 자유로울 수 없었다. 화물노동자들의 운송료 인상, 법·제도 개선에 대한 의지는 더욱 높아졌다. 표준운임제 실시와 노동자성 인정이 화물연대의 최우선 과제로 대두됐다.

2.

법·제도 개선 노정교섭과 임금인상투쟁

2007년 화물연대-철도노조 공동투쟁

화물연대는 2006년 12월 1일부터 파업을 벌이다 정부가 화물차 수급 조절과 운임 문제에 대해 2007년 2월까지 대책을 마련하기로 함에 따라 닷새 만에 파업을 유보한 바 있다. 그러나 역시 정부는 약속을 지키지 않았다.

2007년 1월 26일 정부가 제출한 '운임제도 개선 방안'은 화물연대 요구에 한참 미치지 못했다. 2006년 말까지 논의한 이영순 의원 발의 화사법 개정안은 관련 부처와 화주단체 등의 반대로 입법이 불가능하니, 표준운임제를 일정 기간 시범 운영한 이후에 문제점을 보완해서 운임제도 개선안을 법제화한다는 내용이다. 화주운임 공개 방안은 필요시 제출을 요구한다는 수준이고, 화주의 불공정 운임지급행위 규제 방안 역시 신고센터를 운영하겠다는 수준에 머물렀다. 2월 2일 건교부와 정례협의를 진행했지만 의미 있는 결론에 이르지 못했다. 대국회 투쟁을 앞둔 가운데 국회 건교위 상임위 개최도 불투명한 상황이었다.

화물연대는 2007년 2월 21일, 2006년에 이은 '2단계 총력투쟁'을 결의했다. 전국에서 상경한 1천여 명의 조합원들이 국회 앞에 집결한 가운데 열린 '노동기본권보장과 운임제도 개선을 위한 2단계 총력투쟁 결의대회'에서 화물연대는 △표준운임제를 2월 임시국회에서 선법제화하고 최소 기간에 연구 용역할 것 △시범 시행을 거쳐 참여정부 임기 내 전면 시행하고 주선료 상한제는 표준운임제 시행 이후 법제화할 것 △화주운임은 운송당사자에게 구체적으로 공개할 것 등을 요구했다. 화물연대는 이후 6월부터 운임제도 개선, 공영주차장 확충, 불법다단계 근절, 수급 조절, 유가보조금제도 보완, 과적단속 강화 등을 놓고 건교부와 실무협의를 계속하는 한편 요구사항 관철을 위한 투쟁을 조직해 갔다.

운수노조는 10월 6일 임시대의원대회에서 화물연대와 철도노조의 공동투쟁에 운수노조의 모든 역량을 투입하기로 결의했다. 화물연대와 철도노조는 9월 지도부 합동간부수련회를 비롯해 공동투쟁 기획단 회의를 다섯 차례 진행하는 등 긴밀하게 공동투쟁을 준비했다. 철도노조는 10월 4일 공사와 11차례 교섭을 진행했지만 사측의 불성실한 태도로 교섭 결렬을 선언하고 10월 10일 임시대의원대회에서 쟁의발생을 결의했다. 화물연대와 철도노조는 10월 20일 1만여 조합원이 참가한 가운데 공동투쟁본부를 출범하고 집회를 하며 결의를 높였다.

화물연대는 10월 27일 임시대의원대회를 열어 대정부 요구안과 공동투쟁계획을 확정했고, 구체적인 파업 돌입 시기 등을 중앙집행위원회에 위임했다. 이어 10월 29일부터 31일까지 철도노조가, 10월 30일부터 11월 4일까지 화물연대가 쟁의행위 찬반투표를 진행하는 등 실질적인 공동파업을 위한 채비를 갖춰 나갔다.

화물연대의 대정부 요구안은 △노동기본권 보장(근로기준법·노조법 적용) △운임제도 개선(표준요율제·주선료상한제·화주운임공개) △직접비용 인하(차별철폐와 전 차종 전일제 할인 적용) △재산권 보장 및 번호판 교체 부작용 대책 마련 △공영차고지·화물휴게소 확충 등 노동환경 개선 △유가보조금 기간 연장 △화물차 공급 제한 지속 및 전직(업종 변경) 지원제도 실시 △유류세 인하 △과적 단속·예방 등이다. 화물연대는 교섭에서 요구안 몇 가지에 의견 접근을 이뤘지만, 핵심 쟁점은 여전히 해결되

2007년 11월 15일 밤 서울지역 파업전야제 모습.

지 않았다.

더는 협상이 의미 없다고 판단한 화물연대와 철도노조는 '11월 16일부
로 공동파업 돌입'을 공식 발표했다. 화물연대와 철도노조는 11월 15일
밤 9시경 전국 5개 지역에서 파업전야제를 열었다. 철도노조는 사측이
당일 오후에 제시했던 해고자 복직 등을 저녁 교섭에서는 오히려 거둬
들이는 등 태도가 돌변함에 따라 사측에 파업을 선언한 후 교섭장을 박
차고 나왔으나 현장 투쟁 동력 부족 등의 이유로 결국 파업 유보를 결정
했다.

화물연대 지도부는 당일 밤 8시경 건설교통부가 제시한 최종안이 조
합원들에게 찬반을 물을 수 있을 정도로 성과가 있다고 판단해 잠정 합
의한 후 파업 유보를 결정했다. 그러나 정부 최종안에 대한 찬반투표는
부결되고 말았다. 표준요율제와 표준위수탁계약제도 도입 등의 성과에
도 고속도로 주간통행료 인하와 유류세 인하 등 직접비용 인하에 대한
성과가 없다는 점이 부결의 주요 원인으로 지적됐다. 화물연대는 이듬

해 1월 10일, 일부 수정된 건설교통부 최종안에 대해 다시 조합원 찬반 투표를 붙인 결과, 7,254명(재적대비 72.3%)이 투표해 4,719명(65.1%) 찬성으로 가결됐다. 정부 최종안에는 △표준요율제 2010년 시행 △재산권 보장을 위한 표준위수탁계약제 연내 시행 △수급동결 지속 △2008년 6월까지인 유류환급금 지급기간 연장 등의 내용이 담겼다.

2008년 6.13 총파업

표준요율제·표준위수탁제 노정합의 이행촉구

17대 대선에서 이명박이 당선된 가운데 운수노조는 2008년 1월 18일, 대통령직 인수위원회에 운수공공성 강화와 산업최저임금제 도입 등을 내용으로 하는 정책의견서를 제출했다. 특히 화물연대는 2007년 11월 15일 건설교통부가 합의한 표준요율제 도입, 표준위수탁제도 시행 등 합의사항을 이행하라고 촉구했다.

치솟는 경유가 인상에 운송료 인상 등을 요구하며 투쟁하던 화물연대는 2007년 말 노정 합의사항이 지켜지지 않자 이행을 촉구하며 다시 투쟁에 나섰다. 4월 19일 전국 주요 휴게소에서 현장 순회선전전을 시작하며 2008년 투쟁의 포문을 열었다. 화물연대에 따르면 당시 서울-부산 왕복 운임이 80만 원인데 기름값 60만 원, 도로비 76,000원, 4끼 식대 2만 원, 주선료 건당 17,000원을 제하면 남는 게 없는 데다가 보험료, 할부금, 차량유지비, 지입료까지 따지면 얼마나 적자가 나는지 헤아리기도 힘든 지경이었다.

투쟁의 기운을 높여가던 화물연대는 5월 10일 대규모 집회를 앞두고 9일 정부 과천청사에서 국토해양부(현 국토교통부)와 교섭을 진행했지만 성과를 내지 못했다. 새 정부 들어 처음 재개된 실무협의에서 화물연대는 표준요율제 도입과 시행, 유류세 인상분 보조금제 연장, 면세유 지급, 메이저 물류업체와의 교섭 보장 등을 요구했지만 국토해양부는 보조금제 연장 외의 사안에 부정적인 태도로 일관했다. 화물연대는 이튿날 부산역 광장에서 6천여 명이 모여 결의대회를 열고 6월 10일까지 경유가 인하와 표준요율제 도입 대책을 마련하라고 촉구하며 다시 한번 총파업 결의를 모았다. 이날 화물연대는 경부운하 건설 반대와 미국산 소고기 적재 냉동컨테이너 수송 전면 거부 입장도 다시 천명했다.

화물연대는 5월 30일, 공개서한을 통해 정부와 자본에 유류가격 인하, 운송료 현실화를 위한 교섭을 요청했다. 더불어 화주운임 공개와 표준요율제 도입 등 제도개선을 위해 모든 당사자가 한자리에 모이는 화물연대와의 산별교섭에 성실히 응하라고 촉구했다. 운송사단체와 개별 운송업체에도 공문을 보내 '운송료 현실화를 위한 교섭'을 요구했다.

6월 6일 확대간부회의에서 '총파업 결의'를 확인하며 투쟁의 고삐를 다잡아 가던 가운데 정부·여당이 6월 8일 고위당정협의를 거쳐 6월 8일 '고유가 극복 종합대책'을 발표했다. 화물차 관련해서는 현행 유류세 연동 보조금 제도를 유지하며 유가 상승분의 50%를 추가 지원하는 내용에 그쳤다. 그나마 관련 법을 제·개정해 7월 1일부터 1년 동안 한시적으로 시행하는 것이다. 정부 대책이 시행되더라도 화물노동자들은 적자에서 벗어날 수 없는 현실인 만큼 화물연대는 생색내기에 지나지 않는다고 목소리를 높였다.

결국 화물연대는 6월 9일 총파업 찬반투표를 진행해 10,282명 가운데 8,964명(87.2%)이 투표, 8,138명(90.8%) 찬성으로 투쟁을 결의하고, 13일 전면 총파업을 예고했다. 정부와 화물화주 측에 문제를 해결할 시간을 준 것이다. 그런데도 정부는 집단행동을 자제하라는 말만 되풀이했고, 경총 등 경영계도 불법 운운하며 겁박만 할 뿐이었다. 경유가 폭등으로 마찬가지의 어려움을 겪고 있는 덤프, 레미콘, 크레인, 굴삭기 등 건설노동자들도 16일 파업을 예고하고 있는 가운데 긴장이 높아졌다. 민주노총도 10일부터 14일까지 미국산 소고기 수입 개방 반대를 걸고 총파업 찬반투표를 진행했다. 이명박 정부의 행태에 국민 여론도 화물연대를 비롯한 노동계의 투쟁을 적극 지지하고 나섰다.

13일 전면 총파업을 앞둔 가운데 9일 울산지부 현대카캐리어분회와 경남지부 한국철강분회, 서경지부 평택항분회가 파업에 돌입했고, 10일에는 전북지부(군산항, 세아제강, 세아베스틸 등)가 파업에 돌입했다. 11~12일 확대간부 파업과 함께 11일에는 충남지부, 포항지부가 파업에 돌입했고, 12일에는 전남지부, 광주지부, 인천지부가 파업에 들어갔다. 광양항, 인천항, 평택항, 부산항 등에서 화물연대 조합원들의 파업으로 4,200여 대의 화물차량이 멈춰 섰다. 이처럼 파업 참여율이 높아지고 있는 가운데서도 정부는 '고유가 극복 종합대책'이 최선이라는 입장을 고수했고, 화주들 역시 화물연대 운송료 인상 요구를 수용할 수 없다는 태도를 고집했다.

화물연대는 결국 13일 0시를 기점으로 전국 총파업에 돌입했다. 비조합원까지 파업에 동참하며 전국 항만은 컨테이너 야적장으로 변했다. 국토해양부는 업무개시명령을 검토하고, 여당인 한나라당은 때아닌 '노동자성'을 들이대며 파업을 파괴하려 했다. 그러나 미국소 수송 거부 투쟁에 나선 화물연대에 대한 시민들의 지지는 전폭적이었다. 파업은 비조합원들의 자발적 참여로 더욱 확대됐다. 화물연대의 요구는 이미 전체 화물노동자들의 절박한 요구였다. 경유가가 폭등하자 화물연대 가입 문의가 급격히 늘어났고 파업을 전후해 2천여 명이 가입 원서를 제출했다. 사정이 비슷한 건설노조도 16일 파업에 돌입했다.

총파업에 힘입어 CTCA 등과 운송료 교섭을 진행하고, 전국 주요 사업장에서 개별 운송료 협상이 타결되고 있는 가운데 파업 5일째인 6월 17일, 정부 5개 부처(법무부·지식경제부·국토해양부·행정안전부·노동부) 장관이 기자회견을 하고 대국민 담화문을 발표했는데, "불법적 총파업 철회하라"는 내용뿐이었다. 그나마 대책으로 △화물차 감차 추진 △LPG 화물차 보급 적극 추진 △고속도로 통행료 심야할인 대상 범위를 현행 10톤 이상에서 10톤 이하까지 확대 △표준운임제는 금년 6월 중 총리실에

2008년 6월 16일 경인 ICD 파업 사수 결의대회 모습.

화물운임관리위원회 구성해 세부 시행 방안 연구용역 착수 등을 제시했
으나 대체로 추상적 수준에 머물렀다.

화물연대는 정부가 일방적으로 입장을 발표한 데 대해 CTCA 또는 사
업장별로 진행 중인 교섭을 난항에 빠트리고, 사태 해결이 아니라 도리
어 장기화하는 무책임한 태도라고 비난했다. 게다가 17일 오후 화물연
대 충남지부 북부지회 조합원이 현대제철 앞에서 선전전을 진행하다 비
조합원의 차량이 경찰의 호위를 받으며 회사 안으로 들어가는 것을 보
고 격분해 할복하는 일까지 벌어졌다. 화물연대는 18일 '전국의 화물운
송노동자에게 드리는 글'을 통해 근본적 제도개선이 어느 때보다 중요

한 만큼 화물연대로 단결하고 투쟁해 전근대적인 물류시장을 개혁하고 생존권을 쟁취하자고 다시 강조하고, 더 강력한 투쟁을 선언했다.

1주일 전국 파업…합의사항 재확인

이 시기는 이명박 정권의 의료·수도 민영화, 한반도 대운하 사업, 미국 소 수입 등에 반대하며 광장의 촛불투쟁이 최고조에 이른 때이기도 하다. 절정에 달한 6월 10일 70만 명이 광화문 촛불집회에 참여하는 등 정권에 대한 비판 여론이 확대됐다.

이명박은 6월 19일 사과 담화문[23]을 발표했다. 같은 날 화물연대는 파업 1주일 만에 부산 해양항만청 회의실에서 CTCA, 국토해양부와 잇따라 협상해 합의에 이르렀다. 국토교통부는 6월 17일 발표한 △화물자동차 감차 지원 △고속도로 통행료 할인범위 확대 등을 이행하기로 했으며, 쟁점이었던 표준요율제와 관련해서는 총리실 산하에 화물운임관리위원회를 설치하고 하반기 연구용역을 거쳐 2009년에 시범운영과 법제화를 추진하기로 했다. 대한통운 등 14개 컨테이너업체는 단거리 운임 10%, 장거리 운임 19%를 인상키로 했다.

고속도로 통행료 할인, 표준요율제 도입, 전근대적 물류체계 개선 등에 합의를 끌어낸 것은 성과였지만, 이미 합의한 사항을 재확인한 수준이라는 점에서 아쉬움도 컸다. 또 기름값이 계속 인상된다면 합의사항은 미봉책에 그칠 것이라는 측면에서 근본 대책이 필요했다. 게다가 파업 종료 후 운송료 인상안을 번복하거나 화물연대 조합원은 퇴출시키는 등의 부당한 계약 사례가 잇달아 화물연대 파업은 끝났으나 끝나지 않은 채 불씨를 품고 있었다.

---

[23] "지난 6월 10일, 광화문 일대가 촛불로 밝혀졌던 그 밤에 저는 청와대 뒷산에 올라가 끝없이 이어진 촛불을 바라보았습니다. 시위대의 함성과 함께, 제가 오래전부터 즐겨 부르던 '아침이슬' 노래 소리도 들었습니다"라는 말로 시작한 '특별기자회견문'에서 대운하정책을 철회하고, 미국소 파동에 대해 사과했다.

　7월부터 화물연대가 참여하는 '화물운송제도개선 합동TF'도 가동됐다. TF에서 전체회의 4차례를 비롯해 화물연대와 비공식 실무협의 3차례를 거쳐 정부·여당은 12월 22일 '화물운송제도 개선 방안'을 확정해 발표했다. 이에 따르면 일괄 위탁에 따른 다단계를 방지하기 위해 운송업체는 수탁화물의 일정 비율 이상(2010년 3%에서 시작해 단계적으로 50% 이상까지 확대)을 자기 차량으로 운송해야 하는 '직접운송 의무제'가 시행된다. 또 주선업체나 운송업체가 다른 업체에 운송을 위탁할 경우는 사전에 운송능력을 확인하고 직접 배차 여부를 확인토록 하는 '위탁화물 관리 책임'도 부여했다. 또 위·수탁(지입) 차주 권리 보호를 위해 '표준 위수탁 계약서'에 대한 법적 근거를 마련해 표준계약서 사용을 유도하는 내용도 담았다. 이러한 내용의 화사법 개정안은 2009년 2월 국회에 상정됐다. 화물연대의 요구를 충분히 수용하지 못한 한계는 있었지만, 운임제도 등 몇 가지 제도개선 내용을 일부라도 담고 있다는 측면에서 이후 실제 법 개정으로 이어지도록 강제해야 할 과제가 화물연대에 부여됐다.

　합의사항 후속 사업으로 8월 18일 '화물운송시장 표준운임제 도입 추진위원회'도 시작됐다. 위원회는 총리실, 국토해양부, 지식경제부, 공정거래위원회, 한국무역협회, 한국철강협회, 화련, 화물연대와 전문가 등 14명으로 구성됐다. 위원회는 2008년 안에 표준운임제 도입 관련 연구용역을 추진해 표준운임 산정 등 제도적 틀 마련, 2009년까지 시범사업을 거쳐 제도화하는 방안 마련을 목표로 논의를 이어갔다.

2009년 전국 총파업으로 택배노동자 원직 복직

　2009년 들어서자마자 하이트맥주 전주지점은 화물연대 조합원들을 부당해고하고, 여수시 운송사협회와 부산 컨테이너운송사업자협의회는 일방적으로 운송료를 삭감하거나 운송료 인상 약속을 어겼다. 화물연대 노동자들은 새해 벽두부터 투쟁에 나서야 했다. 운송료 삭감 저지를 핵심 쟁점으로 한 현안 투쟁을 전국 곳곳에서 전개했고, 이에 대한 자본의 공세와 탄압은 한층 거세졌다. 울산지부 라파즈분회와 광주지부 금호지회 등에서는 투쟁 과정에 대규모 연행과 구속 사태가 벌어졌다. 화주와 대형운송사를 중심으로 한 물류자본은 화물연대 불인정, 운송료 삭감 공세를 계속했고 정부의 탄압 기조도 더욱 노골화됐다.

이런 와중에 3월 16일 대한통운 광주지사 택배 노동자 76명이 일방적으로 해고되는 일이 벌어졌다. 이들은 대한통운 광주지사와 매년 위·수탁 계약을 맺고 광주지역 택배화물 집하·배달업무를 도맡아 왔다. 택배노동자들은 박스 1개당 배달수수료 920원, 한 달 수입 2백만 원 안팎으로 100만 원 넘는 차량유지비와 유류비를 감당해야 했다.

노사는 앞서 협상을 통해 배달수수료를 개당 30원 인상한 950원에 합의한 바 있다. 하지만 대한통운은 합의 한 달 만인 3월 1일 "운송료를 인상할 수 없다"며 말을 바꿨다. 이어 3월 16일 화물연대 광주지부와의 운송료 최종협상이 결렬되자 '무단이탈' 등을 이유로 택배노동자 78명 전원에게 해고를 통보한 것이다.

화물연대와 택배노동자들은 원직 복직과 운송료 재협상을 요구하며 50여 일간 대한통운 전국지사를 돌며 투쟁을 벌였다. 연일 수십 명에 이르는 화물연대 조합원들이 연행되고, 1인시위조차 하기 어려운 상황이 반복됐다. 대한통운 자본은 다른 지역에서 일하는 대한통운 택배 노동자를 대체인력으로 활용하며 협상에 응하지 않았다.

박종태 광주지부 1지회장은 집단해고 이후부터 해고 조합원들을 이끌며 투쟁을 책임지고 있었다. 그러던 박 지회장이 5월 3일 대전 읍내동에 있는 대한통운 대전지사 앞 야산에서 시신으로 발견됐다. 4월 30일 "길거리로 내몰린 동지들이 회사에 복직할 수 있도록 해 달라"는 글을 남긴 지 사흘만이었다. 박 지회장이 숨진 현장에는 "대한통운은 노조 탄압을 중단하라"는 현수막이 걸려 있었다.

화물연대는 이날 저녁 대전에서 비상 중앙집행위원회를 소집해 투쟁 계획을 논의하고 투쟁위원회로 전환했다. 투쟁위원회는 열사의 죽음을 '운송료 인하, 대량 해고, 노동 탄압을 자행한 대한통운 자본과 경찰의 상상을 초월하는 탄압에 의한 타살'로 규정했다. 민주노총, 민주노동당, 진보신당 등은 5월 6일 서울 영등포 민주노총 회의실에서 기자회견을 열어 "'노동기본권 보장, 비정규직 철폐, 노동탄압 중단, 운송료 삭감 중단, 원직복직 쟁취 고(故) 박종태 열사 대책위원회'를 꾸려 공동대응에 나서겠다"고 밝혔다.

박종태 열사의 죽음으로 택배노동자들의 투쟁은 전국으로 확산했고, 열사투쟁은 화물연대 전국 총파업으로 확대됐다. 화물연대는 5월 16일

정부대전청사 앞에서 7천여 명의 조합원이 모인 가운데 '고(故) 박종태 열사 투쟁 승리를 위한 총파업 결의대회'를 열고 조합원 총회를 열어 만장일치로 총파업을 결의했다.(사진) 집회 후 참가자들은 거리행진을 벌였다. 경찰은 폭력을 행사하며 대규모 연행 작전을 폈고, 동영상이나 사진을 통한 철저한 채증으로 사후 보복에 나섰다. 이날 457명이 연행되고, 100여 명이 다쳤으며, 방송차량은 압류당했다.

엄청난 물리적 탄압에도 화물연대 투쟁본부는 박종태 열사와 관련한 해결책이 나오지 않으면 6월 11일 전면파업에 돌입하기로 했다. 화물연대와 대한통운은 14차례 협상해 △택배노동자 원직 복직 및 위로금 지급 △민형사상 고소·고발 취하 △고 박종태 지회장 유족과 보상 협의 등 핵심 쟁점에 대한 의견 접근을 이뤘다. 하지만 합의서에 서명날인만 남겨 놓고 대한통운이 '화물연대'라는 명칭을 표기할 수 없다고 억지를 부리는 바람에 협상은 결렬되고 말았다.

결국 화물연대는 11일 0시를 기해 파업에 돌입했다. 화물연대가 전국 15개 지역에서 개최한 파업출정식에는 4천여 명의 조합원이 참여했다. 이들은 60곳의 거점을 사수하며 이명박 정부와 본사인 금호아시아나그룹,[24] 대한통운과의 투쟁을 전개했다. 그러나 물동량 감소, 운송료 삭감 등으로 인한 경제적 압박과 불안감 증대, 자신의 구체적 요구와의 불일치, 정부와 경찰의 대대적 탄압으로 위축된 탓에 투쟁을 조직하고 확산하는 일은 쉽지 않았다.

어려운 상황에서도 투쟁을 이어간 화물연대는 6월 15일 새벽 대한통운과 협상 끝에 합의안을 도출했다. 합의서에는 △택배노동자 38명 원직 복귀 △복귀 시점은 박종태 지회장 장례 후 1주일 이내 △업무복귀자에 대한 불이익 처우 및 차별 금지 △일체의 민형사상 고소·고발·가처분 신청 3일 이내 취하 등의 내용이 포함됐다. 가장 큰 쟁점이었던 합의서

---

24   2008년 대한통운 인수 후 2011년에 CJ그룹에 매각.

서명 주체는 '화물연대'를 빼고 김성룡 대한통운 광주지사 택배분회장과
양홍일 대한통운 광주지사장으로 했다. 합의안은 조합원 찬반투표에서
76.5% 찬성으로 가결됐다. 이번 투쟁은 짧은 기간에도 총파업을 결의하
고 성사함으로써 화물연대의 조직력과 투쟁력이 살아 있음을 보여주었
다는 점에서, 온갖 탄압에 시달리던 화물연대가 다시 자신감을 회복하
는 계기가 됐다.

투쟁이 마무리된 뒤 6월 20일, 박종태 화물연대 광주지부 제1지회장의
'전국노동자장'이 엄수됐다. 영결식 후 대한통운 광주지사 앞과 금남로
에서 노제를 지낸 뒤 박종태 열사는 망월동 구묘역에 잠들었다. 이 투쟁
으로 구속·수배되거나 사법처리를 받은 화물연대 희생자는 33명에 달했
다. 한편 6월 9일, 노동부는 대한통운을 '2009년 노사문화 우수기업'으로
선정해 화물노동자들의 분노를 샀다. 수배 중이던 김달식 본부장은 7월
5일 연행돼 구속됐다.

"표준운임제 도입 약속 지켜라"

표준운임제는 당초 2010년 5월 시범운영을 완료하고 6월에 법안을 제
출할 계획이었으나 논의 속도가 느렸다. 앞서 정부는 2008년 6월 17일
5개 부처 장관 합동 기자회견에서 "금년 6월 중에 화물운임관리위원회
를 총리실에 구성하고 세부 시행방안에 대한 연구용역을 착수할 계획이
며, 시범운영을 거친 후 관련 법령 개정을 추진", 6월 19일 국토해양부는
"2008년 7월 중 총리실 산하에 화물운임관리위원회를 구성하고 하반기
에 연구용역을 거쳐 2009년에 시범운영을 실시하고 법제화도 추진" 등
의 입장을 밝힌 바 있다. 2009년 4월 2일에는 총리실도 "2009년 6월부터
2010년 5월까지 컨테이너와 철강 화물을 대상으로 화물자동차 표준운
임제 시범사업 실시, 표준운임의 적정성 및 준수 수준 등을 평가하여 제
도화 방안 제시"를 약속했다.

이처럼 안전 운행과 화물노동자 생존의 기본인 표준운임제 도입은 정부가 이미 화물연대와 구체적이고 반복적으로 약속했던 사안인데도 추진이 지지부진했다. 직접운송 의무제를 도입하는 화사법 개정안도 국회에 계류 중이지만 처리 여부가 불투명한 상황이었다. 도리어 글로비스나 동부 등 대형 물류회사는 직접운송 비율을 낮춘다는 명분으로 화물운송노동자에게 비용을 전가하며 탄압을 일삼고 있었다.

화물운송정책 전반의 변화에 따른 중장기적인 근본 정책 마련과 적극적 대응이 필요했다. 화물연대는 2010년에도 표준운임제 연내 법제화를 위한 투쟁과 교섭에 총력을 기울였다. 3월 14일 전국순회선전단 발대식을 열고 대장정에 나섰다. 오승석 본부장 직무대행을 비롯한 15개 지부 지부장과 50여 명의 조합원은 인천 백탑사거리에서 발대식을 시작으로 서울·경기, 충남, 충북·강원, 대구·경북, 포항지부 선전전을 거쳐 24일 울산에 도착했다. 3월 31일에는 대전에서 건설노조, 철도노조와 공동선전전을 진행한 데 이어 4월 3일까지 부산, 경남, 전남, 대전, 광주, 제주 일정을 이어갔다.

그리고 4월 17일 서울에서 운수노동자들 전체 투쟁의 포문을 여는 집회를 연 데 이어 5월 15일에는 부산역에서 '표준운임제 법제화, 화물운송 제도 개선, 노동기본권 보장'을 요구하며 조합원 3천여 명이 참석한 가운데 집회를 열었다. 화물연대는 요구를 무시한다면 무기한 총파업을 포함한 총력투쟁을 전개하겠다고 천명했다. 화주·주선사·운송사에는 삭감한 운송료 원상회복은 물론 물가 상승 등 제반 요소를 고려한 운송료 인상을 요구했다. 또 정부에 이 문제를 해결하기 위한 교섭을 적극 지원하라고 촉구했다.

2008년 화물연대의 6.13 파업 투쟁의 성과로 구성된 '표준운임제 도입 추진위원회'(아래 '표준운임제추진위')는 그해 8월 첫 회의를 시작해 2009년 박종태 열사 투쟁 시기 잠시 중단됐다가 8월부터 재개했다. 8월 19일부터 7차례 실무위 간담회를 진행하고, 2010년 들어서는 3월 19일부터

12월 15일까지 다섯 차례 실무위원회를 열었다. 이 과정에서 모니터링을 거쳐 2009년 9월 29일 시범사업 설명회를 진행하고, 표준운임 산정 방법과 발전 방안에 대한 논의를 이어갔다.

2009년 시작할 계획이었던 '화물운송 표준운임제 시범사업'은 2010년 10월에야 시작됐다. 시범사업은 운송원가에 기초해 산정한 표준운임제를 실제 시장에 적용해 작동 실태를 분석하고 최적의 운임제 모델을 도출하는 데 초점을 맞췄다. 컨테이너와 철강 2개 품목을 대상으로 시작해 컨테이너의 경우 부산-광양, 수도권 구간에서 표준운임의 적정 여부 등을 평가하고, 철강은 포항-안산, 창원-인천 구간에서 제품별 운송원가 산출을 위한 실거래 운임을 모니터링하는 방식으로 진행됐다. 2011년 2월 24일부터는 표준운임제 현장 방문을 진행했다.

화물연대는 교섭을 이어가면서도 조합원들과 함께하는 투쟁으로 정부와 자본에 압력을 넣었다. 2011년 4월 2일, 전국의 조합원들이 부산시청광장에 집결해 '화물노동자 생존권 쟁취를 위한 투쟁결의대회'를 열어 △유류세 폐지 △운송료 현실화 △공영주차장 확보 △상·하차 문제 개선 △과적 근절 등을 촉구했다.

그런데 화물차 수급조절을 둘러싸고 화물연대는 다시 긴장에 휩싸였다. 정부가 일방적으로 사업용 화물차 공번호판(TE)[25] 충당 방침을 밝혔기 때문이다. 국토해양부가 4월 5일, "공급과잉인 용달을 줄이고 택배 화물차를 늘리겠다"고 발표했다. 용달사업자와 택배기사 간 양도·양수를 통해 용달 차량을 택배로 대규모 전환하고, 공TE를 충당해 부족한 차량의 공급을 늘린다는 내용이다.

사업용 화물차는 2004년 화사법 개정에 따라 등록제에서 허가제로 전환되면서 신규 허가가 제한됐다. 지입차주가 운송사와 지입계약 해지

---

[25]　TE(Table of Equipment)는 허가대수로, 공TE는 위·수탁 차주가 본인 소유 화물차를 자가용으로 전환하거나, 운송사업 허가를 받거나, 다른 운수업체로 이적하는 등으로 계약을 해지하면서 기존 운수업체에 차량은 없는 채 남아있는 영업용 번호판.

후 신규 사업허가를 취득하면 지입차주가 속해 있던 운송사에 허가된 차량에 대해서는 공TE를 부여하되 실제 차량은 소유할 수 없도록 한 것이다. 국토교통부는 실제 2005년부터 6년 동안 지방자치단체에 지침을 내려 운송사들이 공TE를 갖고 있더라도 차량을 충당할 수 없게 강제했다. 당시 7천여 대의 공TE가 남아있었으므로, 이번 정부 방침은 사실상 택배 화물차량 7천 대 증차 발표라며 화물연대가 거세게 반발했다. 게다가 현행법상 사업용 화물차의 증차는 '공급기준심의위원회'를 거쳐야 하며, 이미 심의위가 2010년 12월에 '2011년 화물운수사업 공급기준 고시'를 통해 2011년 신규 공급(허가)을 금지한 바 있다. 정부 발표는 심의위 결정을 정부 스스로 3개월 만에 뒤엎은 것이다.

화물연대는 "공TE 충당은 증차"라며 화물차 증차가 현실화되면 화물차 과잉 공급으로 덤핑 경쟁이 심화돼 화물노동자의 생존권을 벼랑 끝으로 내몬 2003년 이전의 상황으로 돌려놓게 될 것이므로 결코 수용할 수 없다고 맞섰다. 4월 15일 '수급동결 사수! 생존권 쟁취! 법·제도 개선! 화물노동자 투쟁 선포대회'를 개최했고, 5월 11일부터 27일까지 서울, 경기, 대전, 충남, 전북, 광주, 전남, 경남, 부산, 울산, 포항 등 전국에서 국토해양부의 화물차량 증차 방침을 저지하기 위한 홍보활동을 벌였다.(사진) 화물연대는 국토해양부의 증차 조치 저지와 함께 △화물노동자의 재산권 보장 △번호판 탈취와 금품 강요 근절 △과적 근절 △노동기본권 쟁취 △

표준위수탁계약서 등 법·제도 개선 요구사항도 홍보했다.

이러한 화물노동자들의 반대에도 정부는 신규 차량 7천 대 증차를 허용한 반면 정작 화물연대와 약속한 표준운임제 법제화는 시간을 끌었다. 당시 시행하고 있던 표준운임제 시범사업은 2011년 9월 30일 종료를 앞두고 있었다.

화물연대는 8월 20일 충주호 리조트에서 확대간부 수련회를 열어 9월 17일 결의대회를 결정하고 준비와 조직화에 만전을 기했다. 하반기에 '9월 17일 1만 명 집결 → 12월 말까지 법개정 서명운동 5만 명 조직 → 10~12월 지부별 총회와 2012년 총파업 찬반투표 → 2012년 2~3월 권역별 결의대회 → 2012년 총파업을 포함한 총력투쟁' 계획을 세웠다.

수련회 결정에 따라 화물연대 조합원 5천여 명은 9월 17일 서울역에 모여 총력투쟁 결의대회를 열고 정부에 표준운임제 완전 도입, 노동기본권 법제화, 유가보조금 확대, 산재법 전면 적용을 촉구했다. 집회를 시작하기 전에는 '최복남·김동윤·박종태 열사 합동추모제'를 진행했다. 결의대회를 시작으로 화물연대는 2012년 상반기까지 조직력을 끌어올려 그동안 정부가 여러 차례 약속과 번복을 반복했던 화물노동자 관련 법·제도 개선에 나서기로 했다.

2012년 정부와 교섭 병행하며 임금인상 쟁취

대화에는 대화로, 탄압에는 투쟁으로

2011년 4월에 이어 2012년 1월 15일에도 국토해양부가 5톤 미만 일반 화물차량 15,000대를 증차하겠다는 입장을 내놓았다. 국토해양부 자료에 따르면 2004년 수급 동결에도 영업용 화물자동차는 2004년 12월 32만 대에서 2012년 1월 현재 35만대로 3만여 대나 증가한 상태였다.

화물연대는 생존권 위기 상황에 내몰린 화물노동자의 현실을 바꿔내기 위해 지난 1년간 투쟁을 준비해 왔다. 기름값 폭등에 물가마저 계속

2012년 3월 17일 서울역에서 '공공운수노동자 2012년 투쟁선포 결의대회'를 마치고 행진하는 지도부.

오르는데 실질 임금은 제자리걸음이어서 화물노동자들은 생존권을 위협받고 있었다. 정부가 약속한 표준운임제는 시범운영 외에 실질적인 법제화 움직임은 없이 여전히 논의 수준에만 머물고 있었다. 정부는 ILO 권고에도 특수고용노동자의 노동기본권 보장 역시 외면하고 있었다. 여기에 화물차량 증차까지 겹치자 화물연대는 거세게 반발했다.

　화물연대는 2월 4일부터 12일까지 쟁의행위 찬반투표를 진행했다. 전체 10,590명 가운데 6,012명(56.8%)이 투표한 결과 4,848명 찬성(80.6%)으로 총파업을 결의했다. 화물연대는 이러한 결의를 모아 16일 기자회견을 열어 △운송료 현실화 △표준운임제·노동기본권 쟁취 △화사법 등 법·제도개선을 위한 전면 투쟁을 선언했다. 구체적인 총파업 시기와 방법을 투쟁본부에 위임한 가운데 화물연대는 3월 17일부터 확대간부 상경집회와 3~5월 전국 시·도 권역별 집회를 이어갔다. 4월 총선에서는 화물연대 요구 수용 여부를 기준으로 지지 활동과 낙선운동도 펼쳤다.

화물연대는 5월 12일 부산역 광장에서 7천여 명의 조합원이 참가해 '화물운송노동자 전 조합원 총파업 결의대회'를 열고 정부와 화주에 △경유가 인하 △운송료 인상 △표준운임제 도입 △노동기본권 법제화가 이뤄지지 않으면 6월에 총파업에 돌입하겠다고 선포했다. 화물연대는 "화물노동자와의 약속을 지키지 않는 이명박 정권과 정부 관료들은 사기꾼"이라고 규정하고, 정부에 "40일 후에 이 땅의 모든 화물과 물류를 멈추겠다"고 최후통첩했다. 화물연대는 그 어느 때보다 철저한 준비와 힘 있는 연대 속에서 총파업을 준비했다. 이날 본대회에 앞서 '최복남·김동윤·박종태 열사 합동 추모제'를 진행했으며, 결의대회를 마친 뒤에는 "대화에는 대화로, 탄압에는 투쟁으로" 구호를 외치며 서면까지 5km를 행진, 부산 시민들에게 화물노동자의 투쟁을 선전했다.

화물연대는 비슷한 처지의 건설노조와 보조를 맞춰 공동투쟁에 나섰다. 화물연대와 건설노조는 4월 23일 공동투쟁본부를 구성해 △특수고용노동자 노동기본권 보장 △산재보험 전면 적용 △기름값 인하 등 세 가지 공동 요구안을 발표하고 6월 총파업을 선언한 바 있다. 이어 공동투쟁본부는 △각 정당은 화물운송·건설노동자의 생존권 보장을 위해 관련 법 즉각 개정 △정부는 화물운송·건설노동자의 생존권 보장을 위한 특단의 대책 마련 및 각종 현안 해결을 위해 자본단체와 교섭 마련 △관련 자본단체는 건설노조·화물연대와 교섭에 즉각 나설 것 등을 촉구해 왔다.

공동투쟁의 하나로 2012년 5월 29일에 화물연대는 건설노조(위원장 직무대행 이용대)와 함께 여의도 산업은행 앞에서 '2012 건설·화물 공동투쟁 승리 결의대회'를 열고 "물류·건설현장을 멈춰 세상을 바꿀 것"이라고 경고했다. 이날 화물연대는 6월 25일, 건설노조는 6월 27일 총파업에 돌입한다고 선언했다. 2천여 명의 조합원들이 "인간답게 살고 싶다"

라고 쓴 손팻말을 들고 결의대회(사진)가 진행되는 동안 두 노조의 대표
단은 새누리당, 민주통합당과 면담을 진행, 요구사항을 전달했다. 결의
대회를 마친 뒤 참가자들은 여의도공원 문화마당에서 열린 언론노조 문
화제에 결합했다.

전국 총파업으로 6.29 합의

화물연대는 예고한 대로 6월 25일 오전 7시를 기해 생존권 보장을 요
구하며 무기한 전면 총파업에 돌입했다. 같은 시각에 전국 주요 거점 14
곳에서 파업출정식을 진행하는 한편 박원호 부산지부장과 이봉주 서경
지부장은 컨테이너 수송 중심지인 부산신항과 경기도 의왕 ICD에서 각
각 철탑에 올라 고공농성에 들어갔다.

총파업에 돌입한 직접적 원인은 화물연대가 10년째 요구한 표준운임제 법제화 약속을 지키지 않은 정부에 있었다. 표준운임제는 수출입업체(재벌 대기업)→운송업체(재벌 대기업)→중간 알선업체→화물노동자로 이어지는 다단계 하청구조와 기름값 폭등으로 생계유지가 힘든 화물노동자들이 생존권 보장을 위해 내건 최소한의 요구였다. 운송업체에는 운송료 인상을 요구했다.

전국적으로 대형 화물차 중 37%가 운행을 중단했으며, 비조합원이 본격적으로 참여한 26일부터는 파업이 더 확대됐다. 화물연대에 이어 건설노조도 27일 무기한 총파업에 돌입했다. 화물연대가 표준운임제 법제화를, 건설노조가 표준품셈에 근거한 적정임대료(보수)를 요구한 것은 노동법 보호를 전혀 받지 못하는 특수고용 운송노동자에게 최저임금제를 시행하라는 의미다.

화물노동자들의 파업이 나흘째로 접어든 6월 28일, 협상이 본격화됐

파업으로 멈춰 선 화물자동차들.

다. 운송료 30% 인상안을 제시했던 화물연대는 이날 인상안을 23%로 수정했는데 CTCA 측은 현 운송료 대비 6% 인상안을 제안했다. 박원호 부산지부장과 이봉주 서경지부장의 고공농성도 나흘째로 접어든 이날 공공운수노조는 경기도 의왕 ICD에서 1천여 명의 조합원이 참석한 가운데 '공공운수노동자 총력 결의대회'를 열어 힘을 실었다.

화물연대는 파업 닷새 만인 6월 29일 CTCA와 운송료 9.9% 인상에 합의하고 파업을 마무리했다. 합의안에 대한 조합원 찬반투표 결과 67%가 찬성했다. 화물연대는 '업무 복귀에 임하며'라는 대국민 성명을 통해 "물류대란이 점차 심해지는 상황을 더는 두고 볼 수 없어 업무에 복귀하는 대승적 차원의 결정을 내렸다"며 "이후 표준운임제 법제화, 특수고용노동자 노동기본권 보장 등 화물운송노동자의 노동조건 개선을 위한 법제화 투쟁을 계속 이어갈 것"이라고 밝혔다.

합의 이행촉구 재파업으로 최종 합의

대승적 차원의 결단으로 업체들의 약속을 믿고 파업을 종료했지만 역시 약속은 지켜지지 않았다. 운송사업자들은 6월 총파업 과정에서 약속한 운송료 9.9% 인상을 지키지 않았다. 화물연대는 2차 총파업을 경고하며 다시 투쟁 채비를 본격화했다.

6월 총파업 기간에 부산시, 부산해양항만청, 부산항만공사 등이 내놓은 △임시 화물차량 주차공간 확보 △컨테이너 차량에 대한 유료도로 통행료 면제 연장 등 개선책도 전혀 이행되지 않았다. 화물연대 부산지부는 9월 1일 부산 신선대부두 앞에서 '운송료 인상 합의사항 이행 촉구 화물노동자 투쟁결의대회'를 열었다.

화물연대 전남지부 역시 2012년 9월 7일 광양 포스코 1문 앞에서 '전남화물노동자 총파업 투쟁 선포대회'를 열고 포스코 협력운송사와 컨테이너 운송업체들을 상대로 6월 합의사항 이행을 촉구했다. 전남지부는 이어 9월 11일 오전 9시 광양 태인동 부두에서 총파업 출정식을 하고 파

업에 돌입했다. 파업 첫날인 이날 김동국 전남지부장이 11시경 화물운송업체인 광양 로덱스 야드에서 연행되는 등 화물노동자들에 대한 전방위적인 탄압은 더욱 거세지고 있었다.

화물연대는 9월 17일 국회 앞에서 기자회견을 열고 운송료 인상 합의 파기를 규탄하며 노동기본권 인정과 표준운임제 법제화를 위한 총력투쟁을 선포했다. 그리고 이날부터 1주일 동안 표준운임제 법제화를 포함한 법안 통과를 촉구하며 여의도 산업은행 앞에서 노숙농성을 벌였다.

9월 24일 화물연대 서울경기지부가 결의대회와 함께 총파업에 돌입했고(사진), 화물연대는 같은 날 부산에서도 결의대회를 열어 약속이 끝내 지켜지지 않는다면 9월 26일 이후 부산을 기점으로 파업에 돌입하겠다고 밝혔다.

총파업을 경고하며 맞선 끝에 9월 26일 경기도 의왕 ICD에서 대한통운 등 15개 물류운송업체가 가입해 있는 CTCA와 '6.29 합의이행을 위한 보충교섭'을 진행해 지난 6월 29일 합의한 9.9% 운송료 인상을 9월에 6%, 10월에 3.9% 인상해 10월 1일부터 적용하기로 최종 합의했다.

한편 화물연대는 정부 책임도 제기했다. 운송료 인상 교섭을 주선했던 정부가 합의 파기에 대해서는 모르쇠로 일관했기 때문이다. 합의사항이 지켜지지 않더라도 법·제도적으로 사실상 막을 장치가 없다는 점에서 표준운임제를 법제화해야 한다는 목소리는 더욱 커졌다.

3.

통합산별노조 건설 사업

화물통준위, 운수노조 공항항만운송본부-화물연대본부로 분리

화물통준위는 2007년 5월 11~12일 청산대의원대회를 하고 공식 해산했다. 2004년 운송하역노조와 화물연대가 통합해 출범한 지 3년 만이다. 이로써 운송하역노조와 화물연대는 각각 운수노조 공항항만운송본부(본부장 이상규)와 화물연대본부(본부장 김달식) 등 업종본부 체계로 분리돼 독자 사업을 하게 됐다. 산별노조 건설을 지향해 온 화물통준위로서는 운수산별의 큰 틀에서 각각의 독자성을 확보하는 것에 의의를 두고 활동 시한을 연장하면서까지 통합을 추진했지만, 운수노조 출범과 동시에 조직이 분리되는 모순이 발생했다. 화물통준위는 대의원대회에서 "화물운송업종의 정규직-비정규직의 통일단결은 자체의 역량 부족으로 달성하지 못했다"며 "이는 운수산별노조 시대에 산별노조운동으로 극복해야 할 과제"라고 밝혔다.

화물통준위는 정규직-비정규직 통일단결이라는 대의와 목적 달성에는 실패했지만 노동운동 전체가 해결하지 못한 과제를 치열하게 추진했던 과정은 의미를 남겼다. 기업별노조에서 출발, 업종단일노조로 발전해 대규모로 비정규직을 조직한 대표적 사례이기 때문다. 신자유주의 시대 급격한 비정규화에 맞서 조직적 역공을 취함으로써 비정규노동자를 조직하고 정규직과 비정규직이 통일 단결해야 한다는 점을 더욱 분명하게 확인시켰다. 결과적으로 성공하지는 못했지만 특정 업종에서 정규직과 비정규직을 하나의 대오로 묶어 세우는 작업을 실제로 추진한 경우는 흔치 않은 사례다. 이러한 화물통준위의 과감한 시도는 성패와 상관없이 충분히 평가받을 만한 대목이다.

또 화물노동자들은 운수산별 추진 과정에서 주어진 과제를 외면하지 않았다. 화물연맹 시절부터 운수산별노조를 고민하고 제기했으며 운송하역노조의 틀에 안주하지도 않았다. 화물통준위는 이러한 과정을 계승해 조직 해체라는 극단적인 배수진을 치면서까지 운수산별노조 건설에 적극적으로 복무했다. 당위가 아닌 생존과 발전을 위한 절박한 문제의식으로 운수산별 건설 운동에 참여해 온 만큼 이후 운수노조 주체로서 해야 할 역할도 확인했다.

그러나 특수고용직인 화물차 지입차주 노동자들의 노동권 쟁취 투쟁이 전면화되며 조직의 인력과 재정이 화물연대에 집중 투여되는 등의 문제로 운송하역노조와 화학적 결합은 사실상 실패로 끝났다. 2006년 말 출범한 운수노조는 이러한 문제들을 산별적 실천으로 극복해야 할 과제로 떠안았다.

운수노조는 완성된 산별노조라기보다는 첫 단추를 끼웠다는 의미가 더 컸다. 조직적 규모도 5만 명에 미치지 못해 당초 예상보다 적었고, 내용적 수준에서도 운수연대에 결합했던 조직 가운데 항공, 지하철, 선원 등이 아직 결합하지 못하고 있어서 사실은 연맹체에 가까웠다. 그럼에도 철도노조와 같은 대기업 정규직 조직부터 화물연대와 같은 비정규 특수고용노동자까지 아울러 전체 운수노동자들의 계급적 단결체를 만들었다는 점 하나만으로도 산별노조 운동에서 의미가 컸으며, 동시에 무한한 발전 가능성도 지니고 있었다.

운수노조는 철도가 파업하면 화물이 대체 수송하거나, 지하철이 투쟁하면 버스와 택시가 더 바쁘게 일했던 모순을 뛰어넘어 철도, 항공, 화물

공동투쟁으로 운수노동자가 멈추면 세상이 멈출 수 있다는 것을 실천으로 증명하고 자신감을 얻었다. 미비하더라도 공동으로 투쟁과 사업을 실천해 나가는 산별노조운동이 운수노조의 지향점이었다.

운수노조 출범 후 화물-철도 첫 공동투쟁

2006년 운수노조 출범과 함께 구성한 초대지도부는 2007년 4월까지 운수산별조직 체계를 수립하고 안정적인 새로운 지도부를 선출하기 위한 과도기적 성격이었다. 2007년 2월 2일 노조설립 필증을 교부받은 운수노조는 2월 12일 중집-상무집행위 공동 수련회에서 주요 사업과 업종본부별 사업을 공유하고 규정·규칙을 심의했다. 이어 3월 한 달 동안 지역순회 간담회를 진행하며 지역본부 건설에 대한 조합원들의 높은 관심을 확인하고 산하 조직 간 단결에 관해서도 다양한 의견을 수렴했다.

이후 여러 조직의 통합 과정인 만큼 선거인 명부 작성 등에 어려움을 겪어 선거 일정이 한 차례 중단되기도 했지만, 각급 회의와 선거관리위원회의 정비를 거쳐 8월 18일부터 24일까지 각 업종본부 투표 일정에 맞춰 동시 선거를 시행했다. 운수노조 2기 선거 결과 단독출마한 김종인 위원장(화물연대본부)-이명식 수석부위원장(철도본부)-조상수 사무처장(철도본부) 후보 조가 전체 45,873명 중 38,583명(84.1%)이 투표한 가운데 32,509명(84.3%)의 지지로 당선됐다.

2기 지도부는 9월 20일부터 광주·전남, 광양, 진주, 창원, 부산, 울산지역 등을 찾아 추석 연휴 순회를 벌이며 현장을 챙겼다. 이어 10월 6일 용산구민회관에서 열린 임시대의원대회에서 김종인 위원장은 취임사를 통해 "전 조직적 일대 전환기에 위원장의 책무를 맡게 된 데 무거운 사명감을 느끼며, 역사적 소명과 책무를 반드시 완수하겠다"고 밝혔다. 이날 대의원대회에서는 하반기 사업계획 가운데 특히 화물연대와 철도노조의 공동투쟁에 운수노조의 모든 역량을 투입하기로 뜻을 모았다.

2007년 11월 6일 철도·화물 총파업 일정 및 대정부 요구 발표 기자회견 모습.

　화물연대와 철도노조는 9월 19일 합동 간부 수련회와 5차례의 공동투쟁기획단 회의 등 조직화 과정을 거쳐 10월 20일 '철도 공공성 강화, 물류제도 개혁, 생존권 사수를 위한 화물·철도 공동투쟁본부'(아래 '공투본') 출범식을 겸한 '공동투쟁 승리 총력 결의대회'를 열었다. 참가자들은 △물류제도 개혁과 생존권 사수 △운임제도 개선 및 직접비용 인하 △KTX 새마을호 승무원 직접고용 △철도공공성 강화와 구조조정 분쇄 △노동기본권 쟁취 및 사수 △비정규직 철폐 △해고자 원직 복직 등을 다짐했다. 이후 철도노조는 10월 29~31일 총파업을 결의했다. 화물연대도 10월 31일부터 11월 4일까지 투표를 진행해 71.49% 찬성으로 쟁의행의를 결의했다.

　10월 31일 중앙노동위원회가 철도공사 측의 노동쟁의조정 신청을 받아들여 직권중재에 회부하자 운수노조와 공투본은 직권중재 철회를 강력히 촉구하며 투쟁을 이어갔다. 공투본은 물류대란을 막기 위해 긴급 노정 교섭을 제안했지만, 정부는 도리어 강경 탄압 입장만 천명했다. 11월 14일 30여 개 시민사회단체가 참여한 지원대책위가 구성되고, 운수노조 산하 업종본부와 시민사회단체들은 대체 수송 거부, 지지연대 성명 등을 발표했다. 파업 예정 전날인 11월 15일 저녁, 전국 5개 권역(서울·대전·부산·순천·영주 등)에서 열린 화물·철도 공동파업 전야제에는 전국적으로 8,500여 명이 참여하며 긴장이 높아졌다. 그러나 막바지 교섭에서 화물연대는 정부안을 구체화하는 수준에서 의견 접근이 이루어졌고, 철도노조는 파업 동력에 대한 우려 등이 제기됨에 따라 공투본은 회의를 통해 공동파업 유보를 결정했다.

운수노조 출범 후 첫 화물·철도 공동투쟁은 공동파업전야제까지 조직해 냈으며, 화물연대는 정부와 교섭안에 진전을 이루어냈다는 점에서 의미가 크다. 그럼에도 투쟁 동력에 걸맞은 막판 교섭 전술을 구사하지 못한 채 파업을 유보하고, 조직적 소통이나 조직적 퇴각을 하지 못한 점에서는 한계를 드러냈다. 이후 산별노조로서의 통일된 교섭·쟁의 방식과 파업 조직화는 운수노조의 과제로 남았다.

2007년 12월 7~8일 속리산 보람원에서 운수노조 지부장·지회장·분회장 등 130여 명이 참석해 합동 간부 수련회를 열었다. 수련회에서 참가자들은 산별교섭 투쟁방안, 운수노조 강화·발전 방안 등에 관해 토론하고 사업계획을 수립했다. 2008년 2월 23일 대전 대덕문예회관에서 열린 정기대의원대회에서는 수련회에서 나온 의견을 갈무리하며, 운수노조의 과도기 체제를 청산하고 안정된 체계와 활발한 사업으로 산별노조로서 제 기능을 다하자고 결의했다. 이후 운수노조는 구체적인 사업을 집행해 나가는 동시에 △운수산업 공공성 강화 방안 △교통물류 수송용 연료 유가 인하 등 4개 항의 제도 개혁 방안 △산별교섭 제도화 등 7개항의 생존권과 노동기본권 강화 방안 등을 대정부 정책·제도개선 요구로 확정하고, 4월에 국토해양부에 공식적으로 교섭을 요구했다.

미국소·대운하 반대 사회공공성 투쟁에 나선 운수노조

이명박이 2008년 2월 대통령 임기를 시작한 가운데 공약으로 내걸었던 한반도 내륙운하 건설계획을 본격화했다. 운수노조는 2008년 3월 20일 민주노총 회의실에서 기자회견을 열어 운하 건설계획 전면 백지화를 촉구했다. 운수노조는 내륙운하가 물류 개선은커녕 물류산업의 공동화를 초래할 것이며, 국민의 혈세를 낭비하고 경제를 파탄 낼뿐 아니라 국토를 파괴하고 환경 대재앙을 불러올 것이라고 경고했다. 기자회견과 토론회를 잇달아 연 운수노조는 건설노조와 공동으로 '한반도 운하 백지화 10만 노동자 선언' 조직화도 선포했다. 운수노조는 이후 운하백지화국민행동과 함께 활동하며, 업종본부별 간부 교육을 통해 운하백지화 투쟁의 중요성을 강조했다. 또 '생명 평화 강 살리기 국토 순례'에 참가하고, 전국의 화물차량 5백 대에 현수막을 걸고, 철도와 지하철 승강장에 벽보를 붙였으며, 철도·택시·버스 승객에게도 선전물을 배포하는 등 조합원과 함께 대국민 선전전을 펴나갔다.

운수노조는 4월 28일 '세계 산재사망노동자 추모의 날'에도 함께 했다. 근로복지공단 앞에서 산재로 죽어간 운수노동자를 추모하고 현재 교통사고로 은폐·누락되고 있는 운수노동자의 산재 인정과 화물운송노동자 등 특수고용노동자의 산재보험 적용을 요구하는 기자회견을 열었다. 또 근기법 운수업 특례 삭제, 야간노동 기준 마련, 휴게시간 보장 등 운수노동자의 노동조건 개선, 화물노동자의 산재보험 적용, 운수노동자의 산재유형과 재해인정 범위 확대 적용을 위한 조사 사업과 대책 마련 등을 요구했다.

게다가 이명박 정부가 4월 한미협상에서 미국산 소고기를 수입하기로 합의함에 따라 이른바 '광우병 소고기' 파동이 벌어졌다. 서울 광화문과 전국 각지에서 수개월간 촛불집회가 이어지며 소고기 수입 반대 투쟁은 교육, 민영화 등 신자유주의 정책 전반에 대한 의제로 확장해 갔다. 민주노조 진영도 촛불 광장에 적극적으로 결합했다.

운수노조는 5월 2일 중앙집행위원회에서 미국산 소고기 수입 반대 투쟁방안을 논의, 소고기 선적 선박의 입항 저지와 수송 거부 투쟁을 벌이기로 했다. 이러한 운수노조의 운수 거부 직접행동 경고는 일반 시민과 네티즌들로부터 폭발적인 지지와 격려를 받았다. 운수노조 계획이 알려지자 홈페이지 자유게시판과 노조 성명서에 총 2,400개가 넘는 지지 댓글이 달리면서 한때 홈페이지가 다운되기도 했다.

5월 10일 부산역 광장에서 화물운송노동자 총력 결의대회가 열렸다. 6천여 명의 화물노동자들은 물론 비조합원과 시민들까지 참여한 가운데, 화물연대는 화물노동자의 생존을 위해 정부에 경유가 인하와 표준요율제 등 합의사항 이행을 촉구하는 동시에 환경을 파괴하는 경부운하 백지화를 촉구하고 광우병위험 소고기 운송 거부를 결의했다. 이러한 뜻에 동조하는 비조합원 화물노동자 5백여 명은 그 자리에서 곧바로 화물연대에 가입하기도 했다.

민주노총도 전국 14개 소고기 보관창고에 대한 출하 저지 투쟁을 계획했다. 운송을 담당하는 화물연대는 전 조합원에게 미국산 소고기 운송 거부 지침을 내렸다. 철도노조는 냉동컨테이너 운송을 저지하기로 했다. 판매를 담당하는 서비스연맹은 백화점이나 대형마트 경영진에 미국산 소고기가 판매되지 않도록 요구했다. 전국공무원노조는 '행정 불복종 운동'을 선언하면서 미국산 소고기 홍보 지침을 거부하기로 했다.

대검찰청은 5월 27일 검·경·노동부 관계자가 참석한 가운데 공안대책협의회를 열어 촛불시위에 엄정 대처하기로 했다. 국민적 저항에도 미국산 소고기 장관고시가 강행됨에 따라 운수노조는 약속대로 본격적인 운송 저지 투쟁에 돌입했다. 관보게시 예정일인 6월 2일부터 운수노조 조합원들은 시민들과 함께 미국산 소고기가 보관된 경기·인천·부천 등 총 14개 냉동창고 앞에서 촛불문화제, 철야농성 등을 전개하며 출하 저지 투쟁을 이어 나갔다. 전국의 노동자·시민들은 '6·10 민주화 항쟁 21주년’을 맞은 6월 10일 1백만 명이 서울로 집중해 위력적인 집회를 열었다.

화물연대는 이 시기 6월 13~19일 총파업을 전개하며 투쟁을 확산시켰으며 시민들의 뜨거운 지지와 응원을 받았다. 2008년 5월부터 8월까지 서울 광화문광장은 촛불로 가득 찼다.

운수노조는 민주노총을 중심으로 6월 29일 소고기가 보관된 용인 냉동창고 앞에서 다른 산별연맹 대표자들과 기자회견을 진행하고, 30일 같은 장소에서 공공운수노동자 투쟁선포식을 진행했다. 특히 직접 운전하는 화물연대 조합원들은 더욱 열성적으로 투쟁에 참여했다. 이 투쟁과 관련해 법원은 2008년 12월, 운수노조와 공공운수연맹 등 노조 간부 18명에게 총 3,100만 원을 배상하라고 판결했다.

정부의 노조 탄압 맞서 투쟁 집중, 통합산별 추진 주춤

운수노조는 2008년, 7월 31일 서울과 8월 17일 경남 등에서 지역지부(준) 출범식을 여는 등 차근차근 지역본부를 구성하고 조직 체계를 안정화해 나갔다. 10월 27일 임시대의원대회에서는 사업평가와 계획, 11월 총력투쟁 등은 의결했지만 운수노조와 공공노조 조직 합병 건은 정족수 미달로 유회돼 결정하지 못했다. 이견이 존재한 가운데 운수노조 김종인 위원장이 11월에 (가)공공운노조준비위를 출범하고 2009년 4월에 조직 합병을 결정, 7월에 합병하자는 수정안을 제출했으나 유회된 것이다. 앞서 공공노조는 10월 23~27일 대의원 전자투표로 조직 합병을 결정했지만, 운수노조가 의결하지 못함에 따라 (가)공공운수노조준비위 출범은 불투명해지는 듯했다.

운수노조는 11월 25일 위원장 담화문을 통해 운수노조의 산별노조 위상 재정립과 조직혁신 추진을 약속했다. 운수노조가 명목상 산별노조임에도 조합비 중앙 직접 납부 등 중앙업무를 통합하지 못하고 업종본부 조직을 청산하지 못한 채 업종연합체 수준을 넘어서지 못한 현실을 고려해 산별노조 건설에 보다 속도를 내기 위한 조치였다. 운수노조는 산별 통합에 대한 현장 여론을 수렴하고 충분한 논의를 거쳐 다수가 동의하고 실현 가능한 방안을 만들어나가기로 했다.

산별노조 건설에 잠시 제동이 걸린 틈을 타 2008년 10월, 한국경영자총협회(경총)가 느닷없이 운수노조를 상대로 노동부에 진정서를 제출했다. 노동법상 근로자가 아닌 자들이 속해 있는 화물연대를 가입시켰으므로 설립을 취소해야 한다는 내용이다. 노동부는 진정을 받아들여 2009년 운수노조에 '스스로 화물연대를 탈퇴시키지 않으면 운수노조의 설립 신고를 취소하겠다'고 통보해 왔다. 이는 사실상 2008년 촛불 정국에서 '미국소 운송 거부'와 '국민지지 1호 파업'으로 공감을 얻었던 운수노조와 화물연대에 대한 이명박 정권과 자본의 보복 탄압인 셈이다.

2월 11일 민변 노동위원회 주최로 열린 '운수노조·건설노조 사태를 통해서 본 특수고용노동자의 노동3권 보장을 위한 토론회'에서 노동부의 시정명령은 단순히 운수노조에 대한 탄압이 아니라 전체 노동자에 대한 탄압으로 규정하고 총력 대응해야 한다는 목소리가 높았다. 운수노조는 "설립 신고필증이나 불법노조 논란에 연연하지 않을 것"이라며 "법외노조가 되면 투쟁 수위는 당연히 높아질 것"이라고 경고했다.

운수노조는 이어 2월 12일 중앙위원회에서 정부 탄압에 굴하지 않고 용산참사 살인 정권 규탄 투쟁, MB악법 저지 투쟁, 공기업 구조조정 저지 투쟁, 항만구조조정 저지 투쟁, 화물연대 현장 투쟁 지원, 조중동 절독 운동, 운하 저지 투쟁 등을 펴겠다고 결의했다. 민주노총도 2월 17일 이명박 정권에 노동 탄압 즉각 중단을 촉구하는 기자회견을 열었다. 이명박 정부가 화물연대와 레미콘·덤프 노동자들이 가입했다는 이유로 운수노조와 건설노조를 탄압하는 것은 사실상 민주노총을 말살하려는 음모를 노골적으로 드러낸 것인 만큼 총력 투쟁으로 대응한다고 밝혔다. 이후 민주노총은 18일부터 전국 16개 지역본부에서 동시다발 지방노동청 항의투쟁을 하고, 28일 대규모 전국노동자대회를 열었다.

이러한 긴박한 상황에서 2월 20~21일 수련회 방식으로 열린 운수노조 정기대의원대회는 다시 성원 부족으로 유회되고 말았다. 운수노조는 3월 20일 다시 정기대의원대회를 열어 2009년 사업계획과 운수노조 탄압분쇄를 위한 총력 투쟁을 결의했다. 통합산별노조 건설은 계속 추진하고, 기존 건설 시기와 이행 경로에 대한 수정된 조직방침은 업종본부 골간 조직 토론을 거쳐 임시대대에서 확정하기로 했다. 이후 4월 6일 서울 정부중앙청사 앞에서 민주노총 차원의 '운수노조와 건설노조 말살 규탄' 기자회견을 하고 아침, 오후, 저녁 선전전과 집회, 평가토론 등을 진행하며 11일까지 노숙 농성 투쟁을 이어갔다. 그리고 4월 11일 운수노조와 건설노조 중심으로 조합원 3천여 명이 모인 가운데 '이명박 정권 건설·운수노조 말살 규탄 민주노총 결의대회'를 열었다.

이런 와중에 대한통운 택배 조합원 76명 해고와 복직 투쟁 과정에 자본의 노동 탄압에 항거해 화물연대본부 박종태 지회장이 4월 30일 자결하는 안타까운 일이 벌어졌다. 화물연대는 긴급하게 열사대책위를 구성해 총력 투쟁에 나섰다. 열사투쟁은 민주노총 차원으로 확장됐고, 화물연대는 전체 노동계의 엄호 속에 6월 11일 파업에 돌입해 투쟁을 이어가 15일 새벽 대한통운과 해고노동자 원직 복직 등에 합의했다. 이처럼 투쟁의 한복판에 섰던 운수노조는 하반기도 투쟁으로 시작할 수밖에 없었다. 이명박 정부 주도 하에 자행되는 민주노총 전체에 대한 탄압에 맞선 민주노조 사수 투쟁은 운수노조뿐만 아니라 전체 노동운동 진영에 전국적으로 확산했다.

하반기 내내 민주노조 사수 총력 투쟁을 전개한 운수노조는 11월 8일 전국노동자대회 사전대회로 '산별노조 사수, 운수공공성 강화, 노동기본권 쟁취를 위한 운수노동자 결의대회'를 열어 투쟁의 성과를 한자리에 모아냈다. 전국에서 모인 철도, 화물, 운송, 버스, 택시, 항공 등 2천여 명의 조합원들은 투쟁 상황을 공유하고 운수공공성 강화와 산별노조 사수로 난관을 극복하자고 결의했다.

공공부문 총력투쟁과 통합산별 추진 본격화

2009년 공공부문을 휩쓸었던 이명박 정권의 기만적인 선진화정책과 노조 말살 정책에 맞서 민주노조 투쟁의 중심에 섰던 운수노조는 2010년 새로운 투쟁을 준비했다. 2010년 첫날 노사관계를 역행하는 노조법 개악안이 국회에서 날치기 통과됐다. 노동기본권 압살이 더욱 극심해질 것으로 예상되는 가운데 공공부문 총력투쟁과 통합산별 추진이라는 당면 과제가 운수노조 앞에 놓여 있었다.

운수노조는 2010년 1월 21일 중앙위원회에서 민주노조 사수 투쟁을 중심으로 한 4월 총력 투쟁을 결의함과 동시에 '노조 말살 저지, 민주노조 사수, MB일방독주·민주주의후퇴 저지, 운수노동자 생존권·노동기본권 사수 운수노조 투쟁본부'를 구성했다. 그리고 통합산별 추진 논의에 다시 속도를 붙였다. 운수노조는 민주노조 사수 투쟁과 산별노조 건설은 분리된 과제가 아니며, 위기적 상황을 극복하는 해결 방안은 통합을 통한 산별노조 건설이라는 데 뜻을 같이했다.

다만 통합산별노조 건설에 관해서는 조직마다 견해 차이가 있었다. △통합산별노조 건설 재추진 △기업별노조 회귀(연맹 강화) △산업노조 독자 생존(운수노조는 연맹 탈퇴해 민주노총 직가입) △업종노조 중심으로 재편하고 연맹은 업종노조 연합체로 재구성 등 크게 4가지 방안이 제출돼 치열한 토론을 이어갔다.

운수노조는 2월 19일 대전 대덕구문예회관에서 열린 정기대의원대회에서 4~5월 총력투쟁 방침을 결의했다. 또 통합산별건설 방침으로 '운수노조는 공공운수연맹 대대에서 의결 예정인 (가)공공운수노조건설준비위원회에 참여, 공공운수노조건설준비위 구성과 운영은 공공운수연맹 정기대대에서 의결 예정인 (가)공공운수노조추진방침(안)에 따른다'고 결정했다. 당시 (가)공공운수노조추진방침(안)은 운수노조와 공공노조와 공공운수연맹이 3월 1일부터 '공공운수노조건설준비위위원회'(아래 ‘공공운수노조준비위’) 체계로 전환하며 이후 조직적인 논의와 상반기 투쟁을 함께한 뒤 공공운수노조 건설 시기를 공공운수노조건설준비위 대의원대회에서 최종 결정하는 것이었다.

이후 공공운수연맹은 3월 19일 여의도 사학연금회관 강당에서 열린 임시대의원대회에서 (가)공공운수노조추진방침(안)을 만장일치로 결의, 4월 1일부터 공공운수노조준비위로 전환했다. 이로써 공공운수노조준비위는 앞으로 연맹과 두 산업노조의 사업과 투쟁을 총괄하게 됐다. 다만 두 산업노조의 고유 사업과 재정 운영은 서로 보장하도록 했다.

공공운수노조준비위는 첫 사업으로 4월 한 달간 임원단 전국 순회를 진행했다. 공공부문 노동기본권 쟁취에 사활을 걸고 2010년 상반기 투쟁을 조직하며, 지역조직 건설의 계기를 마련하기 위한 전국 순회는 4월 6일부터 5월 1일까지 이어졌다. 지역순회 간담회는 두 산업노조 지역본부가 함께 논의해서 현장을 조직하고 공동으로 집행하는 첫 사업이라는 점에서 의미가 컸다.

한편 투쟁본부로 전환한 운수노조는 철도공사의 단협 해지, 파업 유도와 노조말살 책동, 160여 명 해고와 1만 3천여 명 대량징계에 맞선 투쟁을 본격화했다. 민주노총도 3월 22일 서울 정부 광화문종합청사 앞에서 전교조·공무원노조·건설노조·운수노조 등 산하 노동조합들에 대한 이명박 정권의 불법 탄압을 규탄하며 대정부 투쟁을 선포했다. 3월 31일에는 운수노조 화물연대본부와 철도본부, 건설노조 조합원들이 대전역에서 공동투쟁결의대회를 열고 노조 탄압 분쇄와 노동기본권쟁취를 위해 4월 말 총파업 투쟁에 나설 것을 결의했다. 화물연대본부는 표준운임제 시행을 요구하며 4월 말 총력 투쟁을 앞두고 있었고, 철도본부는 노조 탄압에 맞선 총파업을 예고했다.

이러한 긴박한 상황 속에 4월 17일 여의도에서 공공운수노동자 총력투쟁 결의대회가 열려 조합원 6,000여 명이 모인 가운데 총파업을 포함한 총력투쟁을 결의했다. 이 자리에서 김종인 운수노조 위원장은 4월 30

일 시기 집중 총파업에 앞서 △화물연대본부와 철도본부는 전 조합원 현장 투쟁과 지부별 총회 개최 △전 조합원 대국민 선전 강화 △업종별·지역별로 비상연락망 구축 등 연대투쟁 체계 확립 △민주노총의 4.28 총력투쟁 및 5.1 노동절 투쟁 일정에 적극 참여 등의 내용을 담은 '투쟁지침 1호'를 발령했다. 결의대회에 이은 2010년 투쟁선포식에서 공공운수노조준비위가 공식 출범했다. 김도환 상임위원장은 대회사에서 "이제 준비위를 중심으로 상반기 투쟁을 준비하자"고 밝혔다.

이러한 총력투쟁 과정은 성과를 내 5월 11일 철도본부 잠정합의안 도출로 이어졌다. 화물연대본부는 예정대로 5월 15일 화물운송노동자 총력결의대회를 진행, 전국 각지에서 3,000여 명의 조합원이 참여했다. 이날 대회에서 참가자들은 표준운임제 시행, 노동기본권 쟁취, 운송료 인상, 화물운송제도 개선 등 화물운송노동자들의 생존이 달린 4대 요구를 걸고 하반기 총파업에 돌입할 것을 결의했다.

이후 운수노조는 정기대대에서 확정한 상반기 집중 사업인 화물·철도 투쟁과 6.2 지방선거 승리를 연계해 대응에 돌입했다. 진보진영이 지방선거에서 승리하지 못하면 곧바로 대대적인 공안정국이 조성될 것이라는 정세 판단에 따라 운수노조도 적극적으로 나서기로 한 것이다. 운수노조는 정치위원회 구성과 활동을 통해 조합원들의 정치의식을 고양시키는 한편 지방선거에서 운수노동자들의 요구를 최대한 쟁점화하기 위해 '노동자 후보' 출마방침을 결정했다. 이에 따라 화물연대본부와 철도본부 조합원들이 출마해 조직적 선거운동을 펼친 결과 화물연대본부 지주학 조합원이 부산 해운대구 구의원으로 당선됐다.

이후 공공운수노조준비위는 6월 15일 정부 광화문종합청사 앞 기자회견을 시작으로 거리 농성에 돌입했다. 기자회견에서 공공부문 노조를 탄압함으로써 사회를 파괴하고, 4대강 사업을 통해 자연을 파괴하는 이명박 정부를 강하게 규탄했다. 공공운수노조준비위는 거리농성투쟁을 벌이며 △STOP 4대강 삽질, 사회복지예산 확충 △언론·교육·의료·가스 등 공공부문 노조 탄압 중단 △가스·의료·전기 공공부문 사유화·상업화 중단 △기만적 공공기관 선진화 정책 중단 △노조 죽이기 일방적 단체협약 파기 중단 △연봉제·임금 삭감형 피크제 도입기도 중단 △택시노동자 최저임금 보장, 최저임금 5,180원 인상 △화물노동자 표준운임제 약속 즉각 이행 등을 요구했다.

공공운수노조준비위는 6월 30일 첫 중앙위원회에서 13개 지역조직과 11개 분과위원회를 토대로 하는 조직 운영과 관련한 제 규정·규칙을 제정하고 활동의 기틀을 마련했다. 공동사업 계획과 예산을 승인했으며, (가)공공운수노조 건설 경로 수립을 위한 특별위원회 설치도 결의했다.

타임오프제 폐지와 노조법 개정을 촉구하는 민주노총 위원장 단식 9일 차인 7월 20일에는 김도환 상임위원장 등 임원들도 단식투쟁에 동참했다. 저녁 7시에 열린 촛불집회에 공공운수노조준비위 임원·사무처는 물론 운수노조의 김종인 위원장을 비롯 화물연대본부, 철도본부, 공항항만운송본부, 택시본부, 아시아나항공지부 등과 공공노조의 사회보험지부, 국립체육공단비정규지부 등이 참가했다.

또한 공공운수노조준비위는 9월 1일 민주노총 회의실에서 기자회견을 열어 공공부문 노조 말살을 막기 위해 공동투쟁에 돌입한다고 밝히며 정부가 당장이라도 책임지고 노사갈등을 원만히 푸는 데 적극적으로 나서라고 촉구했다. 이미 8월 30일 발전산업노조가 거리 농성에 들어간 가운데 1일부터는 공공노조 이상무 위원장과 산하 조직 지부장들이 무기한 단식투쟁에 돌입했다. 기자회견에는 발전산업노조, 공공연구노조, 도시철도노조, 운수노조 철도본부, 공공노조 가스공사지부, 사회연대연금지부 대표자들이 참석해 각각의 사업장에서 벌어지고 있는 정부의 조직적 탄압에 대해 한목소리로 비판했다. 이들 6개 사업장 5만 조합원은 이날 '민주노조 사수를 위한 공동대책위원회'를 결성하고, 공동투쟁을 결의했다.

운수노조 비대위 구성해 대산별 건설에 총력

운수노조는 2010년 6월 30일 서울 용산 철도웨딩홀에서 개최한 중앙위원회에서 빠르게 임시대의원대회를 열어 3기 임원 선거방침을 결정하기로 했다. 철도노조와 택시본부의 조합비 미납에 따른 선거권·피선거권 논란과 대산별 이행 경로에 대한 논란, 그리고 운수노조 임원 변경 신고 단계에서 고용노동부가 불법화할 가능성 등 여러 가지로 선거 일정 확정이 어렵다는 판단에 따른 것이다.

2기 임원 임기가 8월에 끝남에 따라 운수노조는 8월 18일 중앙위에서 다시 3기 임원 선거 대책을 수립하고 비상대책위원회를 구성했다. 이날 김종인 현 위원장을 비대위 위원장으로, 조상수 현 사무처장을 비대위 집행위원장으로 선출했으며 비대위 운영 기간은 9월 1일부터 3기 임원 임기가 시작하는 때까지로 정했다. 이후 11월 22일부터 28일까지를 선거 투표 기간으로 확정함에 따라 임원 선거에 김용욱-김영호-김경훈이 위원장-수석부위원장-사무처장 후보로 단독 출마하고 선거운동을 벌였다. 그러나 투표 결과 선거인수 38,860명 중 17,595명(46%) 투표에 그쳤다. 중앙선관위는 11월 30일 개표 결과를 발표하며 당락 결정을 유보했다. 이후 12월 1일, 후보 조가 사퇴함에 따라 3기 임원 선출이 무산돼 당분간 비상대책위원회 형태로 유지하게 됐다.

임원 선거 무산에 따른 대책을 수립하기 위해 12월 2일 열린 비상대책위원회 운영위에서 김종인 비대위원장이 책임을 통감하며 사퇴를 표명함에 따라 나머지 비대위원인 6개 업종본부장이 공동비대위원장으로 선임돼 2011년 2월 정기대의원대회 성사를 책임지기로 했다.

9월 30일 용산 철도웨딩홀에서 '산별운동 혁신과 (가)공공운수노조 건설경로 수립을 위한 토론회'가 열렸다. 토론회에서는 그동안 산별운동을 평가하고 10월 29일 공공운수노조준비위 임시대의원대회에 상정될 안건인 '산별노조 건설 경로수립 특별위원회'가 제출한 방안에 대해 검토하고 의견을 나누었다. 1부는 '공공운수산별 운동에 대한 평가와 혁신 방향'을 주제로 성과와 한계를 짚으며, 반드시 그동안의 오류와 한계를 극복하는 방향으로 대산별 건설이 진행돼야 한데는 데 뜻을 모았다. 2부에서는 조상수 집행위원장이 '(가)공공운수노조 건설 시기와 방식, 기본구조' 발제를 통해 2012년 4월 30일 이전까지 공공운수노조를 건설하자고 제안했다.

이러한 토론회 결과를 바탕으로 10월 13일 공공운수노조준비위 중앙위원회를 거쳐 10월 29일 공공운수노조준비위 1차 임시대의원대회에서 '(가)공공운수노조 건설 기본계획'을 결의함에 따라 통합산별노조 건설 논의를 일단락했다. 공공운수노조준비위는 2011년 2월까지 (가)공공운수노조를 설립하고 4월 말 출범식을 연다는 계획에 따라 조직 전환 결의 작업에 착수했다.

이후 공공운수노조준비위와 공공노조, 운수노조는 2011년 2월 10일 정기중앙위원회를 순차적으로 열어 각 조직이 공통적으로 (가)공공운수노조로 전환을 위한 안건을 대의원대회에 상정하기로 했다. 그리고 2월 18일 공공운수노조준비위와 공공노조는 유림회관에서 순차적으로 정기대의원대회를 열어 2010년 10월에 결정한 공공운수연맹 산하 (가) 공공운수노조 설립방침을 결정했다. 대의원대회 결정에 따라 '전국공공서비스노동조합'을 '전국공공운수사회서비스노동조합'(아래 '공공운수노조')으로 변경하는 노조 명칭 변경 신고를 내 3월 15일 신고필증을 발급받음으로써 산하 노조가 공공운수노조로 전환 또는 가입을 의결하면 곧바로 편입할 수 있는 틀이 마련됐다.

그러나 2월 18일로 예정된 운수노조 정기대의원대회는 성원 부족으로 무산됐다. 운수노조 비상대책위원회는 3월 9일 운영위원회를 열어 정기대의원대회 재소집이 여의치 않고 비대위 상황이라는 점을 고려해 공공운수노조 조직 전환 방침을 운수노조 1차 중앙위 결정에 의거해 집행하기로 했다.

３월 내내 비상대책위원회 논의를 이어갔지만 운수노조 전체가 공공운수노조 조직 전환 총투표 시기를 통일하기는 어렵다는 조건을 확인, 4월 13일 중앙위원회 논의를 거쳐 4월 21일 임시대의원대회에서 기존 방침을 수정한 '공공운수노조 조직전환 방침'을 의결했다. 수정한 내용은 업종본부별 조직 전환 결의는 업종본부별 조건과 규정에 따라 대의원대회 또는 총회에서 하고, 결의 시기는 공공운수노조 창립대회 이전에 할 수 있도록 노력하며, 불가피하게 하반기로 넘어가는 경우도 업종본부 간 시기의 격차를 최소화하도록 하는 내용이다. 이러한 결정에 따라 민주버스본부가 가장 빠른 5월 27일 임시대의원대회에서 공공운수노조로의 조직 전환[26]을 결의했다.

화물연대본부는 6월 18일 임시대의원대회에서 대의원 97명 중 69명이 투표해 51명 찬성(73.9%), 기권 1명, 반대 17명으로 공공운수노조로 전환을 의결했다. 화물연대본부는 이밖에도 △6월 24일까지 가입 △규약·규정, 임원 선출, 사업계획·예산은 공공운수노조 창립대회 결정에 따르고 관련 사항은 이후 화물연대본부 대의원대회에서 후속조치 △운수노조 타업종 본부의 조직전환 완료될 때까지 운수노조 조직운영. 자산·부채, 인력, 단체협약 등 승계 문제는 운수노조 중앙위 결정에 따라 화물연대본부 중앙위에서 후속조치키로 하는 등의 세부 방침까지 확정했다.

반면 공항항만운송본부는 6월 3일 중앙위에서 조직전환 조합원 총회를 9월 대의원대회를 거쳐 하반기에 실시하기로 결정했다. 철도본부도 6월 22일 중앙위에서 조직전환 조합원 총회를 연내에 실시하기로 하며 구체적 시기는 위원장에게 위임함에 따라 공공운수노조 창립 이전까지 결합하기는 어렵게 됐다. 민주택시본부는 6월 21~24일 조합원 총회에서 조직 전환이 아예 부결[27]됐다.

---

26   재적인원 53명, 46명 투표, 찬성 45명(97.8%), 반대 1명, 기권 7명.
27   4,923명 투표, 찬성 4.31%, 반대 94.84%.

새로운 희망과 투쟁, 공공운수노조 출범

마침내 2011년 6월 24일 서울 중랑구민회관에서 전국공공운수사회서비스노동조합(아래 '공공운수노조')이 출범했다. 2006년 공공노조와 운수노조 창립 이후 하나의 산별 건설을 위해 지속적인 노력을 펼쳐 일궈낸 성과다. 다만 출범 당시 미전환 조직들이 남아있어서 공공운수연맹 조합원 13만여 명 전체를 포괄하지는 못하고 조합원 50,574명으로 창립했다. 공공운수노조 건설 후 연맹 소속 조직들이 조직전환할 때까지 실질적인 연맹의 운영과 사업은 공공운수노조가 담당하게 됐다. 초대 임원으로는 단독출마한 이상무 위원장과 구권서 사무처장이 당선됐다.

기업과 업종, 지역의 벽을 넘어 운수산업의 공공성 확보와 노동기본권 쟁취, 생존권 사수를 위해 투쟁해 온 1백만 운수노동자들의 희망인 운수노조는 이제 더 큰 단결과 투쟁으로 나아가게 됐다. 화물연대 역시 미리 조직 전환을 결의함으로써 공공운수노조에 힘을 실었다.

출범 이튿날인 6월 25일 공공운수노조는 오후 2시 서울역 광장에서 '2011·2012년 투쟁 승리를 위한 투쟁 선포대회'를 열었다. 참가한 3천여 명의 조합원은 노동기본권 쟁취, 비정규직 철폐, MB선진화정책 분쇄, 공공성 강화, 민중생존권 확보를 위한 투쟁의 결의를 다졌다. 이 자리에서는 투쟁하고 있는 화물연대본부, 사회보험지부, 사회연대연금지부, 가스공사지부 대표자들이 '집단 결의'를 밝히기도 했다. 공공운수노조는 7~9월 지역 현장 순회와 정치권 압박투쟁을 거쳐 10월에 모든 사업장의 임단협을 쟁의공간으로 확보하고 11~12월에 1차 공공운수노동자 총력투쟁을 성사시키겠다는 결의를 밝히며 MB정권과의 전면적인 투쟁을 선포했다. 이후 참가자들은 거센 장대비 속에서도 소공동 롯데백화점까지 힘찬 가두 행진을 벌여 공공운수노조 출범의 첫 사업을 투쟁으로 시작, 역사적인 대장정에 돌입했다.

한편 운수노조는 공공운수노조 창립에 따른 후속조치를 논의하기 위한 6월 30일 중앙위원회에서 중앙의 사업 기능은 공공운수노조·연맹 운수산업협의회로, 지역본부(준)의 사업과 인력은 공공운수노조·연맹 지역본부로 이관하는 것을 결정했다. 또 운수노조의 역사를 기록하고 계승하기 위한 백서 발간 등의 사업은 비상대책위원회 운영위가 '자산처리 및 사업승계위원회' 역할을 맡아 진행하도록 했다.

이로써 그동안 신자유주의 세계화로 운수노동자들이 삶의 기반과 희망을 잃어가고 있는 현실에 맞서 "우리가 멈추면 세상이 멈춘다", "운수를 멈추어 세상을 바꾸자"는 기치로 투쟁해 온 운수노조는 역사의 한 장으로 남게 됐다. 자본과 정권의 폭력적인 탄압이 여전히 지속되고 있는 가운데 운수노조가 현장 속에서 답을 찾고 투쟁해 온 경험은 역사 속에 큰 의미를 남겼다.

이후 공공운수노조는 2012년 3월 17일 '공공운수노동자 2012년 투쟁 선포 결의대회'를 열었다. 이날 2012년 공공부문과 운수부문 법·제도 전면 개혁을 위한 5대 투쟁 목표로 △공공운수부문 법·제도 개혁 △공공기관운영법 개정과 공공부문 선진화정책 폐기 △특수고용노동자·화물노동자 노동기본권 쟁취 △공공운수부문 비정규직 철폐 △민영화 저지와 사회 공공성 강화를 제시했다. 그리고 야3당과 정책협약을 통해 최종 법안을 발의하고 입법화를 위해 투쟁하겠다고 결의했다. 집회에 참석한 1만여 조합원은 대회 중간에 실시간 트위터 생중계로 "화물운송료 인상하라!" "KTX 민영화 중단하라!" "비정규직을 정규직으로!" "해고자는 일터로!" 등의 요구를 시민들에게 알렸다.

4월 21~22일에는 충북 괴산 보람원에서 공공운수노조·연맹 현장 간부 합동수련회를 열어 △총선 이후 공공기관 법·제도 개선 투쟁의 과제와 방향 △공공기관운영법 전면 개정의 의미와 방향 △공공부문 비정규 관련 정부 정책 동향과 대응 방향 △2012년 간접고용 및 최저임금 투쟁 쟁점과 전망 △신자유주의 공세에 맞서는 현장 조직화 전략 등을 주제로 분반 교육과 주제 토론을 진행했다. 이처럼 공공운수노조는 사업과

투쟁에 총력을 기울이며 완전한 대산별노조 건설을 향해 힘차게 전진해
나갔다.

4.

노동기본권 쟁취 투쟁

특수고용 노동자성 인정 공동투쟁 결합

2006년 말 비정규 악법이 날치기 처리된 가운데 특수고용 노동자성 인정에 관한 정부 입장은 점점 더 후퇴하고 있었다. 2007년 6월 열린우리당 김진표 국회의원이 '특수형태근로종사자 보호 등에 관한 법률'을 발의했는데, 이는 사실상 정부 입장을 담고 있었다. '특수형태근로종사자'라는 범주를 별도로 두고 종사자 단체를 구성할 수 있도록 하되, 노동관계에서 핵심적으로 보장돼야 할 권리 일체를 배제한 법안이었다. 특수고용노동자의 노동자성을 전면 부정하고, '노동조합' 결성을 원천 봉쇄하며, 특수고용노동자를 분리해 적용 범위를 설정함으로써 사회적 관심으로 떠오르는 특수고용직 문제를 은폐하려는 의도를 안고 있었다.

2007년 김진표 안을 통해 정부의 최종 입장은 특수고용노동자의 노동자성 부정이라는 점이 확인된 셈이다. 노무현 정부는 2003년과 2005년 합의에서 화물노동자의 노동3권 보장을 약속했음에도 정부가 발표한 법안은 특수고용 종사자 정의를 좁게 함으로써 화물노동자를 원칙적으로 제외했다. 이 밖에도 국회에는 특수고용노동자들의 노동권과 관련한 법안들이 다수 발의돼 있었다. 민주노총은 6월 18일 여의도 산업은행 '특수고용노동자 노동기본권 쟁취 결의대회'를 열어 6월 임시국회에 특수고용노동자의 노동자성을 인정하고 노동기본권을 보장할 수 있는 입법을 촉구했다. 화물연대는 이날 총파업을 벌이며 집회에 참여했다. 앞서 낮 1시경부터는 화물연대를 비롯해 건설노조, 서비스연맹 등 특수고용노동자 8천여 명이 마포대교에 집결, 남단 쪽 전 차선을 가로막고 2시간가량 투쟁을 벌였다. 이날 투쟁으로 특수고용노동자의 노동권 문제를 향한 사회적 관심은 더욱 높아졌다.

국가인권위원회(아래 '인권위')도 10월 9일, 특수고용노동자에 대한 노동3권 보장과 4대 사회보험 적용을 위한 법률 제·개정을 국회의장과 노동부장관에게 권고했다. 통계청 자료에 따르면 특수고용노동자 가운데 국민연금·건강보험 등 4대 사회보험 가입자는 7%에 지나지 않았다. 퇴직금과 유급휴가 등 근로기준법을 적용받는 사람은 4%였으며, 노조에 가입한 사람도 1.2%에 그쳤다. 특수고용노동자 대다수가 노동인권의 사각지대에 방치되고 있었다. 인권위는 권고에서 "특수형태 근로 종사자들은 계약 형식, 근무 형태, 보수지급 방식 등에서 일반 노동자와 차이가 있지만 노무 수행 과정에서 실질적인 종속관계가 존재해 사실상의 근로자성을 부인하기 어렵다"고 밝혔다. 이에 따라 인권위는 특수고용노동자의 개념 및 판단 기준은 물론, 휴일·휴가의 보장, 산업안전·보건, 모성보호, 균등처우, 근로감독관에 의한 감독에 관한 규정 등을 법에 명시하도록 권고했다.

한편으로는 노동자성 인정을 중심으로 한 노동법 개정 투쟁도 중요하지만 현장의 실질적인 문제를 해결하는 구체적이고 단계적 개선이 시급하다는 의견도 많았다. 현장 투쟁으로 돌파하자는 의견이 힘을 얻는 가운데 화물연대 또한 대정부 투쟁으로 제도적 성과를 낳고 있었다. 이러한 현장 투쟁의 영향으로 법원 판결도 일부 변화가 있었다. 2006년 12월 7일 학원강사의 퇴직금에 대한 판결[28]에서 대법원은 구체적 개별적 지

---

28   대법원 2006.12.7. 선고 2004다29726 판결.

휘 감독이 아닌 상당한 지휘·감독을 했는지, 노동자가 실질적인 사업자로서의 특징을 가지고 있었는지 등을 판단해 근로기준법상 노동자성을 인정하는 판결을 내리기도 했다. 이 판결은 이후 다른 몇몇 판결에 긍정적 영향을 끼쳤다.

2007년 12월 산업재해보상보험법이 개정됐다. 그러나 특수고용노동자의 노동자성을 인정하지 않는 상태에서 상대적으로 노동자성이 높다고 인정된 4개 직종(레미콘 기사, 골프장 경기보조원, 보험설계사, 학습지 교사)에 대해서만 예외적으로 적용하도록 했다.

2008년 5월로 17대 국회 임기가 만료됨에 따라 특수고용 노동권 관련 입법안들은 모두 폐기되며 법·제도 개선 투쟁은 일단락됐다. 특수고용 노동자 관련 법·제도 개선이 특별법 방식으로 후퇴하고 있는 가운데 다시 노동법과 산재보험법 전면 적용을 위한 투쟁이 절실했다.

정부가 특수고용노동자성을 부정하는 가운데 특수고용 노동조합에 대한 공격은 더욱 거세졌다. 2008년 10월, 건설업종의 사용자단체와 경총은 노동부에 건설노조와 운수노조에 노조법상 노동자가 아닌 자가 가입돼 있으므로 시정조치하라는 진정서를 제출했다. 덤프, 레미콘, 화물 운송노동자들이 포함됐다는 이유다. 이에 노동부는 2009년 1월 2일 '자율시정명령'을 내리고 시정하지 않으면 노조법상 노동조합으로 볼 수 없다고 통보했다. 민주노총은 1월 21일 정기대의원대회에서 '민주노조 탄압 정책 저지와 특수고용노동자 노동기본권 쟁취를 위한 특별결의문'을 채택하고 ILO 결사의자유위원회에 한국 정부를 제소했다. ILO 결사의자유위원회는 2009년 5월, 이 사안에 대한 긴급 개입을 선언했다. ILO의 긴급개입 결정은 이례적인 일로 그만큼 결사의 자유 침해 수준이 심각하다는 뜻이다.

특수고용노동자들은 토론을 거쳐 '노조법 2조 개정(원청 책임 강화)'과 '산재보험 전면 적용'으로 요구를 집약해 공동 활동을 이어갔다. 2010년 10월 4일부터 30일까지 '노동기본권 쟁취, 산재보험 전면 적용, 특수고용노동자 전국 도보행진'을 진행했다. 도보행진단은 27일간 640km를 걸어 전국을 순회하고 서울에서 열리는 '비정규직 전국노동자대회'에 참여했다. 대장정에는 하루 평균 22~25명, 연인원으로 350~400여 명에 달하는 특수고용노동자가 참여해 "우리는 노동자(勞動者), 다(太). 노동권·산재보험을 보장하라"고 소리쳤다. 화물연대도 자신들의 요구를 담은 '1인 시위판'을 들고 행진에 참여했다.

법개정으로 2008년 7월부터 레미콘 기사, 골프장 경기보조원, 보험설계사, 학습지 교사 등 4개 직군에서 일하는 노동자에게 산재보험 가입이 허용되기 시작했다. 그러나 가입 방식과 조건, 보험료 문제로 실제 가입률은 10% 수준에 머물렀다. 특수고용노동자들은 4개 직군만 대상으로 하는 산재보험제도를 실질적 구속력과 실효성 있는 제도로 개편할 것을 요구했다. 또 정부에 4개 직군을 넘어서 산재보험뿐 아니라 공적보험 전면 확대 등 법·제도 개선을 촉구했다.

2012년에는 직군별 공동투쟁을 거쳐 6월에 시기 집중 투쟁을 전개했다. 6월 시기집중 투쟁은 화물연대와 건설노조가 주력이 됐다. 두 노조는 5월 29일 '공동투쟁 승리 결의대회'를 열어 △특수고용노동자 노동기본권 보장 △산재보험 전면 적용 △기름값 인하 등 3가지 공동 요구안을 발표한 데 이어 6월 25일 화물연대가, 27일 건설노조가 잇달아 파업에 돌입했다.

같은 해 10월 9일에 특수고용노동자들은 새누리당 앞 노숙투쟁 등을 이어갔다. 이처럼 화물연대가 출범한 2002년을 전후해 시작된 특수고용노동자들의 공동활동과 공동투쟁은 특수고용노동자의 노동권 문제를 사회적으로 알려내는 데 큰 역할을 했다. 특히 특고대책회의라는 틀을 통해 법·제도 개선 투쟁까지 확장해 낸 것은 성과로 꼽을 수 있다.

화물노동자 무료 이동 건강검진

　운수노조와 화물연대가 공동으로 비용을 부담해 2009년 3월 10일부터 20일까지 화물노동자 무료 건강검진을 시행했다. 이는 화물노동자 건강상태를 데이터로 만들어 열악한 실태를 개선할 방안을 마련하고자 기획한 사업으로, 노조와 건강검진 기관인 원진녹색병원이 함께 천막과 이동 특수검진 버스를 세워놓고 진행했다.

　화물운송노동자는 장시간 노동과 심야 운행, 부족한 휴식, 운전에서 발생하는 스트레스, 상시 매연과 분진에 노출, 운전석 수면 등 열악한 환경에서 생활한다. 이는 해당 노동자의 건강에 악영향을 미치는 것은 물론 교통사고와 업무 외 사고 발생을 증가시켜 시민 안전에도 위협적이다. 원진노동환경연구소에 따르면 화물·덤프·레미콘 차량의 교통사고율은 승용차와 비슷하거나 낮지만, 사망자 수는 훨씬 높았으며 다른 업종과 비교했을 때도 재해율과 사망률이 월등히 높았다. 과로와 부담감, 직무 스트레스가 주요한 원인인 뇌심혈관계질환도 제조업과 건설업보다 운수업에서 두 배 이상 높게 나타나고 있다.

　검진에 참여한 윤간우 녹색병원 산업의학과 전문의는 "목이 뻐근하거나 어깨결림 같은 근골격계 질환이 가장 사소하게 나타나지만, 증상 없이 나타나는 심근경색 등 생명과 직결되는 뇌심혈관계 질환이 큰 우려 지점"이라고 밝혔다. 또 "화물노동자들의 건강을 개인의 생활 습관과 건강관리 탓으로 돌려서는 안 된다"며 "사고와 질환 위험을 높이는 장시간 노동과 심야 운행 금지가 이뤄져야 하고 이에 따른 임금 보전이나 복지, 산재 문제 등 환경 개선이 시급하다"고 지적했다.

5.
화물연대의 사업과 활동

3~5기 임원·지부장 선거

화물연대 3기 임원선거는 3파전으로 치러졌다. 2007년 3월 5일 후보 등록을 마감한 결과 동반 출마하는 본부장-수석부본부장 후보에 기호1번 김지나(포항지부)-이성남 후보, 기호2번 김달식(포항지부)-오승석 후보, 기호3번 조성규(광주지부)-남민수 후보가 최종 등록했다. 17일부터 25일까지 9일 동안 지정 투표소에서 투표를 진행한 결과 '뚝심과 정열, 희생과 봉사의 초심으로 조합원의 안녕과 행복을 책임지는 지도부'라는 구호를 내걸고 주요 공약으로 △조직혁신으로 강력한 화물연대 건설 △정부 및 지자체 교섭과 투쟁 체계화 △조직 내부 단결 실현 △독자성과 연대를 통해 조직 위상 제고 △조합원 의식향상 등을 제시하며 출마한 기호 2번 김달식-오승석 후보가 당선됐다.

2008년 10월 2일부터 12일까지 4기 임원선거에서도 김달식 본부장-오승석 수석부본부장이 선출됐다. 김달식 본부장은 표준요율제와 제도개선 법제화, 운송료 인상 교섭 틀 제도화 쟁취 등을 핵심 공약으로 내걸어 재선에 성공했다. 뜨거운 열기 속에 지부장 선거까지 동시에 마무리한 화물연대는 다시 조직 안정화와 법·제도 개선 투쟁 채비에 나서는 한편 크고 작은 현장 투쟁에 함께 했다.

2010년 11월 22일부터 28일까지 실시한 5기 선거에서는 '2011년 표준운임제 법제화'와 '화물자동차운수사업법 개정과 제도개선' 등을 위한 대장정을 마무리하겠다는 공약을 내건 김달식 본부장과 엄상원 수석부본부장이 선출됐다. 투표자 수 5,560명 중 3,136명의 표를 얻어 56.4 %의 지지율로 당선됐다. 김달식 본부장 당선자는 2009년 박종태 열사 투쟁으로 대전교도소에서 옥중출마, 당선 후 2011년 1월 석방됐다.

정유사들 유가 담합에 집단 소송 승소

화물연대와 건설노조 소속 조합원 500여 명은 2007년 5월 22일 SK(주), GS칼텍스(주), 현대오일뱅크(주), S-Oil(주) 등 국내 4개 정유사를 상대로 유가 담합 행위에 따른 손해배상 청구 소송을 제기했다. 4개 사가 2004년 4월 1일부터 6월 10일까지 부당하게 유가 담합 행위를 함으로써 소비자들이 손해를 입었으니 1인당 50만 원을 지급하라는 소송이다.

담합 기간 원유가 인상은 약 20원에 그쳤지만, 국내 정유사가 공급하는 휘발유는 약 40원, 등유는 약 70원, 경유는 약 60원이 인상됐다. 공정거래위원회는 2월 22일 이들 4개 사가 소비자에게 판매하는 석유제품의 가격을 짜고 올린 사실을 적발했다며 과징금 526억 원을 부과하고 검찰에 고발했다. 공정위의 적발 내용에 따르면, 담합으로 각 업체가 취한 부당이득은 SK(주)가 192억 원으로 가장 많고, GS칼텍스 162억 원, 현대오일뱅크 93억 원, S-Oil(주) 78억 원 순이다. 매출 총액을 따져보면 담합 사실이 드러난 2004년 두 달 사이 소비자 피해액은 2,400억 원(관련 매출의 15% 기준)으로 추정됐다. 정유 4사에 대한 유가 담합 행위 적발은 국내 정유사들의 소매 유류가격 담합에 대한 공정위 최초의 시정조치이자 과징금 부과 처분이었다.

시장을 독과점하고 있는 정유사들 사이 가격담합으로 소비자들은 막

대한 손해를 입어왔고 그중에서도 한 달에 몇백만 원씩 경유를 구매해야 하는 화물·건설운송 노동자들의 피해는 더욱 심각했다. 화물연대와 건설노조의 손해배상 청구 소송은 소매 유가 담합 행위에 대한 국내 최초의 집단 소송으로서 그 의미가 매우 컸다.

소송은 6년에 걸친 오랜 법정 공방 끝에 2012년 11월 8일 승소했다. 재판부는 원고별로 최대 50만 원씩 총 1억 2천만 원을 지급하라고 판시했으나, S-Oil은 담합 사실을 인정하지 않았다.

권역별·지부별 교육사업

화물연대는 2009년 11월 21일부터 이틀 동안 노동자학교를 열었다. 결성 7주년을 맞은 화물연대는 그간의 성과와 한계를 정리하고 새로운 도약을 다짐하는 한편 단결과 연대의 기풍을 확장하고 현장의 다양한 요구를 수렴해 공동의 정책적 대안을 마련하는 것을 2009년 노동자학교의 목표로 삼있다. 노동자학교는 권역별로 나누어 중부권은 11월 21~22일, 호남권은 28~29일, 영남권은 12월 5~6일에 진행해 더 많은 조합원이 참여할 수 있도록 했다.

2010년 7~8월에는 주말마다 지부별 간부 기본교육을 진행했다.(사진) 하루 동안 진행하는 교육에서는 '여는 마당과 입소식' 이후 '화물연대와

나의 삶' '화물연대 사업과 과제' '산별 시대 현장조직강화' 등을 주제로 교육과 토론을 병행하고, '평가와 수료식'으로 마무리했다. 특히 '3개월간의 나의 활동 계획 세우기'를 하고 3달 뒤에는 다시 지난 3개월 동안의 실천 과정을 돌아보며 평가·보완하는 자리도 마련했다. 교육은 7월 4일 인천지부로

시작해 11일 충북강원지부, 18일 전북지부, 25일 광주지부, 8월 1일 울산지부, 14일 부산지부, 22일 서울경기지부, 28일 제주지부 등 모든 지부가 진행했다. 7월 24일 전남지부 교육은 내부 사정 때문에 간담회로 대체했다.

민주노총 모범조직상 수상

민주노총 2009년 정기대의원대회(45차 대의원대회) 기념식에서 화물연대가 모범조직상을 수상했다. 화물연대본부는 미국산 소고기 수송 거부를 결의한 운수노조 지침에 따른 투쟁을 전개해 이 상을 받았다. 화물연대는 전 국민의 지지와 촛불 투쟁의 힘으로 총파업을 승리로 이끌어 '국민지지파업 1호'라는 신생어를 만들어내기도 했다. 또 총파업 투쟁으로 민주노총 산별투쟁의 모범과 정형을 만들어냈으며, 임단투뿐 아니라 국민적 요구를 담았을 때 산별의 위상이 확립된다는 것을 실제로 보여줬다는 점에서 높이 평가받았다.

이날 시상식은 1월 21일 오후 서울 올림픽공원 내 올림픽홀에서 진행됐다. 민주노총은 매년 정기대의원대회 기념식에서 한 해 동안 헌신적으로 투쟁하며 민주노총의 선언과 강령·규약을 성실히 준수한 모범적인 노동조합과 조합원을 조직적으로 추천받아 시상한다.

화물운전자복지재단 사업

2010년 3월에 '화물운전자복지재단'이 설립됐다. 2004년 건설교통부 장관과의 면담 과정에서 화물연대의 요구로 주유할 때 카드로 결제하면 별도의 증빙 없이 자동으로 유가보조금을 지급받는 '화물운전자 유가보조금 카드'가 만들어졌다. 이후 카드 매출액의 0.2%를 화물운송사업발전기금으로 적립, 이를 재원으로 2010년 3월 '화물운전자복지재단'이 설립돼 2014년 7월 '화물복지재단'으로 명칭을 바꿔 현재에 이르고 있다. 복지재단의 설립 역시 적립된 재원을 화물노동자의 복지증진에 쓰자는 취지의 화물연대 요구에 따른 결과다. 복지재단은 장학, 생계, 교육, 의료 등 화물노동자를 위한 복지사업을 펼치고 있다. 화물연대는 복지재단 설립과정부터 현재까지 이사 및 운영위원으로 참여하며 기금조성과 복지재원 사용을 직접 감시하고 반영하고 있다.

6.

주요 현장 투쟁

CJ GLS 파업 투쟁(2007년)

물류기업 CJ GLS에서 운송을 담당하는 화물연대 조합원들이 사측의 유가보조금 착복과 계약조건 저하 등에 반발해 2007년 8월 4일부터 파업을 벌였다. 화물연대 충청강원지부와 대전지부 소속인 조합원 130여 명은 서울 서소문동 CJ GLS 본사 앞에서 매일 집회와 선전전을 전개했다. CJ GLS가 화물차 지입차주에게 지급하게 돼 있는 정부의 유가보조금 287,000원 가운데 6만 원만 지급해 왔다는 사실이 4월에 노조에 발각됐다. 그러자 CJ GLS는 5월부터 유가보조금을 운송회사에 전액 지급한 뒤, 지난 4월까지는 실비로 지급해 왔던 고속도로 통행료, 벌금 등 각종 업무비를 유가보조금으로 대체하도록 했다.

여기서 그치지 않고 CJ GLS는 화물기사들에게 100% 지급했던 유류사용비를 최근 운송회사들과 계약 갱신하면서 10% 삭감하는 등 기존 계약조건을 저하시켜 왔다. 이에 화물연대 조합원들이 반발하자 운송회사들은 파업참가 조합원들에게 계약해지를 통보했다. 또 CJ GLS는 전국 대형할인매장과 백화점 납품 시에 물품 분류와 배달을 담당하는 보조기사를 채용하고 있는데, 1인당 40만 원으로 턱없이 낮게 지원하는 것도 문제였다. 파업 돌입 뒤 화물연대는 CJ GLS 측에 교섭을 요청했으나 거부,

4개 운송사가 교섭에 참가했지만 핵심 쟁점을 둘러싼 이견을 좁히지 못했다.

화물연대는 9월 5일부터 18일까지 전국 CJ GLS 사업장을 돌며 항의집회를 진행했다. 18일 화물연대는 서울 남대문 CJ GLS 본사 앞에서 기자회견을 열어 "CJ GLS가 계속 교섭을 회피한다면 화물연대 총파업을 통해 해결할 것"이라고 밝혔다. 그러나 투쟁이 장기화되고 자본과 경찰의 탄압이 극심해지면서 투쟁은 마무리되고 말았다.

이후 2008년 10월 7일, 수원지법은 2007년 8월 CJ GLS 수원센터 앞 집회에서 파업에 불참한 화물차를 파손하거나 일반 차량의 운행을 방해했다는 이유로 조합원 60명 전원에게 유죄판결을 내려 비난을 사기도 했다. 이 가운데 1심 선고 후 운전면허가 취소돼 행정소송 중인 1명을 뺀 59명 모두 2009년 9월 2심에서도 벌금 등 유죄판결을 받았다.

건영화물 파업 투쟁 승리(2007년)

화물연대 대구경북지부 건영화물분회 조합원 128명이 2007년 10월 8일부터 파업을 벌인 끝에 10월 23일 타결을 이뤘다.

건영화물은 이제까지 2002년 지입료 10% 인상, 2004년 영업소 연계비 10% 인상, 2006년과 2007년 4월 터미널 사용료 30% 인상 등을 일방적으로 시행해 왔다. 배차도 일방적으로 강행해 화물노동자의 수익은 점점 줄어들었다. 이에 화물연대가 교섭을 요청했으나 건영화물 측이 도리어 집단행동 금지 등의 약속을 요구하는 바람에 시작된 파업은 보름 가까이 이어졌다.

결국 건영화물이 터미널 사용료와 영업소 연계비 폐지 등 화물연대 요구안 대부분을 수용함으로써 10월 23일 합의에 이르렀다. 노사는 구체적으로 △2008년부터 지입료 정액제에서 정률제로 변경 △수수료는 운송료의 7%를 넘지 않도록 △터미널 사용료 전면 폐지 △영업소 연계비 폐지 △화물연대에 배차권 위임 △파업 기간 지입료 20% 삭감 등에 합의했다.

서울우유지회 파업(2007년)

화물연대 서울경기지부 서울우유지회 조합원 350명이 2007년 10월 15일부터 화물연대 인정·가입보장, 조합원 불이익 금지, 과적 금지 등을 요구하며 한 달 동안 파업을 벌였다.

서울우유협동조합은 화물연대에 가입했다는 이유로 조합원들을 무연고지로 전출하고, 새로 계약을 맺을 때는 "사측에 반하는 단체에 가입할 경우 불이익 처분을 감수한다"는 각서를 받아 공증까지 하는 식으로 화물연대를 탄압해 왔다. 또 과적 강요, 운행 시간과 거리 증가 등으로 노동조건은 점점 나빠졌지만 운송료는 10년째 그대로였다. 서울우유협동조합은 낙농육우협회 소속 농민들이 출자해 만든 회사로, 낙농육우협회는 민주노총과 함께 한-EU FTA 반대 공동투쟁을 진행한 단체이기도 하다.

더는 버틸 수 없는 막바지에 몰리자 서울우유지회는 파업에 돌입해 서울우유 안산공장과 양주공장 앞에서 천막농성을 진행했다. 파업 기간 서울우유는 교섭은 외면한 채 냉동탑차가 아닌 이삿짐 차량을 비롯한 일반 트럭과 승합차로 유제품을 배송한 사실이 들통나 비난을 샀다.

파업투쟁이 진행 중이던 10월 31일 새벽 1시 30분께 반월공단 서울우유 3공장 근처에서 지회 조합원 2명이 3.5톤 냉동탑차에 시너를 끼얹고 분신을 시도했다. 다행히 생명에는 지장이 없었으나 경찰이 방화 혐의로 입건하겠다고 해 조합원들이 더욱 격분했다. 화물연대가 즉각 공장 앞 규탄 집회를 진행하는 과정에서 경찰과 충돌해 조합원 100여 명이 연행되기도 했다. 화물연대는 11월 1일 안산공장 앞에서 1천여 명의 조합원이 모인 가운데 규탄 집회를 열었다.

화물연대와 서울우유는 △화물연대 인정 △계약해지자 복직 △고용
보장 △민형사상 고소·고발 및 손배·가압류 철회 등을 놓고 교섭을 이어
가다 11월 16일 타결했다.

SK에너지 파업 투쟁(2007년)

부산과 마산지역 유조차량을 운전하는 화물연대 SK분회 조합원 40여
명이 '노동조합 인정, 성실교섭 촉구, 단체협약 체결'을 내걸고 9월 16일
부터 파업을 벌였다.

운송사들이 화물연대 로고를 부착한 차량에 대해 불공정한 배차를 하
고 SK 측이 저유소 내 주차를 갑자기 금지한 것이 파업의 계기였다. SK
는 공사를 이유로 부산저유소 내 유조차량 주차를 거부했고 SK에너지
물류센터 내 3개 운송사는 주차부지에 대한 대안을 마련하지 않아 조합
원들의 불만을 샀다. 마산물류센터는 화물연대 로고가 부착된 차량만
저유소 내 주차를 불허했다.

유조차량은 일반 차량과는 달리 지정된 장소 이외에 주차할 경우 과태
료가 40만 원 이상이다. 화물연대는 물류의 흐름을 원활히 하고 운전자
의 피로를 절감하는 조치로 오래전부터 공영주차장 건설을 요구해 왔고
2003년 총파업 때 정부가 약속한 사항이기도 하다.

SK는 화물연대의 정당한 요구는 무시한 채 노동조합 자체를 인정하지
않았다. 화물연대 조합원들은 노동조합 사수만이 살길임을 확인하고,
운송 3사와 SK에너지(주)를 상대로 단체협약체결을 요구하며 본격적인
활동에 돌입했다. 그러나 회사가 조합원들의 교섭 요청을 무시하며 조
합원에 대한 배차 중단 등 탄압의 강도만 높여가자 결국 조합원들이 무
기한 전면파업에 돌입했다.

11월 23일에는 조합원 두 명이 부산대교 아치 위 고공농성을 시작한
가운데 화물연대와 3개 운송사가 한차례 협의했지만 해결 실마리를 찾

지 못했다. 운송사들은 각종 민형사상 고소·고발 철회와 화물연대 활동 보장 등 최소한 요구마저 거부했다.

한편 부산항 화물차 전용휴게소는 정부가 건립을 약속한 지 5년 만인 2008년 11월에 준공, SK에너지가 운영하고 있다.

건화통운 번호판 불법매매 근절 투쟁(2008년)

화물차량 번호판 불법 탈취와 매매가 기승을 부리고 있는 가운데 2007년 말 포항지역 건화통운 소속 화물차량 번호판이 지입차주들 몰래 매매된 사실이 알려졌다. 이에 반발해 부안군청에서 농성에 돌입한 화물연대는 2008년 2월 12일부터 건설교통부와 오산시청, 경기도 화물협회 앞에서도 사태 해결을 요구하며 농성을 시작했다. 화물연대가 해당 관청 앞에서 농성을 벌인 것은 운송회사의 주사무소 변경이나 번호판 매매 과정에서 필요한 확인 절차를 거치지 않았기 때문이다.

화물운송회사가 주사무소를 변경할 경우 해당 관청은 구 번호판을 회수한 뒤에 새 번호판을 내주게 돼 있는데도 부안군청은 이런 절차를 거치지 않고 총 61대의 새 번호판을 건화통운에 발급했다. 이 가운데 26대가 지입차주들 몰래 매매된 것이다. 화물연대가 농성에 들어가자 부안군청은 26대 가운데 19대를 부랴부랴 회수했고 건화통운 관계자 2명은 사기 혐의로 구속됐다. 그러나 나머지 7대는 이미 오산지역 업자에게 불법 매매됐고 매수자는 잠적한 뒤였다. 불법 매매된 7대의 번호판이 오산지역으로 판매되는 과정에서도 건교부와 오산시청 등은 차량 대·폐차시 필요한 지입차주의 동의서도 확인하지 않아 말썽을 빚었다. 화물연대는 이러한 문제가 전북지역에 국한된 일은 아니므로 전국의 지역화물협회, 이를 위탁한 관할관청까지 조사와 수사를 확대할 것을 요구했다.

화물노동자가 화물운송을 하기 위해서는 사업용 번호판을 달아야 하는데 운송회사는 그 대가로 최소 8백만 원에서 심지어 1천만 원 이상을 요구하기도 했다. 이 과정에서 브로커가 활개를 치고 수단과 방법을 가리지 않는 번호판 탈취가 발생하는 것이다. 화물 운송시장을 어지럽히는 번호판 장사들은 사업의 전부 또는 일부의 양도·양수, 허가사항 변경 등을 이유로 이러한 행태를 벌여 금전적 이익을 챙기고, 반대로 화물노동자의 재산권은 침해당하는 악순환이 반복되고 있었다.

앞서 화물연대가 화물자동차의 수급 불균형을 조속히 해결하라고 촉구함에 따라 2005년 10월 26일 건설교통부는 총 32만 대에 이르는 영업용화물차 번호판을 2006년 11월까지 모두 교체하고 2007년까지 화물차의 신규영업을 전면 금지한 바 있다. 불법운행 화물차(이른바 '대포차') 운행을 차단하고 부실 화물업체의 퇴출을 유도하는 조치였다. 그러나 화물운송노동자 보호를 위한 수급 동결 정책에도 악덕 운수회사의 횡포와 해당 관청의 관리·감독 소홀로 화물운송노동자의 피해는 여전히 극심했다. 화물연대는 정부의 수급동결 정책을 무력화하는 불법 편법 증차를 막기 위해 관할 경찰서에 구체적 사례를 알리며 수사를 촉구했다.

광양산업단지 태인지회 파업으로 운송료 인상(2008년)

광양산업단지에서 철가공품 수송을 담당하는 화물연대 전남지부 태인지회가 2008년 2월 25일부터 파업을 벌여 운송사들과 2003년 합의안 대비 운송료 10% 인상을 쟁취했다.

태인지회는 2003년 5월에 운임 인상에 합의한 바 있으나, 최근 유가는 대폭 상승한데 반해 운임은 제자리걸음이라며 15% 인상을 다시 요구했다. 2003년 합의 당시 리터당 720원이던 유가는 2008년 현재 1,500원에 달했다.

190여 명의 조합원이 과적 근절과 적정 운송료를 요구하며 파업에 들어간 태인지회는 3월 3일 기자회견을 열어 지회 체제를 총력투쟁본부로 전환, 본격적인 총력투쟁에 돌입한다고 밝혔다. 파업 돌입 뒤 화물연대는 7개의 지역 임가공업체와 교섭을 진행했으나 문배철강과 삼현철강 등 규모 있는 업체들이 교섭에 불참하면서 난항을 겪기도 했다. 지회는 18일간의 파업 끝에 마침내 합의를 끌어냈지만, 일부 업체들이 합의를 지키지 않아 불씨를 남겼다.

전주 하이트맥주 파업으로 고용승계 쟁취(2008년)

　화물연대 하이트맥주 전주지점 화물노동자들이 2008년 12월 31일 파업에 돌입, "부당한 계약해지를 철회하라"며 새해 1월 1일 천막농성을 시작했다. 화물노동자와 직접 운송계약을 맺어 왔던 하이트맥주 전주지점이 운송회사와 도급계약을 체결하고 화물노동자 30명을 해고한 것이 파업의 원인이었다. 2008년 6월 화물연대 총파업 당시 "운송계약 변경 시 1개월 전에 노사가 합의한다"는 내용의 협약을 체결했음에도 회사가 이를 어기고 운송회사와 도급계약을 맺은 것이다.

　화물연대는 1월 13일부터 하이트맥주 전국 불매운동을 시작하는 등 투쟁을 이어가다 2월 23일에 △화물연대 조합원 고용 승계 100% △양측 민형사상 법적 책임 상호 취하 △운송료 관련 배차문제 해결 등 쟁점에 타결, 파업을 종료했다.

여수 컨테이너 운송료 인하 반대 파업(2009년)

　2009년 1월 9일 여수국가산업단지의 원료나 완성품을 수송하는 컨테이너 차량이 멈춰 섰다. 화물연대 전남지부 컨테이너지회 소속 노동자 170명이 여수시 운송사협의회의 운송료 12% 인하에 항의해 파업에 돌입한 것이다.

　화물연대 전남지부와 여수시 운송사협의회는 2008년 6월 화물연대 총파업 당시 운송료를 유가와 연동해 결정하는 '유가연동제'에 합의한 바 있다. 그런데 운송사협의회가 여수-광양 간 20피트 컨테이너 기준 현재 운송료 122,000원~135,000원을 일률적으로 13,500원씩 인하하고 여수-서울 간 카고트럭 운송료는 24톤 기준 현행 707,000원에서 629,000원으로 11% 인하하겠다고 밝혔다. 이에 화물연대는 유가연동제의 '기준유가' 시점이 현실에 맞지 않는다며 운송료 5,000~7,000원 인하 안을 제시했으나 운송사협의회가 받아들이지 않았다.

집단 운송거부투쟁 끝에 파업 14일 만인 1월 22일, 화물연대는 여수시 운송사협의회와 유가연동제 도입에 따른 유류가 조정 등에 합의했다.

금호타이어 광주공장 화물연대 파업(2009년)

운수노조 화물연대 광주지부 금호지회가 2009년 4월 20일 파업을 시작했다. 화물연대는 금호타이어 광주공장 물류를 담당하는 대한통운과 2008년 협상에서 운송료 16.8% 인상에 합의한 바 있다. 그런데 대한통운이 일방적으로 운송료를 인하하고, 운송료 재협상 요구조차 받아들이지 않았다. 지회(지회장 김의선)는 파업에 돌입한 뒤 4월 20일과 22일 회사가 금호타이어 광주공장 앞에서 물류운송을 위한 대체화물차로 운송을 강행하자 이에 항의하다 조합원 70명이 무더기 연행되기도 했다. 이후 조합원들은 모두 석방됐지만, 운송료는 결국 인하됐다. 지회장은 체포영장이 발부돼 수배 중 박종태열사 투쟁을 전개한 뒤 출두해 징역 1년, 집행유예 2년을 선고받았다.

창원 LG전자 화물연대 탄압에 총파업으로 맞서다(2010년)

화물연대 경남지부 LG분회는 창원 LG전자를 상대로 노조활동 보장과 합의사항 이행을 요구하며 2010년 6월 21일 파업에 돌입, 60일 동안 투쟁을 벌였다.

사측은 '화물연대' 로고를 붙였거나 투쟁조끼를 입었다는 이유로 회사 출입을 제한하는 등 탄압을 일삼고 "화물연대 탈퇴하고 백기투항하라"며 교섭조차 거부해 왔다. 이에 화물연대는 6월 21일 무기한 총파업에 돌입, 출정식을 열고 노동탄압 중단과 성실교섭을 촉구했다. 7월 1일부터는 LG전자 창원 1공장 앞에서 야간집회를 진행하고, 4일에는 총파업 투쟁승리 결의대회를 여는 등 투쟁의 수위를 높여 나갔다. 사태가 해결되지 않자 조합원들은 8월 4일에 여의도 LG전자 본사 앞에서 '화물노동자 탄압 LG 자본 규탄대회'를 열고 1박 2일 노숙농성을 벌였다.

화물연대가 고정적으로 운송을 담당하는 160여 대의 고정차에 대한 우선 배차를 요구하고 있는 가운데 60대가량이 파업에 동참하고 LG전자 제품 불매운동까지 확산할 조짐이 일자 결국 사측은 교섭에 나섰다. 노사는 8월 19일 △화물연대 활동 인정 △고충처리위원회 설치 △운송료 3.3% 인상 △민형사상 각종 고소·고발 취하 등에 합의했다.

대산석유화학단지 파업 참가자 불이익 없이 임금인상(2010년)

화물연대 충남지부 삼성토탈·LG화학·호남석유화학분회 조합원 350여 명이 2010년 6월 29일 파업에 돌입했다.

지회가 화주 3사와 17개 운송사를 대상으로 운송료 10% 인상을 요구하고 있는 가운데 화물연대는 7월 29일 '충남지부 대산석유화학단지 총파업 투쟁승리를 위한 확대간부 결의대회'로 힘을 실었고, 8월 3일에서 5일 사이에는 대산석유화학단지에서 조합원 차량 시위를 벌였다. 이어 충남지부는 15일부터 전 지부 차원으로 파업을 확대하고 매일 집회를 이어가는 한편 화물차량 이동이 잦은 서산시와 당진·예산 일대 고속도로 나들목에서 선전전을 벌였다.

파업 1달을 넘긴 8월 3일 서부지회는 17개 운송사와 운송료 인상 방안에 잠정합의까지 했으나 파업 참여 조합원들의 업무 복귀 여부를 놓고 이견을 좁히지 못해 결렬됐다. 다시 파업을 이어간 결과 8월 11일, 16개 운송사와 운송료 1.12% 인상, 대산-평택항 구간 40피트 컨테이너당 운송료 1만 원 인상에 합의하고, 파업에 참여한 조합원들에게 불이익을 주지 않기로 했다.

SK그룹 최철원 '맷값 폭행' 처벌 투쟁(2010년)

2010년 SK그룹의 물류 운송을 맡고 있는 M&M의 최철원 대표이사가 화물연대 조합원 유홍준 씨를 야구방망이 등으로 폭행하고 맷값 명목으로 2천만 원을 건넨 사실이 알려져 사회적 공분을 샀다. 이는 MBC '시사매거진 2580' "믿어지지 않는 구타 사건, 방망이 한 대에 100만 원" 편에 보도됐다.

SK그룹 최태원 회장의 사촌 동생인 최철원은 대표 재직 당시인 2009년 8월, 동서상운을 인수 합병하면서 화물연대 조합원들에게 화물연대 탈퇴를 강요하고 이를 거부하면 해고했다. 유홍준 화물연대 울산지부 탱크로리 지부장은 '화물연대 탈퇴 이후 가입 금지'를 고용승계 조건으로 명시한 계약서에 서명할 것을 거부해 해고당했다. 그는 SK 본사 앞에서 1인 차량 시위를 하다가 10월 18일 회사가 유 지부장의 탱크로리를 사겠다고 해 계약차 찾아간 용산 사무실에서 폭행당했다. 최철원은 "엎드려라, 한 번에 100만 원이다"라며 야구방망이로 폭행하고 수표로 2천만 원을 건넸다. 유 지부장은 최철원을 고소했다.

화물연대는 제대로 된 처벌이 이뤄지지 않으면 파업을 포함해 모든 힘을 동원해 투쟁하겠다고 밝혔다. 화물연대는 SK의 사과와 반성, 정책과 기조의 근본적 전환, 피해받는 화물노동자와 화물연대 조합원에 대한 원상회복, 재발 방지 대책을 요구했다.

다음 아고라에서도 최철원 처벌을 요구하는 서명운동이 진행됐다. 네티즌들은 SK그룹 제품 불매운동, 네이트온 탈퇴운동을 벌였다. 비로소 경찰은 12월 7일 사전 구속영장을 신청했고 2011년 1월 13일 검찰은 최씨에게 징역 3년과 야구방망이 몰수형을 구형했다. 이후 법원은 징역 1년 6개월 집행유예 3년과 사회봉사명령 120시간을 선고, 2심에서도 집행유예를 선고받았다.

검찰은 그 와중에 피해자 유 지부장을 1인시위를 했다는 이유로 업무방해 혐의로 불구속기소해 논란이 됐다. 이로 인해 비판을 받자 담당검사 박철은 사표를 냈지만, 미국에 다녀온 뒤 SK그룹에서 요직을 맡아 출세 가도를 달렸다. 최철원은 2020년 12월 아이스하키협회장으로 당선되지만, 비판 여론으로 논란이 커지자 대한체육회가 그의 인준을 거부했다.

평택항 전체 운송료 현실화(2011년)

평택항 화물노동자들이 2011년 7월에 운송료 현실화 투쟁에 나섰다.

평택항 입주 18개 운송사는 2008년 6월 13일 있었던 화물연대 평택항 투쟁 때 합의한 운송비 유류가 연동제를 적용해 2008년 10월 경유비가 인하되자 즉시 운송료를 12~25% 삭감했지만, 유류비 1,500원 인상 시 운송료를 인상하겠다는 약속은 지키지 않았다.

이에 따라 화물연대 서울경기지부는 7월 15일 평택항 화물노동자 전체 총회를 열어 참석인원의 78.8% 찬성으로 지역 총파업을 포함한 총력 투쟁을 결의하고, 지부가 평택항 전체 화물노동자로부터 교섭을 위임받아 사측에 교섭을 요청했다.

화물연대는 △평택항 표준운임표 작성 △운송료 원상회복 △운송료 체납 방지 △불공정 배차 시정 △운송료 변동 요인 발생 시 화물연대와 합의 후 시행 등 5가지 요구안을 내걸고 평택항의 경평물류, 국보, 극동 TLS, 한진, 동방, 동방TLS, 우창 등 18개 운송사와 교섭을 벌였다. 7월 22일 오후 2시에는 평택항 한진평택컨테이너터미널 정문 앞에서 '생존권 쟁취를 위한 평택항 화물노동자 총력투쟁 결의대회'를 열고 "그동안 소비자 물가 인상과 타이어값, 유류가 등 차량을 움직일 때 필요한 직접 비용이 이미 화물노동자가 인내할 수준을 넘어 가히 살인적"이라며 "화물노동자의 생존권을 위해 운송료를 현실화하라"고 촉구했다.

화물연대의 투쟁으로 평택항 운송사들과 추석을 앞두고 합의함에 따라 운임 기준을 만들어 평택항의 불균등했던 운임이 평준화되는 성과를 낳았다.

4부

안전운임제 쟁취 투쟁

2013~2018년

1.

화물노동자를 둘러싼 정세

부패·무능한 박근혜 이어 문재인 정부도 노동정책 후퇴

2013년 출범한 박근혜 정부는 전임 이명박 정부에 이어 공공성 축소와 민영화를 시도했다. 경쟁을 통한 효율성 강화를 명분으로 수서발 KTX를 전담하는 자회사 설립을 강행하며 철도 민영화를 본격화했다. 보건의료 분야의 규제 완화와 의료민영화를 시도했고, 역사 교과서 국정화도 추진했다.

반노동 개악 정책에도 속도를 붙였다. 저임금과 시간선택제 노동을 추진해 고용불안을 심화했으며, 2014년에는 기간제 사용기간 연장과 파견 가능 대상 확대 등을 담은 비정규직 종합대책을 발표했다. 2015년에는 노동시장 구조 개혁을 핵심 국정과제로 선포하고 비정규직 확대와 임금피크제 도입을 시도했다. 특히 2016년에는 쉬운 해고와 취업규칙의 불이익 내용 변경 요건을 완화하는 행정지침을 내려 노동계로부터 거센 반발을 샀다. 그런데도 노동개악을 공공부문에 선도적으로 실현하려는 시도가 끊이지 않았고, 공공기관 정상화를 명분 삼아 2013년부터 공공기관 방만 경영 정상화 가이드라인을 통해 단체협약과 취업규칙 등을 개악했다. 공무원연금 개악, 공공기관 임금피크제 도입에 이어 2016년 성과연봉제 확대와 퇴출제를 추진했다.

2013년 12월 22일 민주노총 건물에 강제진입을 시도하는 경찰과 서울소방서 대원들이
입구 유리문을 깨는 모습. [사진 : 『노동과세계』 변백선]

　　투쟁하는 노동자들에 대한 탄압도 극에 달했다. 박근혜 정부는 2013년
12월 22일, 철도 민영화 저지 파업을 진행 중인 철도노조 지도부를 검거
하겠다고 경찰력을 투입해 민주노총 사무실을 침탈했다. 2014년 5월 18
일에는 삼성전자서비스지회 염호석 열사의 시신을 장례식장에서 탈취
했다. 전국공무원노동조합의 설립신고서를 반려하고 정치활동 금지 규
정을 위반했다는 명목으로 압수수색과 수사 등 공안 탄압을 자행했다.
해고자를 조합원으로 인정하는 전교조에는 법외노조 통보를 내렸다.

　　무엇보다 박근혜 정부는 국민의 생명을 보호하는 데 무능했고, 안전에
무감했다. 2014년 4월 16일 세월호 참사가 벌어졌다. 2016년에 비선 실
세인 최순실이 국정에 개입해 사익을 도모했다는 의혹이 제기됐다. 특
검과 국정조사, 언론 보도로 의혹은 사실로 밝혀졌다. 국민들이 연일 광
장에서 촛불을 밝혀 박근혜 퇴진을 촉구하는 가운데 결국 국회는 2016
년 12월 9일 대통령 탄핵소추안을 의결했고, 2017년 3월 10일 헌법재판

소에서 파면 결정이 내려졌다.

2017년 조기 대선으로 등장한 문재인 정부는 양질의 일자리 창출, 소득 주도 성장, 노동 존중 사회를 전면에 내걸었다. 취임 직후 인천공항공사에서 '찾아가는 대통령, 공공부문 비정규직 제로시대를 열겠습니다'라는 행사를 시작으로 공공부문 비정규직의 정규직화를 추진하고, 최저임금 인상도 단행했다. 2018년 7월부터는 주52시간 상한제를 사업체 규모에 따라 순차적으로 실시했다. 이전 정부가 도입하려 했던 성과연봉제와 퇴출제를 폐기했으며 나아가 중단된 사회적 대화를 복원하기 위해 새로운 노사정 대화기구로 경제사회노동위원회를 추진하기도 했다.

그러나 이러한 '소득 주도 성장', '노동 존중 사회' 정책은 사용자단체와 재계의 거센 반발에 직면하며 급격하게 후퇴하기 시작했다. 소득 주도 성장보다는 혁신 성장과 규제 혁신을 중점에 두고, 규제 완화 등 재벌과 재계의 요구를 수용하기 급급했다.

노동 개혁도 후퇴했다. 최저임금의 산입 범위를 확대하는 최저임금법 개정안을 통과시키면서 실질 인상 효과는 사라졌고 최저임금 1만 원 인상 공약도 대통령이 직접 파기했다. 최저임금 결정 체계를 이원화하고 업종·지역별로 차등 추진했다. 탄력적 근로시간제 6개월로 확대를 추진했으며, 300인 이하 사업장에 주52시간제 시행을 유예했다. 공공부문 비정규직 전환 대상 축소와 자회사 전환 등 비정규직 정규직화 정책도 후퇴했다. ILO 창립 100주년을 맞아 핵심 협약 비준이 추진됐는데, 그 과정에서 재계와 사용자단체의 요구를 수용해서 단체협약 유효기간 3년 연장과 파업 시 사업장 점거금지 조항에 대한 입법을 추진하기도 했다.

민중총궐기로 대통령 끌어내렸지만 적폐는 그대로

2013년 박근혜가 대통령에 취임되자 노동계는 이후 예상되는 반노동 반민중적 정책 추진을 막고자 빠르게 대응에 나섰다. 1월에 대통령직인

수위원회가 구성되자마자 민주노총 등 노동계는 현안 해결을 요구했다. 특히 67개 노조파괴 피해사업장은 공동투쟁 기자회견과 '더이상 죽이지 마라! 민주노총 투쟁사업장 공동투쟁'을 서울 도심에서 전개했다. 12월 철도 민영화 저지를 위한 철도노조의 파업투쟁이 진행되는 가운데, 대학가를 시작으로 고교생과 직장인 등 각계각층에서 시국을 비판하는 소위 '안녕들하십니까' 대자보 게시 열풍이 번졌다. 경찰이 철도노조 지도부의 검거를 위해 민주노총 사무실을 침탈한 이후 민주노총은 박근혜 퇴진 운동, 철도 민영화 저지 총파업 투쟁을 결정하고 투쟁본부 체제로 전환했다.

박근혜 정권 1년을 맞은 2014년 2월 25일, 민영화 저지와 박근혜 퇴진을 요구하는 국민파업대회가 각계각층의 참여 속에 개최됐다. 민주노총과 시민사회 진영은 4.16 세월호 참사 이후 '생명과 안전의 물결 대행진'과 국민대회를 진행하는 등 유가족과 함께 세월호 참사 진상규명과 세월호 특별법 제정 투쟁에 전면 결합했다.

2015년 박근혜 정부가 노동시장 구조개악을 추진하자 이를 막기 위한 투쟁이 본격화됐다. 민주노총과 한국노총은 제조부문 공동투쟁본부, 금융부문 공동투쟁본부를 구성했으며, 이전부터 공동 활동을 해온 두 노총 공공부문노조 공대위는 2단계 공공기관 정상화 정책에 대응하기 위해 투쟁본부로 전환했다. 비정규직과 불안정한 일자리를 양산하는 정부의 비정규직 종합대책 추진에 맞서 비정규직법 제도 폐기 등을 요구하는 장그래 살리기 운동본부가 결성되기도 했다. 민주노총은 전국 17개 지역에서 노동시장 구조개악 저지, 공무원연금 개악 저지 등을 요구하며 4월 24일 총파업에 돌입했으며 7월 15일 재차 총파업대회를 개최했다. 또 9월 22일에 민주노총을 포함한 58개의 시민단체는 노동시장 구조개악에 대한 노사정위 야합과 정부·여당의 노동개악 법안 추진에 맞서 투쟁하기 위해 민중총궐기투쟁본부를 결성했다. 민중총궐기투쟁본부는 11월 14일 1차 민중총궐기와 12월 5일에 2차 민중총궐기를 통해 노

2016년 11월 12일 민중총궐기. *[사진 : 민중총궐기 사진공동취재단]*

동개악 중단과 박근혜 정권 퇴진을 요구했다.

투쟁이 계속되는 가운데 박근혜-최순실게이트의 실체가 드러나며 국민적 분노가 더해졌다. 각계에서 시국선언을 발표하고 수백만 명이 참여하는 촛불집회가 이어졌다. 민주노총은 11월 30일 박근혜 퇴진을 요구하며 총파업에 돌입했다.

2017년, 박근혜 대통령에 대한 헌법재판소의 탄핵 심판이 진행되는 가운데, 분노한 시민들은 계속 거리로 나와 박근혜 대통령의 즉각 퇴진과 공범 세력 구속 등을 요구하며 촛불을 들었다. 매주 열린 촛불집회가 19회차를 맞은 3월 4일에는 참여 누적 인원이 1,500만 명을 돌파했다.

박근혜 파면 이후 노동자·민중은 이명박·박근혜 정부의 공공성을 후퇴시킨 민영화 정책이나 노동자와 노동조합을 공격한 반노동 정책에 대한 폐기는 물론 그간 보수 정부가 쌓아온 적폐가 청산되길 희망했다. 노동자·민중은 19대 대선에서 정권교체를 넘어 한국 사회 전반의 변화를 요구하고 나섰다.

문재인 정부 출범 후 민주노총은 6월 28일부터 7월 8일까지를 사회적 총파업 주간으로 선포하고 최저임금 1만 원 인상과 비정규직 철폐, 노조할 권리 보장 등을 요구했다. 6월 30일에는 최저임금·비정규직을 중심으로 5만여 명의 노동자·시민이 광화문광장에 모여 사회적 총파업 집회를 열었다. 촛불항쟁 1주년을 맞은 10월 28일에는 비정규직 철폐, 노조법 개정을 통한 노조할 권리 보장, 특수고용 및 간접고용 노동3권 보장을 요구하며 '비정규직 없는 세상 만들기 전국노동자대회'를 광화문광장에서 진행했다.

2018년에 민주노총은 사회적 대화를 추진하는 동시에 문재인 정권의 노동 개혁 후퇴에 맞선 투쟁을 전개했다. 새롭게 취임한 민주노총 김명환 집행부는 사회적 대화 참여를 공약으로 내걸었던 만큼 1월 31일 '새로운 사회적 대화를 위한 노사정대표자회의' 참여를 시작으로 그해 11월 경제사회노동위원회 출범 논의까지 이어갔다.

그러나 문재인 정부는 5월 28일 최저임금 범위에 상여금과 복리후생비까지 확대하는 내용의 최저임금법 개정안을 통과시켰다. 민주노총은 국회 본회의가 열린 이날 전국에서 최저임금법 개악 저지 총파업대회를 열었다. 하반기에도 탄력근로제 확대 저지, ILO 핵심협약 비준과 노조할 권리 보장을 위한 노동법 개정과 공공부문 비정규직의 제대로 된 정규직 전환 등을 요구하며 11월 21일 16만 명이 참여한 총파업을 벌이고, 전국 14개 지역에서 총파업대회를 열었다. 12월 10일에는 태안화력발전소에서 비정규직 청년 노동자 김용균이 기계에 끼여 사망해 민주노조 진영이 진상규명과 책임자 처벌 투쟁에 나섰고, 이후 '김용균법'이라 불리는 산업안전보건법 개정투쟁으로 확대됐다.

숙원사업 표준운임제 투쟁에 총력

박근혜 정부는 출범 초기부터 각종 비리와 크고 작은 정치적 사고, 국정농단 등이 겹치며 물류산업을 위한 정책은 제대로 추진하지도 못했다. 2016년 8월 말 박근혜 정부가 '화물운송시장 발전 방안'을 발표했는데, 화사법을 개정해 소형화물차의 무한 증차를 유도하고, 톤급별 구분을 없애 증톤을 가능하게 하는 내용이었다. 그나마 내놓은 정책이 전체 화물시장 내에 이미 심각한 경쟁을 더욱 부추기는 방향이었던 셈이다.

화물연대의 지난 10년은 핵심 요구 관철을 위한 중단 없는 투쟁의 과정이었다. 2002년 출범 후 10년 동안 운임제도 개혁(표준운임제 도입), 기름값 인하, 노동기본권 보장과 산재보험 전면 적용, 재산권 보장, 운송료 인상 등 화물운송노동자의 제반 권리 보장과 권익 신장을 위해 활동하고 투쟁해 왔다.

10년간 지속한 투쟁에도 정부는 번번이 법·제도 개선 약속을 어겼고, 자본은 있는 법조차 지키지 않으며 화물연대 자체를 부정하고 통제와 탄압에 열을 올렸다. 반복되는 좌절로 조직과 조합원 모두 피로도가 높았다. 저성장 국면의 장기 지속과 물량 감소까지 겹치며 화물노동자들은 어려운 시기로 접어들었다. 화물연대는 2012년까지 10년의 숙원 과제를 해결하지 못한 채 2013년을 맞이하게 됐다.

그러나 화물연대는 멈추지 않았다. 개별자본과 지역 차원의 운송료 인상 투쟁의 효과를 극대화하며 전국 차원의 운송료 인상 투쟁을 벌여나갔다. 이와 함께 투쟁력과 교섭력을 더욱 키워 나가며 정부를 상대로 숙원사업인 표준운임제 완전 쟁취를 위한 전방위적인 노력을 폈다. 조직 내적으로는 소통과 지도력을 강화하며 조직 확대에도 힘썼다.

화물연대의 처절하면서도 굴하지 않는 투쟁으로 안전운임제가 2018년 문재인 정부에서 마침내 도입됐지만, 일몰 규정을 둠으로써 비극의 씨앗을 품고 있었다.

2.

안전운임제 법제화 투쟁

2013년, 표준운임제 더는 늦출 수 없다

국회토론회, 화물운수업 발전 핵심은 운임제 법제화

화물연대는 2013년 1월 이봉주 본부장과 박원호 수석부본부장을 비롯한 전국 15개 지부장을 동시에 새 지도부로 선출하고 전열을 가다듬었다. 2013년을 노동기본권과 표준운임제 법제화 원년으로 만들자는 목표를 두고 조합원 교육, 현장 투쟁 지원 등을 체계적으로 진행해 나갔다.

현장순회 간담회, 지부·지회별 총회와 회의 등을 통해 조합원의 의지를 모아간 화물연대는 6월 22일 충남 금산 마달피수련원에서 확대간부 전진대회를 진행했다. 전진대회에는 간부 1,200명이 참가해 화물연대 건설 이후 진행한 행사 가운데 최대 규모를 기록했다. 이날 화물연대는 표준운임제 법제화, 직접운송 의무제 폐지, 번호판 소유권 완전 쟁취 등을 결의하고, 정부가 근본적인 대책을 마련하지 않는다면 10월 26일에 전국적인 총력투쟁을 전개하기로 결의했다. 전진대회는 이후 투쟁 전열을 정비하고 조직하는 발판을 마련했다는 점에서 조합원들로부터 매우 높게 평가됐다.

6월 28일 국회에서 열린 '화물운송시장 제도개선 방안을 위한 토론회'에서 화물연대는 윤영삼(부경대 경영학부) 교수의 발제문을 통해 '화물운송시장의 구조적 문제점과 제도개선 방향'을 내놓았다.

윤영삼 교수 발제문 요약

지난 10년간 화물연대의 투쟁에 따른 합의로 화물운송업의 중요한 제도개선이 일부 이루어졌지만, 화물운송업의 기본 구조인 하도급 구조개선은 미흡한 가운데 재벌 물류 자회사를 비롯한 운송·주선 자본의 착취통제가 높아졌다. 또 경기 침체와 경유가 인상 등 노동조건의 환경 변화에 정부 정책이 조응하지 못하면서 안정성 관련 가장 중요한 요인인 운임이 비용·원가에 상응하지 못했다. 게다가 물동량 감소에 따른 수입 감소로 화물운송노동자의 생존권 상황은 더욱 악화하고 있다. 그럼에도 공급과잉이 상당 기간 지속될 것이며 지입제 폐해도 당분간 계속될 것이다. 주선업의 비대화로 다단계 거래구조도 쉽게 해소되기 어려워 화물운송노동자의 생존권이 지속적으로 위협받는 상황에서 화물운송업에 대한 근본적 개선 방안을 모색해야 한다.

개선 방향은 화물운송노동자의 생존권이 보장되는 가운데 화물운수업을 건전하게 발전시키는 것이며, 핵심은 운임제도의 법제화다. 운송원가를 반영한 운임이 지급돼야 화물운송노동자들 최소한의 생존권을 보장할 수 있다. 그래야 불법 다단계 등 중간착취를 근절하는 효과가 있고, 장기적으로 화주의 운임 비용을 절감하고 운송·주선사의 공급과잉을 해소할 수 있다. 또 탈세, 탈법, 리베이트를 통한 비자금 조성 등의 문제도 개선할 수 있다. 종합적으로 표준운임제 도입은 복마전처럼 얽혀 있는 화물운송업 분야 개혁의 단초를 마련할 수 있는 중요한 제도개선 사항이다. 정부는 2008년 6월에 표준운임제 도입을 약속했지만 5년이나 끌다 결국 무산시켰다. 하루빨리 표준운임제를 법제화하고 적용 시기를 최대한 앞당겨야 한다.

윤 교수는 이밖에 특수고용노동자 노동기본권 보장, 도로법 개정을 통한 실효성 있는 과적단속제 도입, 택배업에 대한 법적 규정 강화 등을 주장했다. 토론회에서 권두섭 변호사(공공운수노조 법률원)도 '화물운송노동자 생존권 보장을 위한 법 개정 방안'에 관해 발제하고, 6명의 토론자가 각 단체를 대표해 토론을 벌였다.

물류협회 토론자는 "직접강제 방식을 채택한다면 표준운임제를 반대하지 않겠다"고 했다. 무역협회 쪽은 "물류비 상승은 기업의 부담으로 작용한다"며 표준운임제를 반대했다. 국토교통부 물류산업과장은 "표준운임제가 필요하다"고 인정했다.

심동진 화물연대 조직국장은 "호주에서는 화물운송노동자들의 건강과 운임을 보장해주기 위해 '안전운임법'을 제정해 운영하고 있다"며 표준운임제를 강력하게 주장했다. 나아가 "화물자동차운수사업법은 현대판 노예제도여서 화물노동자의 의무만 있을 뿐 권리는 없다"며 "법 자체를 전면 폐기하라"고 주장했다.

교육·서명·선전전 벌이며 다시 전선으로

표준운임제 필요성을 사회적으로 제기하면서 화물연대는 정부에 △노동기본권 보장 △표준운임제 법제화 △직접운송의무제 폐지 △번호판 실명제 쟁취 △고속도로 전 차종 전일 할인제 도입을 요구하며 선전홍보 활동을 펼쳤다.

화물연대의 요구는 화물노동자들이 처한 비참한 노동조건을 고스란히 보여준다. 교통안전공단이 2013년 7월 화물노동자를 대상으로 한 설문조사 결과에 따르면 대형 화물차의 운행 시간은 1일 평균 9시간 이상이었다. 4대 중 1대는 1일 평균 12시간 이상 운행했다. 화물 상하차를 위한 대기시간은 빼고 도로에서 달리는 시간만 조사한 것이 이 정도다. 화물연대가 2012년에 조사한 바에 따르면 1달 314시간 일한 컨테이너 화물노동자의 순수입은 고작 69만 원, 시급으로 따지면 2,197원이다. 화물노동자들이 법정 최저임금(2012년 4,580원)의 절반에도 못 미치는 임금을 받을 수밖에 없는 이유는 무엇보다 재벌화주·운송사를 정점으로 한 다단계 하도급 구조 때문이다. 재벌의 물류자회사-대형운송사-소형운송사 또는 주선업체(알선업자)에서 화물노동자로 이어지는 다단계 하도급 구조 속에서 운임의 40% 이상이 중간에서 착취당해 날아가는 셈이다.

화물연대는 8월부터 10월까지는 매주 주말 15개 지부 간부 기본교육을 진행하며 투쟁 채비를 갖춰 나갔다. 10월 2일 국회에서 열린 '을의 눈물 사례 발표'에 화물연대 조합원들이 직접 나서 '직접운송의무제'와 '번호판 탈취' 피해 사례를 증언하기도 했다. 불공정 내용으로 가득 찬 위·수탁 계약서를 보여주며 잘못된 법·제도 때문에 위기에 몰린 화물노동자들 삶의 어려움을 토로했다.

그리고 10월 26일 여의도 국회 앞에서 5천여 명의 조합원이 모여 총력투쟁 결의대회를 열었다.(사진) 참가자들은 박근혜 정부와 국회가 화물노동자를 위한 법 개정과 제도개선을 하지 않는다면 물류를 멈춰 세상

을 바꾸는 투쟁을 전개하겠다고 선언했다. 화물연대는 '화물운송노동자 권리 찾기 10만 서명운동'과 지부별 거점 선전전을 병행하며 정부에 대한 압박을 높여갔다.

이어 화물연대는 11월 11일부터 15일까지 박근혜 정부에 대선 공약을 이행하고 연내에 5대 요구안을 이행하라고 촉구하며 청와대 앞에서 1인 시위를 전개했다. 11월 25일부터는 투쟁의 수위를 높여 본부 임원을 비롯해 전국 15개 지부장 등 전체 지도부가 국회 앞에서 노숙 농성에 돌입, 29일까지 투쟁을 이어갔다.(사진) 12월 7일에는 확대 간부 결의대회를 열어 다시 한번 5대 요구안 법제화를 촉구하고, 보신각에서 서울역까지 위력적인 가두행진을 벌였다. 집회 참가자들은 이어 서울역에서 열린 '2013 비상시국대회'에도 참여했다.

철도노조가 12월 9일부터 파업에 돌입한 가운데 화물연대는 철도화물 대체수송 거부로 철도파업을 지원하기도 했다. 화물연대는 12월 17일 밤 전국 15개 지부장이 참석한 가운데 긴급 중앙집행위원회를 열고 운

송 거부 확대 방안을 결정했다. 그리고 12월 18일 경기도 의왕 ICD 사거리에서 기자회견을 열어 철도화물의 대체 수송 전면 거부를 선언, '철도민영화 반대!' '노조 탄압 중단!' '대통령 공약 이행!' 등의 문구가 적힌 현수막을 조합원 차량에 부착하고 운행했다.

2002년 출범 이후 2003년 총파업을 시작으로 10년 동안 화물노동자들이 투쟁할 때마다 정부는 법·제도 개선을 약속했고 자본은 운송료 인상에 합의했다. 그러나 합의서는 번번이 휴지 조각이 됐다. 화물연대의 피할 수 없는 투쟁이 또다시 목전에 닥쳐오고 있었다.

2014년 입법 촉구 경고파업

5대 요구 내걸고 비상총회로 총파업 결의

2014년 2월 7일, 화물연대는 전근대적 지입제의 폐해 근절과 화물운송노동자 권리보호를 위한 '화물자동차운수사업법 개정안'(민주당 이미경 의원 대표발의)을 발의했다. 이 개정안은 1대 운송사업 허가의 실효성을 높이는 것을 기본으로 해서 위·수탁차주의 권리보호를 뼈대로 하고 있다.

그러자 화련과 지역 협회들은 거짓 선동을 일삼으며 법안 통과를 막기 위해 준동했다. 화련은 국회가 있는 여의도 일대에 집회신고를 내고 회원사를 동원해 대규모 집회를 하겠다고 겁박했다. 집회는 열리지 않았지만, 국회의원들한테 로비를 벌이는 한편 회원사인 운송업체들로부터 입법 반대 서명을 받기도 했다.

화물연대는 개정안의 정당성을 알리기 위한 긴급 대응 차원에서 주요 거점 집중 선전전에 나섰다. 화물연대 본부와 15개 지부 임원·간부들은 2월 17일 전남 여수 내트럭하우스 앞에서 발대식을 하고 같은 날 전남 광양항, 대동톨게이트, 18일 부산 신항, 감천항, 북항, 칠곡휴게소, 19일 충남 당진과 여주휴게소, 20일 의왕 ICD 일대를 돌며 선전전을 벌였다.

　박근혜 취임 1년을 맞은 2014년 2월 25일, 전국 12개 지역에서 노동자와 시민들이 일손을 놓고 거리로 뛰쳐나왔다. 서울광장 등 전국 곳곳에서 열린 '박근혜 정권 1년, 이대로는 못 살겠다! 국민 파업대회'에 10만여 명이 참가해 분노를 터트렸다.

　화물연대도 이날 파업을 벌이고 여의도 국민은행 앞에서 '법·제도 개선 투쟁 승리를 위한 간부결의대회'를 열었다. 이봉주 본부장은 "화물연대 발의 법안이 다뤄지지 않으면 3월 29일 다시 모여 총파업을 포함한 총력투쟁을 결의하겠다"고 경고했다. 15개 지부장도 단상에 올라 승리하는 해를 만들자고 결의를 밝혔다. 참가자들은 새누리당사까지 행진하며 실천 활동을 벌이고 서울광장 민주노총 결의대회에 결합했다. 국민 파업 대오의 주축을 이룬 민주노총은 집회를 끝낸 뒤 경찰의 봉쇄를 뚫고 롯데백화점 사거리와 광교 등으로 진출해 왕복 차선을 모두 점거한 채 '박근혜 퇴진'을 외쳤다. 그리고 오후 7시에는 국민 파업에 참여한 노동자·시민이 모두 다시 서울광장에 모여 국민 촛불대회를 이어갔다.

　정부는 지입제 폐지와 표준운임제 도입 등 화물운송제도 개혁에 대한 화물연대 주장에 동의한다면서도 핵심적인 법 개정 요구에는 묵묵부답으로 일관했다. 국회 상임위에서는 관련 논의조차 제대로 되지 않았다. 결국 화물연대는 3월 29일, 서울 여의도공원 문화마당에서 조합원 비상총회를 열고 표준임금제 등 5대 요구안 관철을 위한 총파업을 포함한 총력투쟁을 만장일치로 결의했다. 5대 요구는 △표준운임제 통과 △특수고용노동자 노동기본권과 산재보험 전면 적용 △차량과 번호판 소유권 보장 △직접운송의무제 폐지 △도로비 전 차종 전일 할인 등이다. 전국에서 조합원 7,000여 명이 참석한 이날 비상총회에서는 4월 임시국회 중 하루 경고 파업을 결정하고 이후 총파업 시기와 방법은 지도부에 위임했다. 비상총회를 마친 조합원들은 차도를 점거하고 국회 앞까지 행진해 투쟁승리 결의대회를 진행, 5대 요구를 반드시 쟁취하겠다는 결의를 다졌다.

2014년 3월 29일 비상총회에 앞서 서울역에서 진행한 화물운송노동자 피해자 증언대회.

이어 화물연대는 4월 14일 기자회견을 열어 '4월 28일 하루 경고파업'을 벌이겠다고 밝혔다. 28일 파업에도 법안 처리를 무산시키면 물류대란을 각오해야 할 것이라고도 덧붙였다. 국회가 2012년부터 발의된 화물노동자들의 생존권 보장을 위한 법안을 여전히 처리하지 않고 있는 가운데, 당시 국회에 계류돼 있는 화물 관련 법안은 11건이나 됐다. 화사법 개정안, 노동조합및노동관계조정법(노조법) 개정안, 산업재해보상보험법 개정안, 도로법 개정안이 대표적이다.

그러나 4월 16일 세월호 침몰 사고가 발생함에 따라 화물연대는 19일 비상 중집을 열어 "온 나라가 슬픔에 잠겨 있는 상황에서 파업을 잠정 유보하기로" 결정했다. 더불어 투쟁 일정은 이후 결정키로 하는 대신 28일 파업을 알리는 차량 현수막을 떼고 세월호 실종자들의 무사 귀환을 기원하고 희생자들에 대한 조의를 표하는 현수막을 붙였다. 화물연대는 "생존권도 중요하지만 세월호 실종자들의 무사귀환이 더 시급하다는 현장 조합원들의 정서를 반영한 결정"이라고 설명했다.

국민의 안전과 화물노동자 권리 보장을 위해 화물연대가 줄기차게 화사법 개정을 요구해 왔지만, 4월 29일 국회 본회의에서 지입제 폐해 근절을 위한 중요 내용을 담은 이미경 의원 안은 보류된 채 정부 입장만 담은 이른바 '대안입법' 안(새누리당 이이재 의원 발의)만 통과됐다. 통과된 법안은 위·수탁 차주 재산권 보호와 관련해 양도·양수 시 비용 부담 금지, 위·수탁 차주 동의 없는 매도 및 저당 설정 금지, 자동차등록원부에 현물출자자 기재, 위·수탁 계약 해지 절차 규정 등 형식적 내용에 지나지 않았다. 표준운임제, 특수고용노동자의 노동기본권 보장과 산재보험 전면 적용, 과적 근절을 위한 적재정량 단속과 과적 삼진아웃제, 대통령 공약사항인 도로비 인하를 위한 유료도로법 개정 등은 다루어지지 않았다.

7월 14일 하루 경고파업…세월호 투쟁에도 연대

진도 해상에서 벌어진 비극으로 온 나라가 비통에 휩싸인 가운데 세월호 침몰의 직접적 이유로 과적이 거론됐다. 운송사나 화주의 요구 때문에 과적 압박에 시달리는 게 바로 화물운송노동자들이다. 화주와 운송사들은 과적을 거부하면 아예 물량을 회수해 버려서 화물차 노동자들은 울며 겨자 먹기로 요구를 수용할 수밖에 없다. 화주·운송사들은 사고가 나도 화물에 대한 보험 처리를 받을 수도 있고 처벌은 전혀 받지 않으니, 이익만 있고 손해는 없다. 과적 사고 당사자들만 죽거나 다치는 셈이다. 화물연대 5대 요구안이 하루빨리 관철돼야 하는 이유다.

화물연대는 이른바 '도로 위의 세월호'로 불리는 과적 화물차에 의한 대형 사고를 예방하기 위한 전시회를 열었다. 7월 8~9일 이틀 동안 국회의원회관 2층 로비에서 진행한 사진전에서 과적 차량으로 인한 사고 사

2014년 7월 14일 화물연대 전남지부 파업 승리 결의대회 모습.

진 10점과 지입제 문제점을 담을 설명자료 10점을 전시했다. 전시회에서 화물연대는 '세월호 특별법 제정' 서명도 함께 받았다.

그리고 유보했던 하루 경고파업을 7월 14일에 감행했다. 화물 민생법안 처리를 촉구하며 전국에서 15개 지부 13,000여 명이 오전 9시부터 운행을 전면 중단했다. 파업에 나선 조합원들은 경기도 의왕 ICD와 전남 광양컨테이너부두 국제터미널, 부산 신선대부두 등 20개 지역에서 파업 출정식과 가두행진을 전개했다. 화물연대는 대국민 호소문을 통해 화물 악법으로 이득을 취해 온 대기업과 운송 자본들의 로비로 법률안이 처리되지 않고 있다며 국회에서 법안 논의를 미루거나 무산시킨다면 물류 대란으로 이어지는 총파업까지 불사할 것이라고 밝혔다.

8월부터 9월까지는 격주로 매주 화요일에 권역별로 고속도로휴게소에서 과적의 위험성과 대안을 제시하는 선전전을 진행했다. 서울경기·충남·충북강원·대전·인천 지부가 참여한 중부권 선전전은 평택시흥고속도로 송산휴게소에서 오후 3시부터 저녁 8시까지 진행했는데, 도로공사 직원들도 함께했다. 영남권은 2개 조로 나누어 1개 조(대경·울산·포항 지부)는 경부고속도로 칠곡휴게소에서, 1개 조(경남·부산·위수탁 지부)는 남해고속도로 문산휴게소에서 선전전을 진행했다.

화물연대의 이러한 끈질긴 노력은 결실을 보아 8월 초 국토교통부는 '도로상 화물차 과적 근절 대책'을 마련해 국무회의에 보고하고, 법적인 절차를 거쳐 이르면 2015년 상반기부터 시행하겠다고 밝혔다. 정부 안은 위반자 처벌 강화와 단속 강화를 담고 있다. 과적 화물차량은 위반 정도와 횟수에 따라 30만 원에서 최고 3백만 원까지 과태료가 부과되는데, 국토교통부가 내놓은 대책은 최고 5백만 원까지로 과태료를 상향한다는 내용이다. 중대 위반을 연 2회 이상 하면 1년 이하의 징역과 1천만 원 이하의 벌금을 부과하는 내용도 담겼다. 고정 검문소를 고의로 회피해 운행하는 차량의 경우 단속이 못 미치는 맹점을 보완하기 위해 이동식 검문소를 2백 개 이상 확충하고, 경찰과 국토관리사무소, 지자체, 도로공사 등 도로관리청 간 합동 단속체제를 구축해 단속망이 촘촘해지도록 하는 내용도 포함했다. 또 현행 단속 체계는 과적을 유발한 주체가 분명하게 가려지지 않아 화물차 운전자에게만 책임이 부과되는 문제를 해결하는 방안도 마련할 예정이다. 국토교통부는 즉시 시행이 가능한 이동식 중심 단속, 합동 집중단속 등은 우선 시행하고, 처벌 강화 조치 등 다른 방안들은 관련 법령 개정 등을 거쳐 단계적으로 실행하겠다고 밝혔다.

2014년 말, 국회에서 11월 24~28일 국토교통위 상임위, 26일 국토교통위 전체회의, 28일 교통법안소위원회 회의 일정이 잡혔다. 화물연대는 도로법과 화사법 개정을 촉구하며 25일부터 국회 앞 거리 농성에 돌입했다. 농성 중에 국토교통위 소속 의원들을 면담하는 등 국회 압박 투

2014년 9월 당시 대정부·대국회 교섭 과정과 법안 쟁점[29]

법안		
항목	세부항목	현 상황
화물자동차 운수사업법 (화사법)	표준운임제 법제화	• 상임위 계류중 : 법안심사소위 통과 못하고 있음 • 정부 정책기조 유지 : 관련 이해 당사자간 의견 차이, 외국에 사례 없음 등을 이유로 직접강제 있는 법제화 반대하고 있음

	번호판 소유권과
	화물차 재산권 보장
		• 이이재 대안입법 통과(2014.11.29. 효력 발생)
		• 이미경 의원안 상임위 계류 중 : 화사법 개정안 3조(화물노동자에게
		  번호판 부여), 19조(운송사업자 잘못으로 허가 취소·감차 시
		  위·수탁차주 보호), 40조(노예계약 근절), 64조(허가 관련 업무의
		  위탁 금지) 제외하고는 이이재 대안입법에 반영됨

	직접운송의무제 폐지	• 수정안 통과(2014.11.29. 효력 발생) • 수정안 주요 내용 : 2차밴더 1년 이상 장기계약 용차 인정, 개별넘버 인정, 2개 이상 운송업체의 물량운송 인정
유료도로법	고속도로 통행료 전차종 전일 50% 할인	• 윤후덕안과 김무성안(야간만 적용) 제출됐지만 논의되지 않고 있음 • 정부 입장 : 연구용역 결과를 바탕으로 하반기 입장 정리 예상됨
도로법	적재정량 단속	• 입법 발의됐지만 상임위에 상정되지 않고 있음 • 세월호 이후 과적근절에 대한 공감대 확산됨, 새 입법안 마련해
도로교통법	고의과적 3진 아웃제	법안 심사와 통과에 탄력 붙여야 함
노조법	노동기본권 보장	• 상임위 계류 중이지만 처리에 진전이 없음
산재관련 법	산재전면 적용 및 사용자단체 부담	• 근로복지공단에서 산재 관련 차종별 부분 적용 검토
하위 법령(시행령·시행규칙)		
항목	세부항목	현 상황
화사법 시행령	운송업체의 위·수탁계약서 의무 교부	• 운송업체의 일방적 계약서 작성이나 미교부 방지(2014.9.19. 효력 발생)
	2개 이상 광역시·도 영업소 설치 삭제	• 대기업 물류자회사나 운송업체가 자기 물량만 싣도록 강요 금지 (2014.9.19. 효력 발생)
화사법 시행규칙	직접운송의무 인정범위에 1대운송사업자(개별) 인정	• 개별번호판 불이익 금지 (2014.9.19. 효력 발생)
	일부 양도·양수 금지	• 번호판 탈취와 금품 강요 금지 (2014.9.19. 효력 발생)
	대·폐차 동시 신고, 부득이한 사유시 2개월 인정	• 6개월 대·폐차 기간을 이용한 번호판 탈취와 금품 강요 금지 (2014.9.19. 효력 발생)

---

29   <화물연대> 창간10호, 2014년 9월 19일.

쟁을 병행했다.

한편 화물연대는 당면한 요구 쟁취를 위한 국회 앞 농성을 벌이면서도 야간에는 광화문 세월호 농성도 지원했다. 일부 극우 보수단체들이 세월호 농성장을 침탈하며 폭력을 일삼았기 때문이다.

2015년 민중총궐기에 맞춰 '화물총궐기'

2014년 말 박근혜 정부가 '노동시장 구조개혁'을 2015년 핵심 국정과제로 선포하며 노동시장 유연화 정책 전면화를 공식화했다. 2014년 12월 26일 직선제로 선출된 민주노총 한상균 집행부는 본격적으로 대항태세를 갖춰 나갔다. 민주노총은 노동시장 구조개악에 맞선 선제 투쟁으로 2015년 4월 24일 총파업 일정을 확정하고 조직화에 나섰다. 화물연대도 여기에 발맞춰 1,500여 대의 화물차에 '노조법 2조 개정' '안전한 일자리를 만들자' 등의 요구를 담은 현수막을 걸고 전국을 운행하며 민주노총 총파업 조직화에 활력을 불어넣었다.

박근혜 정권의 구조 개악 압박이 계속되자 민주노총은 예정대로 4월 24일 2,926개 사업장 20여만 명이 파업을 포함한 총력투쟁에 돌입했다. 14개 지역에서 64,000여 명의 조합원이 총파업 집회에 참여했다. 이후에도 민주노총은 노동 관련 의제뿐 아니라 세월호 참사 진상규명 투쟁 등을 벌이며 반민주·반민중적 행태로 일관하는 박근혜 정부에 맞서 전선을 형성해 나갔다.

노사정위원회에서 노동시장 개혁 합의에 실패하자 정부는 가이드라인을 통한 행정입법을 도모했다. 고용노동부는 6월 17일 임금피크제 도입 강제, 일반해고 확대와 취업규칙 개악 가이드라인 추진 등을 골자로 한 1차 노동시장 개혁 방안을 발표했다. 민주노총은 6월 15~28일 '최저임금 1만 원으로 인상'을 요구하는 장그래대행진(단장 김종인 민주노총 부위원장)에 돌입한 가운데 7월 15일 총파업을 벌였다. 민주노총의 총파업은 정부의 노동시장 구조 개악 일방 강행에 제동을 거는 성과를 냈다. 하지만 한국노총이 노사정위에 복귀해 9월 13일 합의하는 바람에 여당(새누리당)은 9월 16일 노동개악 5대 법안을 발의했다. 9.13 야합에 반발하며 9월 22일 58개 노동·민중·시민단체가 민중총궐기투쟁본부를 발족한 데 이어 민주노총은 9월 23일 다시 총파업을 벌이고 '11월 민중총궐기'를 선포했다.

화물연대는 2015년 내내 울산 CJ대한통운, 대전 KG로지스택배, 경남 동양파일 등 현장 파업 투쟁을 이어가고 있었다. 9월부터 시작한 풀무원분회 파업 투쟁과 관련 경찰이 11월 6일 화물연대 사무실 침탈까지 시도했다. 경찰은 풀무원분회 투쟁과 관련한 압수수색 영장을 받았으나, 화물연대뿐만 아니라 공공운수노조 건물 전체를 압수수색 범위에 포함해 논란을 빚었다. 이날 침탈은 집결한 노동자들이 거세게 저항해 막아냈지만 충북 음성 물류센터 앞에서 투쟁하다 연행된 풀무원 조합원 7명은 14일 구속되고 말았다.

정권의 탄압이 집요했지만, 노동자들의 투쟁은 계속됐다. 민중총궐기를 향한 조직화와 투쟁의 흐름은 거대한 물줄기를 형성해 몰아치고 있었다. 그리고 마침내 11월 14일 서울 도심에서 전개한 1차 민중총궐기에 13만여 명이 운집했다. 박근혜 정권을 향한 분노가 극에 달한 노동자, 농민, 빈민, 청년, 학생 참가자들은 "박근혜는 물러나라" "해고를 반대한다" "평생비정규직 반대한다" "국민에게 권력을 노동자에게 권리를"이라고 한목소리로 외치며 서울 도심을 뒤흔들었다. 민중총궐기에 앞서 8만여 명의 노동자들은 조직별로 모여 투쟁 결의를 다진 뒤 서울광장에서 열린 '전태일 열사 정신 계승 2015 전국노동자대회'에 결합해 '노동개악 중단' 목소리를 높였다.

화물연대 역시 '화물연대 총궐기'로 결합했다.(사진) 화물연대는 '민중총궐기'에 참여하기 위해 이날까지 전국을 순회하며 선전전과 현장 간담회를 진행해 왔다. 그리고 14일 경향신문사 앞에서 사전집회를 연 뒤

전국노동자대회와 민중총궐기에 참가했다.

이날 곳곳에서 부문대회를 한 뒤 중무장한 경찰과 싸우며 광화문을 향해 행진하던 과정에서 가톨릭농민회 백남기 농민이 경찰이 직사한 물대포에 맞아 중상을 입는 사건이 벌어졌다. 이 밖에도 경찰의 폭력 진압으로 노동자와 시민 수십 명이 다치고, 화물연대 조합원을 비롯한 49명이 연행됐다.

그러나 정부는 특별전담반까지 꾸려 민중총궐기 참여 단체를 겨냥한 공안 탄압에 나섰다. 이 와중에 환경노동위원회 소속 새누리당 국회의원 이완영은 "시위군중은 총을 쏴 죽여도 된다"는 망언을 내뱉기도 했다. 정권과 경찰은 여기서 그치지 않고 과잉 진압 책임을 민주노총에게 돌리려고 11월 21일 민주노총 총연맹과 가맹조직 사무실 8곳을 압수수색하고, 한상균 위원장이 있는 조계사 일대에 대대적인 병력을 투입해 검거 작전에 나섰다.

살인적이고 불법적인 공안 탄압에 맞서 노동자·민중은 12월 5일 2차 민중총궐기를 감행했다. 12월 10일 한상균 위원장이 검거됐지만, 민주노총은 12월 16일 다시 총파업 투쟁을 힘차게 전개해 노동개악 연내 입법을 기어이 막아냈다. 정부의 노동개악 법안은 이후 19대 국회 임기가 만료되는 2016년 5월 29일까지 환노위를 통과하지 못해 결국 폐기됐다.

2016년 화물연대 총파업

화사법 개정촉구 순회선전전·상경투쟁

2016년 3월 8일 서비스산업 간담회에서 대통령이 밝힌 화물운송시장 개편안의 핵심은 결국 CJ를 비롯한 거대 물류 자본에게 약속한 화물운송시장 규제 완화와 시장진입장벽 완화였다. 박근혜 정권은 화물연대의 요구를 외면하고 자본의 이윤 극대화를 위한 화물운송시장 구조개편안을 밀어붙였다.

2016년 5월 국토교통부는 화물운송시장의 제도개선 방안을 마련한다며 '화물운송시장 혁신위원회'를 구성했다. 화물연대도 참여해 6월까지 본회의와 실무회의를 진행했지만 합의는 이뤄내지 못하고 있었다. 정부가 혁신위원회에서 내놓은 안에 소형화물차 수급 조절 폐지, 톤급제한 폐지, 가맹업 허가 기준 완화 등 대기업 요구만 담긴 채 정작 화물노동자가 요구해 온 표준운임제 법제화와 지입제 폐지 등은 빠졌기 때문이다.

7월 18일 화물연대는 성명을 내고 "정부안은 지입제와 운임제도 등 화물운송시장 근본 문제를 외면한 채 대기업과 물류 자본의 이익을 극대화하는 방안일 뿐"이라고 비판했다. 또 '화물운송시장의 구조개악'

을 ‘화물운송시장 발전 방안’으로 포장했다며, 정부안대로 일방적인 구조개악을 강행하면 물류대란이 현실화될 것이라고 경고했다. 곧바로 화물연대는 법 개정을 쟁취하기 위한 전국 순회선전전에 나섰다. 7월 18~26일에 지부 동시다발 1차 선전전을 펼치고, 8월 12~14일 2차 선전전을 이어갔다.

8월 30일 국토교통부가 기자회견을 열어 ‘화물운송시장 발전 방안’을 발표하고, 9월 중 관련 법 개정안을 발의하겠다고 밝혔다. 역시나 화물노동자들의 요구는 빠져 있었다. 핵심은 택배용 화물차와 일반 업종 소형화물차(1.5톤 미만)를 수급 조절에서 제외한다는 내용이다. 장기적 경기침체로 화물 물동량이 많지도 않은 상황에서 느닷없는 수급 조절 폐지는 특정 완성차 업체의 화물차 판매 확대를 위한 민원을 받아들인 것으로 풀이됐다. 더욱이 소형차량 수급 조절 폐지는 이후 대형 차량에 대한 규제 완화로 이어질 게 뻔했다. 택배용 화물차 수급 조절 폐지도 대기업 택배업체들의 요구를 수용한 것이었다. 정부안이 확정되면 택배용 화물차와 소형화물차는 사실상 무한 증차가 가능해져서, 화물노동자들 사이에 경쟁이 심화되고 결국 덤핑과 저운임으로 치달을 수밖에 없다. 대기업 물류·유통 자본과 운송·주선업계의 이권만 보장한 채 화물노동자의 목소리는 외면한 법안이다. 화물연대는 거세게 반발하며 총파업도 불사하겠다고 밝혔다.

화물연대는 8월 23일부터 9월 8일까지 3차 선전전과 함께 전국 순회 투쟁을 전개하며 법안의 문제점을 알렸다. 9월 24일에는 여의도 산업은행 앞에서 6천여 명의 조합원이 모여 총회를 열고 화물운송시장 구조개악 저지를 위한 총파업을 만장일치로 의결했다.(사진) 파업의 구체적인 시기와 방식은 중앙집행위원회에 위임했다.

화물연대는 정부 방안 폐기와 함께 △수급조절 총량 유지 △표준운임제 법제화 △지입제 폐지 △노동기본권 보장 △과적 근절을 위한 도로법 개정을 요구하며 총파업을 향해 나아갔다. 화물연대가 파업을 예고

하자 국토교통부는 연관 산업 피해를 최소화하겠다는 명분 아래 파업 시기에 일시적으로 과적 기준을 완화해 준다는 방침까지 내놓아 관련 법 위반 논란도 일으켰다.

화물운송시장 구조개악 저지 총파업

화물연대는 10월 5일 기자회견을 열어 10월 10일 파업에 돌입한다고 선포했다. 화물연대는 파업에 돌입하기 위해 조합원들에게 구체적으로 7일부터 신규 물량을 거부하고 8일 오후까지 화물운송 업무를 마무리하라는 지침을 내렸다. 개별 행동을 금지하고 유언비어에 흔들리지 말라는 행동 지침도 내놓았다. 그리고 10월 10일 0시를 기해 '화물운송시장 발전 방안' 폐기를 촉구하며 파업에 돌입했다. 앞서 9월 27일 철도노조가 파업을 벌이고 있어서 화물연대의 파업 효과는 극대화할 것으로 예상됐다.

화물연대가 4년 만에 파업을 결정한 가장 큰 이유는 정부가 8월 30일 발표한 '화물운송 시장 발전 방안' 때문이다. 소형화물차 수급 조절제 폐지와 지입제 유지가 문제였다. 화물차 수급 조절제는 화물연대가 두 차례 파업을 벌여 2003년부터 12년간 유지된 제도다. 화물운송 차량이 포화상태가 되면서 운임 단가 인하 등 부작용이 발생하자 정부가 화물차량 증차와 신규 허가를 조절해 온 것이다. 수급 조절제가 폐지되면 화물차 과잉 공급은 무한경쟁을 불러오고 각종 수수료 갈취와 운송료 덤핑, 과적이 심해져 생존권이 위협받게 될 게 불을 보듯 뻔했다.

10월 10일 파업에 돌입한 화물연대는 의왕 ICD와 부산신항, 부산북항 등 거점 세 곳에서 파업출정식을 열었다. 시민·사회단체들은 "국민의 안전과 공공성을 지켜내기 위한 파업"이라며 화물과 철도 노동자들의 파업을 지지하고 엄호했다. 파업에 들어간 조합원들은 비조합원을 만나 정부안의 문제점과 노조 요구안을 설명하고 선전물을 나눠주며 파업 동참을 호소했다. 파업 현장에 경찰이 투입돼 폭력적으로 진압하는 바람에 파업 사흘 만에 52명이 연행됐다.

총파업 대오는 14일부터 부산신항에 총집결해 경찰과 치열한 공방전을 벌였다. 박근혜 정부는 화물연대의 교섭 요구를 일체 무시한 채 탄압에만 몰두했다. 중무장한 수천 명의 진압 병력, 검거 전담 6개 중대, 심지어 경찰 헬기까지 동원된 부산신항은 전쟁터를 방불케 했다. 경찰은 파업 대오를 파괴하는 데 혈안이 돼 무자비한 폭행과 연행을 자행했다.

탄압이 거세지자 파업 9일 차인 10월 18일 여귀환 대구경북지부장, 이준서 울산지부장, 김태영 포항지부장이 부산신항 앞 절개지 절벽에 올라 고공농성을 시작했다. 화물연대는 즉각 부산신항 집중 지침을 내렸다. 이날 오후 부산신항에서 열린 화물연대 파업대회에는 민주노총 가맹·산하 조직이 모두 집중해 화물연대 조합원을 포함한 5,000여 명이 참석했다. 집회 도중 조합원 한 명이 분신을 시도하면서 집회 참가자들과 경찰이 충돌했는데, 이 과정에서 박원호 본부장을 포함해 조합원 21명이 경찰에 연행되고 14명이 다쳐 병원에 후송되는 일도 벌어졌다.

정부의 비상수송대책, 경찰의 폭력적 탄압, 운송업체와 물류 관련 기업·단체의 전방위적 압박은 상상을 초월했다. 파업기간 연행된 조합원 수는 90명을 넘어섰고, 게다가 대부분의 조합원이 차량 할부금을 감당해야 하는 처지여서 생계 부담뿐 아니라 재산적 피해까지 누적되고 있었다.

화물연대는 결국 10월 19일, 부산신항에서 조합원 총회를 열고 총파업 철회를 발표했다. 화물연대는 "파업을 종료하고 현장으로 돌아가지만 정부 구조개악에 대한 동의가 결코 아니다"라며 "조직을 정비해 정부의 화물시장 구조개악을 막아내고 화물노동자의 권리와 국민 안전을 보장하는 제도개선을 쟁취하기 위해 새로운 싸움을 지속해 나갈 것"이라고 밝혔다.

이번 총파업으로 정부가 화물운송시장 발전 방안을 폐기하지는 않았지만, 성과도 없지는 않았다. 정부는 화물차 안전 운행을 위해 과적 근절과 적재중량 단속을 위한 도로법 개정안을 연내에 발의하겠다고 밝혔다. 화사법의 단서 조항을 수정해 위·수탁계약 6년이 지나도 운송사 마음대로 계약갱신을 거절할 수 없도록 하는 등의 화물노동자 권리보호를 위한 제도개선 방안도 내놓았다.

무엇보다 총파업의 큰 성과는 박근혜 정부의 협박과 탄압에 굴하지 않고 화물운송시장 구조 개악에 맞서 투쟁한 조합원들의 자신감이 더욱 두터워졌다는 점이다. 이는 총파업 중단 이후에도 개별 사업주의 탄압에 맞서 싸워나갈 힘의 원천이 됐다.

'박근혜 퇴진'과 법 개정 촉구 상경 투쟁

2014년 세월호 참사 충격에서 미처 벗어나기도 전, 2015년 민중총궐기에 참가했던 백남기 농민이 물대포를 맞고 1년 가까이 의식불명 상태에 빠져 있다가 2016년 9월 25일 결국 사망했다. 2016년 9월에는 최순실

의 국정 개입이 드러났다. 온 국민이 분통을 터뜨리며 거리로 몰려나왔
다. 10월부터 매일 저녁 전국 곳곳에서 박근혜 퇴진을 촉구하는 집회가
열렸다.

11월 9일 민중총궐기투쟁본부를 중심으로 '박근혜정권 퇴진 비상국
민행동'이 출범, 12일에 1백만 명이 참여한 민중총궐기를 열어 위력적인
가두투쟁을 전개했다. 민주노총은 11월 12일 민중총궐기에 앞서 전국노
동자대회를 열고 △박근혜 퇴진 △성과연봉제 폐기 △구조조정 중단-
재벌체제 해체 △한상균 위원장 등 모든 구속자 석방 △세월호 진상규
명 등 박근혜-최순실이 자행한 모든 불법 정책 전면 폐기와 원상회복을
촉구했다.

이날 화물연대를 비롯한 공공운수노조 운수산업협의회 소속 버스, 택
시, 공항항만 등 운송노동자들은 오후 4시, 동시에 박근혜 퇴진을 요구
하는 경적 시위를 벌였다. 화물연대는 또 고속도로에서 차량에 현수막
을 게시하고 운행했다. 1주일 뒤인 19일에도 박근혜 퇴진 범국민행동 집
회에 60여만 명이 참여하는 등 촛불집회는 박근혜가 파면된 2017년 3월
까지 계속됐다.

2016년 12월 19일 화물연대 지도부가 다시 국회 앞에 집결했다. 12월
20일 국회 교통법안심사소위에서 화사법과 도로법 등의 개정안 심의를
앞둔 가운데 정부의 개악안 통과를 막아내고 화물연대가 상정한 법안을
통과시키고자 상경투쟁에 나선 것이다.

화물연대는 교통법안심사소위 소속 국회의원들과 면담을 진행했다.
면담에서 화물연대는 재벌과 물류업체의 이권만 보장하는 정부안이 통
과되면 화물운송시장의 혼란과 화주 운송사의 화물노동자에 대한 착취
는 더욱 심해질 것이라고 주장하며 정부 법안 통과를 막아달라고 요구
했다. 또 지입제 폐지, 표준운임제 법제화 등을 통해 화물노동자의 권리
가 보장돼야 화물운송 시장이 정상화된다고 주장했다. 화물연대가 상정
한 도로법 개정안을 수용할 수 없다는 국토교통부에도 적재중량 단속과

과적 화주에 대한 처벌을 강화하는 내용의 법안이 반드시 통과돼야 한다고 주장했다.

2017년 대정부·대국회 투쟁 집중

관련 법안 논의는 결국 다시 해를 넘겼다. 화물연대는 2017년에도 화사법 개정을 위해 상경 투쟁에 나섰다. 화물연대는 2월 9일 중앙집행위 회의에서 정부가 2월 17일 공청회 직후 열리는 국토교통위 상임위에서 화사법 개정 정부안을 통과시키려 한다는 사실을 확인하고 국회 앞 상경 투쟁을 결정했다.

상경 투쟁 참가자들은 2월 15~16일 이틀 동안 국토교통위 소속 의원과 면담하고, 국회와 정당 사무실과 여의도 곳곳에서 집회와 선전전을 진행했다. 이렇게 투쟁으로 국회의원과 정당을 압박하며 화사법의 정부 개정안이 아닌 화물연대 개정안이 국회 상임위를 통과할 수 있도록 총력을 기울였다. 화물연대의 요구로 마련된 2월 17일 국회 공청회는 정부와 화물연대가 각각 발의한 화사법 개정안을 검토하기 위한 자리였으나 정부가 공청회를 형식적 절차로 치부하고 정부안 강행에만 몰두하자 화물연대가 적극적인 대응에 나선 것이다.

1997년 외환위기가 닥치자 정부가 화물운송의 시장진입을 허가제에서 신고제로 바꾸는 등 규제를 대폭 완화함에 따라 화물자동차가 화물운송 시장에 과잉 공급되면서 문제가 발생했다. 여기에 정부는 2016년 8월 '물류산업 육성과 시장 발전에 장애가 되는 규제 개선'이라는 명목 아래 소형화물차의 시장진입 규제 완화 등을 골자로 하는 '화물운송시장 발전 방안'을 발표한 바 있다. 화사법은 일부 운송사업자에게 운임과 요금을 신고하도록 하고 있지만, 현행법에 신고 의무 외에 운임 준수를 강제할 수단은 없었다. 따라서 물동량이 제한된 상황에서는 화주가 우월적 지위를 가질 수밖에 없고, 화주는 이러한 지위를 무기 삼아 운임 등을 결정했다. 화물연대가 화주에게 권한이 집중된 부당함에 맞서 화물노동자의 권리를 찾기 위한 투쟁을 펼칠 수밖에 없는 구조적 이유다.

노조법 2조 개정이 국회 환경노동위에 계류돼 있는 가운데 화물연대는 특수고용노동자들과 함께 노동기본권 보장 투쟁에도 총력을 기울였다. 4월 13일 민주노총과 '최저임금 1만 원 비정규직 철폐 공동행동'의 노조법 개정촉구 결의대회에도 참가해 화물노동자가 노동자로 대접받고 노동3권을 인정받을 때까지 투쟁할 것을 결의했다.

한편 한국은 6월 13일, 국제노동조합총연맹(ITUC)[30]의 '2017년 국제노동권리지수' 조사에서 4년 연속 꼴찌 등급을 받는 수모를 당했다. 국제노동권리지수는 국제적으로 인정된 97개의 지표를 토대로, 2016년 3월부터 1년간 139개국의 노동 관련 제도와 상황을 분석해 노동기본권 존중 정도를 1등급에서 5등급까지 계량화한 것이다. 한국은 인도, 사우디아라비아, 캄보디아 등 11개국과 함께 최하위 '5등급'을 받았다. 유일한 더 아래 '5+등급'은 시리아나 이라크처럼 내전 등의 상황에 있는 국가들이었다. ITUC는 한국에 5등급을 매긴 이유로 삼성 등 대기업들의 노조파괴 전략과 함께 화물연대와 철도노조 파업 당시 경찰의 무리한 진압과 파업 이후 조합원에 대한 기소 남발 등을 주요 원인으로 꼽았다.

2017년 5월, 문재인 정부 출범 후에도 화물연대 등은 정부와 국회에 특수고용직 노동3권 보장을 위해 노조법을 개정하라는 투쟁을 끈질기게 이어 나갔다. 민주노총의 특고대책회의와 노조하기좋은세상운동본부는 11월 20일 국회 앞에서 기자회견을 열어 노동권 보장을 촉구하고, 농성 투쟁을 선포했다. 특수고용노동자들은 이날부터 노숙농성을 시작했다.

화물연대는 2002년 출범부터 화물노동자를 위한 법·제도 개선 투쟁을

---

30   International Trade Union Confederation.

벌여왔다. 핵심적 요구가 바로 '표준운임제 법제화', '지입제 폐지', '노동 기본권 보장'이다. 15년 동안 3개 정부를 거치며 계속 투쟁해 왔지만, 법 개정은 번번이 좌절됐다. 노무현 정부의 노동기본권 보장과 지입제 전면 개혁 약속, 이명박 정부의 표준운임제 법제화 약속 모두 지켜지지 않았다. 화물연대의 존재 자체를 무시하고 탄압만 일삼던 박근혜 정부는 도리어 화물운송시장 구조 개악을 시도했다. 그럼에도 화물연대는 2016년 총파업과 2017년 대정부투쟁으로 화물운송시장 구조개악을 막아냈다. 박근혜 정부가 탄핵되고 문재인 정부가 들어섬으로써 화물연대의 법·제도 개선 투쟁은 새로운 전기를 맞았다.

2018년 마침내 '안전운임제' 법제화

문재인 정부는 화물연대의 핵심 요구 가운데 우선 표준운임제 법제화를 추진했다. 2017년 기준 화물차 사고 사망자 수가 255명으로 전년 대비 20%나 증가한 가운데 낮은 운임에 따른 열악한 운행 환경이 사고의 주요 원인이라는 판단에 따른 것이다. 운임 인상 효과가 있어야 하고, 지속 가능한 체계를 구축한다는 원칙 아래 표준운임제 법제화를 위한 화물연대의 대정부·대국회 교섭이 빠르게 진행됐다.

그리고 마침내 화물연대가 줄기차게 요구해 온 표준운임제가 '안전운임제'로 명칭을 변경해서 법제화됐다. 국회는 2018년 3월 30일 본회의에서 '안전운임제 한시 도입' 등을 뼈대로 하는 화사법 개정안을 의결했다. 개정안에 따르면 2020년부터 3년간 화물자동차 안전 운임을 적용하고, 국토교통부 장관은 매년 10월 31일까지 이듬해 적용할 안전 운임을 공표해야 한다. 그러나 이 개정안은 태생부터 '일몰제'를 포함하고 있어 이후 노정 대립의 씨앗을 품고 있었다.

표준운임제가 법제화된 것은 화물연대가 2003년 총파업 이후 운임제도 개혁 방안으로 요구해 온 지 14년 만이다. 2008년 총파업으로 이명

화물자동차운수사업법 개정안 주요 내용

의제	주요 요구	결과
안전운임제 법제화	• 전품목과 차종 실시 • 일몰제 폐지	• 컨테이너/BCT로 한정 • 3년 일몰제
안전운임제 하위법령 개정	• 위원회 구성 비율 • 안전운임위원회 운영규정 마련	• 구성비율을 둘러싼 의견 충돌 (정부:자본:화물연대) • 운영규정안 정리 안됨
노동기본권 보장	• 노조법 2조 개정 • 산재전면 적용	• 고용노동부 교섭 부재
불법번호판피해 구제 방안	• 불법 번호판 피해자 구제를 위한 공T/E충당 방안 마련	• 화물연대 요구 일부 반영 • 진행과정에서 후속 교섭 계속해 나가야 함
휴게소 시설개선	• 태양광 시설 철거 • 경계석 철거 • 휴게시설(샤워장 등) 개선	• 태양광 시설 철거는 불가 • 경계석 철거, 휴게시설 개선 방안 마련
차로이탈경고장치 장착	• 4축 이상 확대 • 보조금 화물노동자 직접 수령 방안 마련 • 정부의 지정 업체 선정	• 보조금 화물노동자 직접 수령 방안에 대한 압박과 교섭 필요함
과적근절	• 적재중량 단속을 위한 도로법 개정	• 도로법 개정 불가 • 적재중량 단속을 위한 자동계측 장치 점진적 확대
상·하차 대기 근절	• 주요항만 장시간 상·하차 대기 근절 • 공컨 세척 등 제도개선	• 해당 지부와 교섭 지속
통행료 50% 할인 주간 확대	• 할인시간대 주간 확대	• 주간 확대 불가 • 50% 할인시간대 확대 방안 마련 등

박 정부는 '2009년 표준운임제 법제화'를 약속하고 시범운영까지 했지만 약속은 끝내 지켜지지 않았다. 화물연대는 19·20대 국회에 표준운임제 법제화를 담은 화사법 개정안을 제출하면서 정부와 국회를 압박했고 한편으로는 법제화를 의제로 국토교통부와 교섭, 다자협의 등을 전개해왔다. 그러던 중 노정 교섭에서 화물연대가 요구하는 운임 산정 방식, 직접강제(처벌조항), 4개 차종과 품목(컨, 시멘트, 철강, 수지) 우선 적용과 단계적 확대를 국토교통부가 수용함에 따라 '화물자동차 안전운임제'라는 이름으로 법률 개정안이 마련됐다.

2018년 5월 3일 화물차 안전운임제 성공 정착 및 교통안전 확보 결의대회.

　　그러나 이 법안은 적용 대상과 기간 등이 한정적이라 '절반의 승리'로 평가됐다. 자본은 화주와 운수사업자가 참여하는 다자협의에서 대상 품목 축소, 처벌 조항 삭제를 계속 요구했고, 다자협의 틀과 국회(법안심사소위-상임위-법사위)를 통해 자신들의 요구를 관철하고자 전방위적인 로비를 벌였다. 결국 국회 법안 처리 과정에서 자유한국당은 안전운임제를 '3년 한시적 시행(일몰제)'으로 바꾸고, 적용 대상에서는 철강·수지를 제외하고 말았다.

　　절반의 승리를 온전한 승리로 만들기 위해 화물연대는 다자협의 틀 분쇄와 핵심 요구를 중심으로 한 노정 교섭 쟁취, 친자본 정책 분쇄를 위해 이후 투쟁과 사업을 이어가기로 했다. 화사법 개정안이 통과되고 후속 사업으로 5월 3일 국토교통부 장관과의 면담으로부터 노정 교섭이 속도를 냈지만, 핵심적인 의제와 쟁점에 대한 진전은 없었다.

　　6월 30일 화물연대는 결의대회를 열어 △안전운임제 전면 실시(전차종·품목 확대와 일몰제 폐지) △노동기본권 보장과 노조법 2조 개정 △지입제 폐지 △운송료 인상 등을 촉구했다. 5천여 명이 참여한 집회에서 화물연대는 온전한 안전운임제 시행을 요구하며 후퇴하는 정부 정책을 규탄했다. 한편으로는 대규모 조합원 상경으로 대정부 교섭·투쟁력을 확인하고, 2018년 사업과 투쟁에 대한 조합원의 결의를 드높이고자 했다. 이날 대규모 상경 집회로 화물노동자들은 다시한번 요구를 집약하고 분노를 표출하며 스스로의 힘을 확인했다.

14년 만에 쟁취한 안전운임제 법제화는 많은 의미를 남겼다. 화물연대는 2018년 상반기 투쟁의 성과로 △안전운임 현장적용 위한 법·제도 마련 △하위법령·운영규정 제정을 위한 적극 개입과 부분적 내용 관철 △적정 안전운임 산정을 위한 현장 실천 조직 △현안(고속도로 휴게소, 통행료 야간 할인, 차로이탈경고장치 등) 해결을 위한 적극적 개입과 부분적 내용 관철 △대규모 상경 집회를 통한 조직력·투쟁력 과시와 교섭력 확보 △하반기 투쟁에서 특수고용노동자의 노동기본권 보장 의제 쟁점화에 주도적 역할 등을 꼽았다.

반면 안전운임제 시행 품목(컨테이너·BCT)과 원가고시 품목(철강·카고)의 조직규모 확대가 정체되고, 전국적 조직화와 본격적 투쟁을 위한 계획·전망과 조직 정비가 부재했다고 평가했다. 또 노동기본권 보장과 산재보험 전면 적용 법 개정 투쟁에서 실천 계획이 부족했고, 핵심의제에 대한 노정 교섭을 실현하지 못한 점도 문제로 인식했다. 그 밖에도 국토교통부의 다자협의 틀을 탈피해 노정 직접교섭을 추진하지 못함에 따라 교섭력에 한계가 있었다고 평가했다. 보다 근본적으로 안전운임제를 '제한적'으로 실시하게 된 것은 정부의 화물연대에 대한 '배제와 제한적 포섭' 전략을 바꿔내지 못했기 때문이다. 노동기본권 보장과 산재보험 전면 적용을 위한 법·제도 개선에서도 정부의 화물노동자 배제 정책 방향을 바꿔내지 못했다.

화물연대는 이러한 평가를 바탕으로 이후 적정 안전운임 산정과 안전운임제 현장 적용, 노동기본권 보장과 산재보험 전면 적용을 위한 법·제도 개선, 노정 직접교섭과 핵심의제 관철을 과제로 다시 전진해 나아갔다.

안전운임제란?

화물자동차 안전운임제는 화물운송노동자들의 과로, 과속, 과적 운행을 예방하고, 적정 운임을 보장하여 안정적인 생활을 지원함으로써 교통안전을 확보하고 지속 가능한 물류 시장을 조성하기 위해 도입된 제도다. 이 제도는 화주와 운수사업자가 화물운송 계약을 할 때 준수해야 하는 최소한의 운임을 정하고, 이를 위반하면 과태료를 부과하는 방식으로 운영된다.

○ 도입 배경
화물운송시장은 그동안 만연했던 과도한 경쟁으로 밑바닥 운임이 고착화됐다. 이로 인해 화물노동자들은 생계를 유지하기 위해 장시간 운전, 과속, 과적 등 무리한 운행을 할 수밖에 없었다. 이러한 불안정한 환경은 결국 화물노동자들의 안전은 물론, 도로 교통 전체의 안전을 위협하는 심각한 문제로 이어졌다. 안전운임제는 이러한 문제를 해결하기 위해 도입됐다.

○ 주요 목적
- 교통안전 증진 : 운송료 인상을 통해 운전자의 무리한 운행을 줄여 교통사고 예방
- 화물노동자 복지 향상 : 적정소득 보장으로 화물노동자들의 생계 보장과 복지 향상
- 공정한 시장 질서 확립 : 덤핑 경쟁 근절과 다단계 착취구조 개선 등 공정한 거래 질서 확립

○ 안전운임 산정과 적용 방식
2018년 3월 국회 본회의에서 통과된 안전운임제는 화물자동차운수사업법에 근거하여 운영되며, 국토교통부 장관이 '화물자동차 안전운임위원회'의 심의를 거쳐 품목별 안전운임을 공표한다. 안전운임은 특수자동차로 운송되는 수출입컨테이너품목과 시멘트품목에 한해 2020년 1월 1일부터 3년간 한시적으로 시행되고, 2023년 말 일몰된다.
안전운임제는 안전운송 원가에 적정소득을 더한 값을 기준으로 산정되며 원가에는 유류비, 차량 감가상각비, 수리비, 보험료 등 화물자동차 운행에 소요되는 모든 비용이 포함되고, 적정소득은 가구 생계비, 유사근로자 임금 등을 참고하여 위원회에서 결정하되 매년 물가 인상 등을 감안하여 인상한다. 화주 또는 운수사업자가 화물노동자에게 지급하는 운임이 이 안전운임에 미치지 못할 경우, 위반 당사자에게 과태료가 부과된다.

3.

노동기본권 쟁취 투쟁

인권위 "특수고용 노동자성 인정하라" 권고

화물연대는 2014년 2월 7일 전 근대적 지입제 폐지와 특수고용직 화물운송노동자의 권리 보호를 위한 화사법 개정안을 발의했다. 그리고 17일부터 나흘 동안 전국에서 집중 선전전을 펼쳤다. 본부와 15개 지부 임원·간부들은 전남 여수 내트럭하우스 앞에서 발대식을 열고 전남 광양항, 대동톨게이트, 18일 부산신항, 감천항, 북항과 칠곡휴게소, 19일 충남 당진과 여주휴게소, 20일 의왕 ICD 일대에서 선전전을 전개했다.

화물노동자뿐 아니라 특수고용노동자 전체가 노동기본권 쟁취 투쟁을 확장해 가는 가운데 인권위의 중요한 권고가 내려졌다. 2015년 1월 26일, 인권위는 고용노동부와 국회에 화물트럭이나 대리운전 기사, 수도·가스 검침원 등 특수고용노동자와 해외파견자들에게도 산업재해보상보험법을 확대·의무화하라고 권고했다. 고용노동부 실태조사에 따르면 국내 특수고용노동자는 40개 직종 128만 명이며 이들 가운데 60%는 산재보험의 사각지대에 있는 것으로 나타났다. 인권위는 이미 산재보험 적용을 받는 6개 직종의 경우 2014년 8월 기준 435,186명 가운데 고작 9.7%만 혜택을 받고 있다며 사업주에 대한 보험료 부담 면제 등 지원책을 마련하라고도 권고했다. 소규모 사업주의 경우 보험료 부담 때문에 산재보험 가입이 저조했을 수 있기 때문에 영세사업주에 대한 보험료 지원책을 검토하라는 것이다.

2017년 2월 24일, 인권위는 특수고용노동자인 지입차주 운전자의 노동자성을 인정해 이들의 원청회사 등을 상대로 "노동자로 인정하지 않아 발생한 차별을 개선하라"고도 권고했다. 인권위가 특수고용노동자들의 노동권과 관련해 민간기업에 권고 결정을 내린 것은 처음이다. 앞서 2015년 현금수송차량 지입차주인 ㄱ씨 등은 "사실상 노동자인데도 연차휴가·퇴직금·수당 등을 제공하지 않아 부당하게 차별당했다"며 현금인출기(ATM) 아웃소싱 업체 A사와 이 업체로부터 현금 수송차량 운행 업무를 도급받아 ㄱ씨 등 지입차주와 계약을 맺은 업체 B사를 상대로 인권위에 진정을 냈다. 이에 대해 인권위는 B사에 "향후 지입차주들과의 계약 때 계약 내용에 '계약 기간 만료를 이유로 한 사실상 해고금지', '휴일·휴가 보장', '노동3권 보장'을 포함하라"고 권고했다. A업체에는 "B업체가 지입차주들과 이같은 계약을 체결하고 이행할 수 있도록 협조하라"고 권고했다.

인권위는 지난 2007년 '특수형태근로종사자(특수고용노동자) 보호 방안'에 대한 의견 표명에서 국회에 "일반 노동자와 동일한 노동법적 보호가 이뤄질 수 있도록 특수고용노동자의 개념 및 판단기준을 법률로 명시하라"고 권고한 바 있다. 하지만 입법 작업은 10년째 미뤄졌다. 노동계는 특수고용노동자의 '노조할 권리' 보장을 꾸준히 주장해 왔지만, 정부는 "이익단체 결성을 통해 권익 보호를 요구할 수 있다"는 이유로 이를 반대했다.

"노조할 권리 달라" 공동투쟁

2017년 4월 13일 민주노총과 '최저임금 1만 원 비정규직 철폐 공동행동'은 서울 여의도 국회 앞에서 '노조법 개정촉구 결의대회'를 열었다. 참가자들은 250여만 특수고용노동자들과 함께 노조법이 개정될 때까지 끝까지 투쟁한다는 각오를 다졌다. 이날 박원호 화물연대본부장은 "화물노동자는 일하다 도로에서 사고가 나도 산업재해로 인정받지 못한다. 올해 법을 개정해 노동기본권을 보장하라"고 힘주어 말했다.

이어서 6월 27일에는 서울 국정기획자문위원회 앞에서 특수고용노동자들이 기자회견을 열었다. 이 자리에서 화물을 비롯해 건설, 대리운전, 방과후강사, 학습지, 보험, 방송작가 등 특수고용노동자들은 인권위와 ILO의 권고에 따른 특수고용노동자 노동3권 보장을 촉구했다. 참가 조직들은 "정부가 1%의 자본을 위한 대리조직이 아니고, 민주주의를 위해 국민에게 위임받은 권력이라면 노동자가 단결할 권리는 최우선 과제로 보장해야 한다"고 강조했다.

집회와 기자회견에 이어 7월 1일에는 특수고용노동자 4,200명이 모여 상경 투쟁을 전개했다.(사진) 참가자들은 대통령이 약속한 특수고용노동자의 노동기본권 보장 이행을 촉구했다. 상경투쟁에서 화물연대도 정부에 교섭에 나설 것과 화물노동자의 권리와 국민의 안전을 지키기 위해 화물연대가 발의한 입법안이 국회를 통과할 수 있게 하라고 요구했다. 그리고 조합원들에게 문재인 정부가 화물노동자와의 약속을 미루거나 이행하지 않을 시 즉각 투쟁할 수 있도록 만반의 태세를 갖추자고 당부했다.

노조할 권리는 노동자라면 누구나 누려야 할 기본적인 권리일뿐더러 노동3권은 대한민국 헌법에도 명시돼 있다. 그러나 특수고용노동자들에게는 노조설립 자체가 허용되지 않았다. 한국 정부는 1991년 ILO에 가입한 이후 26년이 지났지만 여전히 결사의 자유, 단체교섭권 인정, 강제노동 금지 등 4개의 ILO 핵심협약을 비준하지 않았다. 노조할 권리를 포함하고 있는 ILO 핵심협약 4개 모두를 비준하지 않은 나라는 한국을 비롯해 중국, 마샬제도, 팔라우, 통가, 투발루 등 6개국에 지나지 않아 국제적 망신을 사고 있었다.

민주노총은 9월 20일 오후 서울 여의도 국민은행 앞에서 노조할 권리를 쟁취하기 위한 간접고용 노동자 결의대회를 열었다. 결의대회에 참석한 노동자들은 간접고용 철폐를 위해 정치권이 결단하라며 투쟁 결의를 다졌다. 이어 10월 20일에는 특수고용노동자들이 국회에 '노조할 권리' 보장을 위한 입법을 촉구하며 노숙농성에 들어갔다. 특수고용직인 건설기계 노동자 2명은 11월 11일 국회 인근 광고탑에 올라 고공농성을 벌였다.

인권위는 10년 전인 2007년 5월에 이미 고용노동부 장관에게 특수고용노동자의 노동3권 보장을 위한 별도 법률을 제정하거나 노조법상 근로자에 특수고용노동자가 포함되도록 관련법을 개정하라고 권고한 바 있다. 그러나 고용노동부는 전국단위 노조로 조직형태를 바꾼 전국대리운전노조의 조직형태 변경신고를 반려하는 등 여전히 특수고용노동자

들의 권리를 외면했다.

민주노총이 2018년 5월 9일 서울 세종로에서 '문재인 정부 출범 1년, 약속 불이행 규탄 특수고용노동자 결의대회'를 열었다. 화물노동자 등 특수고용노동자를 비롯한 참가자들은 집회를 마치고 정부중앙청사와 내자사거리를 거쳐 청운동 치안센터까지 거리행진을 벌였다. 다양한 업종의 이들은 집회에서 한목소리로 특수고용노동자 공동요구인 노조법 2조 개정과 노조할 권리 쟁취를 위해 공동투쟁을 이어가자고 결의를 다졌다. 국내 특수고용노동자가 250만 명 규모로 추산되는 가운데 문재인은 대통령 후보 시절 특수고용노동자를 '이상한 사장님'이라며 "특수고용노동자들에게 고용보험과 산재보험 의무가입뿐만 아니라 노동3권을 보장하겠다"고 약속한 바 있다. 하지만 약속이 지켜지지 않자 노동자들이 직접 노동기본권 쟁취투쟁에 나선 것이다.

　　민주노총은 2018년 10월 20일에도 서울 파이낸스센터 앞에서 특수고용노동자들의 노동3권 보장을 위한 법 개정과 ILO 핵심협약 비준을 촉구하며 대규모 집회를 열었다.(사진) 이날 집회에는 화물운송노동자를 비롯해 건설기계, 택배, 보험설계사, 학습지 교사, 간병인, 퀵서비스, 대리운전기사 등 전국 지역·업종별 특수고용노동자 6천여 명이 모였다. 이들은 집회를 마친 후 청와대 사랑채 앞까지 행진했다. 퀵서비스 오토바이 30대, 레미콘 1대, 택배용 차량 2대가 이끈 행진 대오는 "국제사회 망신이다. ILO협약 비준하라"고 외쳤다. 참가자들은 대통령 면담을 요구하며 청와대 앞에서 농성을 벌였다.

4.

화물연대의 사업과 활동

6~8기 임원·지부장 선출

2013년 1월 19일부터 27일까지 진행한 화물연대 6기 임원선거에서 이봉주 본부장과 박원호 수석본부장이 선출됐다. 이봉주 신임 본부장은 "지난 10년의 역사를 교훈 삼아 새로운 10년의 희망을 만들기 위해 올해를 노동기본권과 표준운임제를 법제화하는 원년으로 만들겠다"고 목표를 밝혔다. 7기 임원 선거는 2015년 1월 14일 후보등록 결과 1번 박원호-이광재, 2번 조성규-남재종 후보 조가 등록했다. 1월 24일부터 2월 1일까지 투표 결과 기호 1번이 근소한 차이로 앞섰으나 2번 후보 조가 개표 과정에 대한 이의를 제기했다. 선관위는 당선자 확정 공고를 미룬 뒤 검토를 거쳐 선거무효 결정을 내리고 재선거를 실시했다. 그렇게 4월에 박원호 본부장과 이광재 수석부본부장이 당선됐다. 2017년에 치러진 8기 임원 선거에서는 김정한 본부장과 오윤석 수석부본부장이 당선됐다. 미래전략위원장 김종인도 선출됐다.

기관지 <화물연대신문> 창간

화물연대는 2013년 9월부터 기관지를 발행하기 시작했다. 2013년 4월

25일 창간준비 1호로 시작해 5호까지 발간한 뒤 2013년 9월 27일 <화물연대신문> 창간호가 나왔다. 화물연대는 "그동안 화물노동자를 위한 소식을 제대로 전달하지 못해 화물연대가 정부와 자본에 무엇을 요구하는지, 화물노동자에게 과연 무엇이 필요한지에 대하여 공유하지 못했다"며 "이제야 화물연대는 전체화물노동자를 대표하는 소식지를 창간하게됐다"고 밝혔다. <화물연대신문>은 칼럼과 주장, 주요 소식, 법률상담, 문화산책 등 다채롭게 구성해 발간하고 있으며, 중요한 투쟁 시기에는 '총파업 특보'를 발행한다.

간부·조합원 교육사업 집중

화물연대는 2013년 8월부터 10월까지 총 8회에 걸쳐 전국 간부 기본교육과정 '2013 달리자 화물연대'를 진행했다. 교육은 8월 11일 인천지부를 시작으로 8월 31일 광주·전남, 9월 1일 경남, 9월 8일 부산·위수탁, 10월 12일 대구·경북·포항·서경지부까지 진행했다. 조합원과 지부 또는 지회 간부를 대상으로 한 간부 기본교육은 조합원 교육 강화와 의식향상을 목적으로 진행했는데, 초급간부부터 경력 11년 차 간부까지 12개 지부에서 305명이 참석했다. 교육과정의 주요 내용에는 △조직 운영의 기본인 회의 진행법을 통해 민주주의 원칙 확인 △인권 사각지대에 놓인 화물운송노동자들의 인권의식 강화 △각자의 자리에서 화물연대의 발전을 더디게 하는 요소와 다시 전진하려면 어떤 동력이 필요한지 살펴보기 △2013년 9월 정기국회부터 시작되는 법·제도 개선 대장정을 구체화하여 조합원 모두가 실천하기 등 네 가지를 담았다.

9월 28~29일에는 금산 무릉콘도에서 '2013년 화물연대 선동학교'를 열었다. 선동학교는 본부 사무국과 전국 15개 지부 상근간부, 조직부장 등 60여 명이 참가해 1박 2일 동안 진행됐다. 9월 28일 오후 1시 입소식으로 시작한 선동학교는 △대중투쟁의 원칙과 전략 △집회 기획과 실무

△선동 등 총 3강으로 구성, 참가자 모두가 3개 조로 나눠 선동 실습까지 진행했다. 참가자들은 "선동에 자신감이 붙었다"고 입을 모으며 이후에도 이런 교육을 꾸준하게 진행해 달라고 주문했다.

2014년에는 '승리하는 화물연대, 나로부터 시작이다!'라는 구호를 내걸고 4월 19일부터 20일까지 전북 장수 한국농업연수원에서 지회장 교육을 진행했다. 19일에는 입소식과 참가자 소개에 이어 1강 '세계노동운동의 흐름과 교훈', 2강 '나는 리더다' 등의 주제로 강의와 토론을 진행했다. 이어 이날 진행된 중앙집행위 결과를 공유하고, 4.28 하루 경고파업 유보에 따른 질의응답 시간을 가졌다. 그리고 3강 '노동조합의 체계적인 운영'을 주제로 강연을 듣고 '지회를 어떻게 운영할 것인가'에 관해 토론했다. 20일에는 '나는 지회장이다'라는 주제로 선동 교육을 진행했으며 퇴소식을 끝으로 1차 지회장 교육을 마무리했다. 조직에서 중추적 역할을 담당하는 지회장들과 소통하기 위해 마련한 이 교육에는 40여 명이 참석, 이후 화물연대의 토대를 굳건하게 다지는 계기가 됐다.

투쟁하는 사업장을 대상으로 전 조합원 교육도 진행했다. 6월 29일 화물연대 각 분회 소속 CJ대한통운 택배 조합원 250여 명이 전북 장수 한국농업연수원에 모여 조합원 교육을 받았다. 당시 택배분회는 전국적으로 광주, 울산, 창원, 전주 등 8개 지역에 분회가 설립돼 있었다. 택배분회는 CJ 사측의 끊임없는 도발에 맞서 굳건하게 조직을 사수해 왔다. 통합계약서 체결을 앞둔 시점에 전체 조합원을 소집해 투쟁 목표와 방향 등에 관한 교육을 진행한 것이다. 이날 교육은 2014년 상반기부터 시작된 CJ대한통운 택배 노동자의 전략조직화사업 성과를 알려내고 전 조합원이 서로를 확인하는 자리였다. 교육에서는 '한국 사회의 노동조합과 노동자의 현실', '교섭과 투쟁' 등을 주제로 강의와 토론을 진행됐다.

2015년에 화물연대는 간부들의 역량 강화교육의 하나로 '갈등 해결 워크숍'을 권역별로 진행했다. 화물노동자들은 노동의 특성상 가족과 떨어져 지내야 하는 고립감에 더해 끊임없는 시간 압박, 비인간적인 대우,

날씨, 교통체증, 열악한 도로 환경과 같은 상시적인 위험에 노출된 실정
이다. 그러다 보니 직업적 스트레스가 일반화돼 있다. 이에 화물연대는
스트레스와 갈등을 소통과 일상적 시스템으로 해결하는 방안을 찾아가
기 위해 워크숍을 기획했다. 워크숍은 10월 18일 전남지부를 시작으로
10월 24일 광주, 25일 전북·충남, 11월 7일 포항·울산·대경, 8일 경남·부
산·위수탁지부에서 진행됐다. 하루 6시간 교육으로 진행된 워크숍은 갈
등의 원인, 대처유형, 이해 관심사 기반의 협상, 갈등관리 4원칙을 중심
으로 조직 내 갈등을 예방하고 관리할 수 있는 참여형 프로그램으로 진
행했다.

　2016년 7월 16일에는 전국의 지부 조직담당자 교육을 진행했다. 민주
노총 대전지역본부에서 진행한 교육에는 전국에서 133명의 지부 조직
부장과 조직담당자들이 참가했다. 교육은 하반기 투쟁의 성격과 조직부
의 임무에 관한 내용을 담았다. 참가자들은 과거 화물연대 투쟁에 대한
평가를 놓고 열띤 토론을 벌였다. 이어 하반기에 전개할 법 개정 투쟁 방
향에 관한 토론에서는 이전 운송료 인상 투쟁이나 일반적인 사안별 투
쟁과는 성격이 다름에 주목하고 다양한 의견을 나누었다. 조직부의 역
할도 △조직화와 사전 준비 △냉철한 판단을 바탕으로 집행 △확실한
정보관리를 통한 내부의 오해와 혼란 방지 등 구체적으로 제시됐다. 참
석자들은 현장의 목소리와 지부에서 논의한 내용을 바탕으로 의제별 구
체적 투쟁방안부터 국회 대응과 비조합원 조직화 방안까지 토론했다.

택배 조직사업 본격화

　화물연대는 2014년 '전략조직사업단'을 구성해 택배노동자 조직화 사
업에 나섰다.

　사업단은 국회토론회 등 공세적인 사업을 펼치며 조직 확대와 안정화
를 도모했다. 그 성과로 택배부문 법내노조 지위를 획득하고 본격적 교

섭을 추진하기 위한 기반을 마련했다. 이와 함께 컨테이너나 유통 등 주요 부문까지 확장한 전략조직화 사업을 본격화할 수 있는 토대도 닦았다. 다만 또 다른 택배 부문 조직화 단위와 조직 활동 방향을 둘러싼 혼란이 장기간 이어지면서 조직 이탈도 있었다. 이는 원청을 대상으로 한 교섭과 투쟁에서 전선이 약화하고 사측의 대응력이 강화되는 결과를 초래했다.

한편 주요 조직화 부문(유통, 컨테이너, BCT, 철강, 카고 등) 전략조직사업단 구성을 위한 인력과 재정이 부족한 점은 향후 사업 추진의 걸림돌이 됐다. 주요 전략 조직화 대상 업태(택배, 컨테이너, 유통), 품목(철강, 수지, BCT), 차종(카고). 새로운 부문(정보망) 등의 조직화 비율이 낮고 화물연대의 장악력이 취약한 것도 한계로 드러났다. 원청(화주, 대기업 물류 자회사) 책임 강화를 위한 교섭과 투쟁이 절실했다.

화물연대는 주요 전략조직화 대상을 중심으로 한 사업단을 구성하고 공세적으로 조직화 사업 추진에 나섰다. 원청(택배, 컨테이너, 유통, 자품, 철강 등)을 대상으로 한 중앙교섭 추진과 화물운송 공급사슬망 전체의 조직화가 필요했다. 전략조직화 사업에 전 조직적 역량 투입을 위한 조합원·간부 교육으로 전국적 조직화와 활동 방향 정립을 과제로 남겼다.

국제 교류·연대사업 확대

2013년 12월 8~13일 화물연대 간부들이 호주 운수노조[31]를 방문했다. 이어 2014년 3월 26~29일에는 호주 운수노조를 초청, 마이클 케인 사무부총장이 한국을 찾았다. 화물연대의 현안과 세계 운수노동자들의 권리에 관한 의견을 나눈 이 교류가 화물연대 국제연대사업의 시작이다.

---

31   호주 운수노동조합(TWU, Transport Workers Union)

2014년 9월 23일 다시 화물연대를 방문한 호주 운수노조 마이클 케인 사무부총장과 간담회 모습.

　2014년 8월, 화물연대가 국제운수노련[32] 세계총회에 참석해 표준운임제 법제화투쟁을 전 세계에 알렸다. 국제운수노련 43차 세계총회는 2014년 8월 10일부터 16일까지 불가리아 소피아에서 열렸다. 총회는 '세계 위기에서 세계 정의로 : 운수노동자의 반격'이라는 구호를 내걸고 400여 개 가맹조직 대표자 1,700여 명이 참석한 가운데 진행됐다. 도로운수분과 회의에서 화물운송노동자의 노동조건 개선을 통한 도로 안전 확보가 최우선 과제로 제기됐다. 회의에서 화주와 운송업체들에게 적정 운임 지급을 의무화하는 표준운임제 도입을 위한 세계적인 투쟁과 국제기준 마련이 필요하다는 데 뜻이 모아졌다. 회의에 참여한 박원호 화물연대 수석부본부장은 "국민의 안전과 화물노동자의 권리를 보장하기 위해서 표준운임제 법제화가 무엇보다 중요하다"며 사업계획을 적극적으로 지지하는 한편 한국 화물연대 투쟁에 연대를 호소했다. 총회 마지막

---

[32]　국제운수노동조합연맹(ITF, International Transport Workers' Federation)은 세계 47개국 670개 가맹조직, 1,800만 명 이상의 조합원이 가입된 운수노동자를 대표하는 국제 산별 조직이다.

전체회의에서 호주 운수노조 사무총장이기도 한 토니 쉘던 의장은 "한국 화물연대의 표준운임제 투쟁 승리는 전 세계적인 차원에서 화주가 책임지는 안전운임을 정착시키기 위한 국제운수노련의 투쟁에 꼭 필요하다"며 적극적인 연대와 지원을 약속했다.

화물연대는 2015년 10월 18일 토니 쉘던 호주 운수노조 사무총장과 간담회를 진행했다. 이어 10월 28일에는 공공운수노조와 사회공공연구원이 '신자유주의의 안전 위협과 운수노동자의 대안'을 주제로 국제심포지엄을 열었다. 국회 의원회관에서 열린 국제심포지엄에는 한국을 비롯해 미국, 영국, 호주, 노르웨이 등 각국의 경제학자와 노동조합 활동가들이 참석했다. 참석자들은 총 3개 세션으로 토론하며 신자유주의 정책의 안전 위험 문제가 세계적인 의제로 떠올랐다는데 뜻을 같이했다. 운수 산업 규제 완화와 민영화·외주화가 노동자 건강과 국민 안전을 위협한다고 보고 이를 막기 위한 대안을 모색해야 한다는 것이다. 이날 전체 일정의 마지막 세션에서는 한국 운수노동자의 과제를 중심으로 종합토론이 이루어졌다. 윤영삼 사회공공연구원장은 한국 사회를 '위험사회'로 규정하고, "신자유주의 체제 아래 규제 완화와 비용감축의 압박이 강하게 작용하는 시기에 운수 분야의 안전을 담보할 주체는 결국 운수노동자"라면서 "그러나 오늘날 한국 운수 분야 노동조합의 안전을 위한 활동은 미흡하다"고 지적했다. 이어 운수 분야의 노동 안전과 교통안전에 관한 전문 인력 양성은 물론 이 분야의 안전을 담보하기 위한 중장기적 전략이 필요하다고 강조했다.

화물연대는 2016년 12월 5~12일에 벨기에 브뤼셀에서 열린 국제운수노련 철도·도로운수분과 총회에 참가했다. 2018년 5월 22~24일에는 호주 운수노조 전국위원회, 10월 14~20일에는 국제운수노련 총회에 참석하기도 했다.

2018년 안전운임제 법제화를 쟁취한 화물연대는 꾸준한 국제연대사업으로 안전운임 국제적 표준화를 위한 공동사업을 끌어냈다. 호주 운

수노조와 국제운수노련과 국제연대를 강화해 나가는 가운데 국제운수
노련은 총회에서 안전운임제 세계적 확산과 화물연대 사업·투쟁에 대한
지원을 결의하기도 했다. 이러한 국제사업은 유럽, 미국, 캐나다 운수노
조와의 교류로 확대됐다.

다만 국제연대와 공동사업 활성화를 위한 조직적 결의나 인력·재정의
부족이라는 한계도 있었다. 초국적 화주와 물류기업의 국내 미조직화도
국제연대를 더디게 했다. 안전운임제 세계화와 국제적 표준화를 위한
총체적 사업계획과 전략이 필요했다. 화물연대는 다른 나라 노동조합들
과 촘촘한 교류·연대를 이어가며 다양한 사업을 모색하기로 했다. ILO
도로운수보건안전 행동강령 제정에도 적극 나서기로 했다.

미래전략위원회 구성, 조직 분석·재설계

화물연대는 조직의 중장기적 전망을 마련하기 위한 미래전략위원회
를 구성했다. 미래전략위원회는 8기 집행부의 선거공약에서 출발, 2018
년 3월 2일 1차 준비모임을 시작으로 3월 10일 중앙위원회에서 김종인
전 화물연대 의장을 위원장으로 선출하면서 사업에 속도를 붙였다. 이
어 7월 14일 미래전략위원 위촉식을 진행했다.

미래전략위원회는 화물연대가 물류를 멈춰 세상을 바꾸는 조직으로
거듭나기 위해 조합원을 중심으로 미래전략을 수립할 계획을 세웠다.
더불어 전국을 순회하며 조합원들과 함께 화물연대 사업을 검토하고 평
가하면서 정세를 분석하고 조직 전반을 평가·분석·재설계해 화물연대의
중장기적 전망을 제시하는 것을 목표로 삼았다.

미래전략위원회는 새로운 과제가 주어진 상황에서 지난 16년을 평가
하고 조직혁신을 모색하며 미래의 전망을 투쟁으로 밝히기 위해 기획
팀, 산업정책팀, 조직혁신팀, 조직확대팀, 교섭투쟁팀을 두고 활동을 시
작했다.

활동 결과 미래전략위원회는 화물연대 조직 상황에 대한 총체적 진단과 혁신과제 도출, 조직 재설계와 전망 수립을 위한 방향과 요구 도출, 조직 혁신과 전망 수립을 위한 조합원·간부 순회 설명회와 의견 수렴, 전문가위원·현장위원 조직과 기획팀·실무지원팀 등 체계적 운영, 순회 설명회와 토론 등에 조합원 참여구조 마련, 조합원 설문조사·인터뷰·문헌조사 등을 통한 심층적인 평가와 조직진단 등에서 성과를 냈다. 다만 조직혁신과 전망 수립을 위한 토론이 전 조직적 차원에서 전개되지는 못해 아쉬움을 남겼다. 또 지난 16년간의 조직진단을 바탕으로 향후 정세를 전망해 전략을 수립하고자 만들어졌음에도 조직 내 현안과 갈등 등으로 위상에 맞는 관심과 참여를 끌어내지 못한 점도 한계로 드러났다.

이러한 평가에 따라 미래전략위원회는 전 지부 순회 토론회 성사와 조합원 참여 최대 조직화, 과제별 실천 로드맵 마련과 전 조직적 집행 결의, 인력·재정 확충 방안 마련과 집행을 과제로 삼아 이후 활동을 계속해 나갔다.

'도로 위의 세월호, 화물차' 과적 근절 사진전

2014년 4월 16일 한국 사회 전체를 충격과 슬픔으로 몰아넣은 세월호 참사가 발생했다. 화물연대는 세월호 참사 진상규명 투쟁에 적극 결합하는 한편으로 '도로 위의 세월호, 화물차 불법 과적근절을 위한 사진 전시회'를 2014년 7월 8~9일에 여의도 국회 의원회관 2층 로비에서 진행했다.

화물연대와 세월호참사국민대책위원회가 주관한 이번 사진전은 고속도로 사망사고의 주범인 화물 과적과 적재 불량이 왜 만연할 수밖에 없는지, 화물운송시장의 현실을 보여주기 위해 마련됐다. 더불어 화물차 과적 근절을 위해 화물연대가 국회에 상정한 법률(도로법·도로교통법 개정안)을 통과시키기 위한 목적이다. 전시회를 통해 국회에서도 과적 위험성에 관한 공감대를 형성하고 과적 문제가 화물노동자의 권리 박탈에서 비롯되었다는 점을 부각하고자 했다.

화물차 사고로 한 해 1,200명 이상, 하루 3.5명꼴로 사망자가 발생하며, 이 가운데 38%가 과적과 적재 불량 때문에 벌어진 사고다. 과적을 양산하고 방치시킨 법·제도 때문인데 바로 지입제가 대표적이다. 지입제는 개인이 차를 사되 운수회사 명의로 등록하고 일감을 받는 방식이어서 화물노동자들이 사측 요구에 따라 과적할 수밖에 없는 구조다.

전시회에는 과적 차량으로 인한 사고 사진 10점과 지입제 문제점을 담은 설명자료 10점이 전시됐다. 그리고 전시회에서 '세월호 특별법 제정' 서명과 △표준운임제 법제화 △특수고용노동자 노동기본권 보장 △차량과 번호판 소유권 보장 △적재정량 단속 △과적 삼진 아웃제를 요구하는 '화물노동자 권리선언' 서명도 함께 받았다. 화물연대는 7월 9일 세월호참사국민대책위와 간담회를 하고 연대방안을 논의했으며 세월호 특별법 국민설명회에도 참석했다.

2014년 7월 9일 '화물노동자 권리선언' 서명 받는 모습

세월호참사국민대책위와 간담회 모습.

5.
주요 현장 투쟁

CJ대한통운 택배 총파업 전국 확산(2013년)

2013년 5월 CJ대한통운 택배 노동자들이 위력적인 총파업을 벌여 열악한 노동조건을 사회적으로 제기했다.

CJ대한통운 택배노동자 370여 명은 수수료 삭감과 벌금제도 일방 도입에 반발해 2013년 5월 4일부터 파업에 돌입했다. 장시간 근무와 지속적인 수수료 인하, 노예계약에 시달리던 택배 노동자들이 CJ대한통운의 탄압과 횡포에 맞서 행동에 나선 것이다.

회사 측이 배송 중단 하루 만인 5일, 저녁 7시까지 복귀 의사를 밝히지 않으면 계약을 해지하겠다고 문자로 통보했지만 270여 명의 택배 노동자들은 여전히 파업을 이어갔다. 인천, 부천, 시화, 군포에서 시작된 파업은 6일 전주, 7일 청주, 광주, 창원, 울산, 천안 등으로 확대됐다.

'CJ대한통운택배 비상대책위'(비대위)는 7일 지역별로 선정된 대표자들을 모아 △배송수수료 인상 △벌금제 폐지 △사고처리 책임 전가 금지 등 12개 요구안을 확정, 8일 사측에 교섭을 요구했다.

전국의 택배기사들이 8일 경기도 안산에서 파업 이후 첫 집회를 열자 광주지역 택배노동자들이 버스를 대절해 참여하는 등 전국에서 파업 참가자 6백여 명이 달려왔다. 8일 오전까지 전국적으로 1천여 대의 차량이 택배 운송을 거부하고 있는 것으로 집계됐다. CJ대한통운과 계약을 맺고 운송하는 화물연대 조합원이나 비조합원들도 파업에 동참하며 파업 참가자는 갈수록 더욱 늘어났다.

파업이 확대되는 가운데 13일 여의도 산업은행 앞에서 'CJ대한통운 택배 노동자 생존권 사수 투쟁 선포대회'가 열렸다. 집회장 주변에는 현수막이 달린 택배 차량 300여 대가 겹겹이 주차해 장관을 이루었다.

비대위는 사측과 18일부터 밤샘 협상을 벌여 19일 합의안을 마련함에 따라 5월 20일 파업을 종료하고 업무에 복귀했다. 쟁점이 됐던 수수료는 CJ GLS와 CJ대한통운 합병 당시 수수료 체계를 유지하되 4~6월 평균수입이 통합 전인 3월보다 줄어들면 차액을 보전하기로 했고, 벌금제는 완전히 폐지하기로 했다. 편의점 집화 마감 시간은 개선하는 방향으로 편의점측과 협의하기로 했다. 노사 합의 이후 비대위는 해산했다.

한국보랄석고보드 부당해고 철회 고공농성(2013년)

화물연대 충남지부 보랄분회가 2013년 5월 25일 파업에 돌입했다. 호주에 본사를 두고 건축자재를 주로 생산하는 보랄그룹의 한국 자회사인 한국보랄석고보드는 당진, 울산, 여수에 공장을 두고 있다. 4월 신규 입찰 과정에서 새로 계약을 맺은 운송사 한진은 석고보드를 운송하는 화물노동자에 대해 구조조정을 단행했다. 화물연대는 조건 없는 고용승계를 요구하며 운송사와 교섭을 진행했으나 한진은 불성실한 태도로 일관했다. 결국 보랄분회 조합원 57명 전원이 6월 25일부터 파업에 돌입해 교섭을 요구했으나 아무런 성과가 없자 파업 11일 차에 고공농성을 시작했다. 7월 5일 화물연대 김인수 충남지부장과 장재후 보랄분회장이 오전 6시 30분부터 '조건 없는 고용승계'와 '부당해고 철회'를 요구하며 보랄석고보드 당진공장 안에 있는 원자재 사일로에 올라 고공농성에 돌입한 것이다. 화물연대는 투쟁 현장인 보랄분회 앞에서 긴급 중앙집행위원회를 열어 투쟁 방향을 논의하는 한편 보랄분회 투쟁에서 결코 물러설 수 없다고 확인하는 등 힘을 실었다.

파업 14일 차, 고공농성 4일 차에 보랄 분회는 동부고속이 24명, 한진이 23명의 조합원을 직접계약 방식으로 고용승계하는 데 합의했다. 운송료는 동결돼 아쉬움을 남겼지만, 조합원들의 단결된 힘으로 이뤄낸 값진 승리다.

대우조선해양 운송노동자 파업·고공 투쟁(2014년)

화물연대 경남지부 거제통영지회는 2014년 9월 29일 0시를 기해 전면파업에 돌입, 열흘 만에 운송사와 합의를 끌어냈다.

2013년 5월 원청사인 대우조선해양이 수주감소를 이유로 고통 분담 차원이라며 일방적으로 화물노동자들의 운송료 5%를 삭감했다. 그러나 같은 해 여름 대우조선해양은 임단협에서 성과금과 주식배당, 합의 타결금 등 상당 금액을 직원들에게 지급했다. 또 8월부터는 유가연동제를 적용해 운송료가 2~5% 또 하락했다. 유가연동제는 2012년 화물연대 총파업 당시 화물연대-화주-운송사가 합의한 사항인데, 사측은 노조와 합의 없이 일방적으로 운송료를 인하한 것이다.

지회는 9월 19일 총회에서 82% 찬성으로 파업을 결의했다. 대우조선해양과 운송사에 성실 교섭을 요구하고 1주일 동안 선전전을 진행하면서 교섭이 진척되길 기대했다. 그런데 사측은 운송료를 인하할 때는 2012년 화물연대와의 교섭 결과를 근거로 들었으면서, 정작 교섭을 요구하자 "화물연대가 뭐 하는 단체냐"고 딴소리를 했다. 마침내 거제통영지회는 29일 0시를 기해 전면파업에 돌입했다. 화물연대는 전 조합원에게 문자를 발송해 대우조선 배차 거부 지침을 전달했으며 10월 2일 중앙집행위에서 더욱 강도 높은 투쟁을 결의했다.

원청인 대우조선해양이 수수방관하며 사태를 악화시킨 가운데 10월 6

일 김철규 경남지부장과 박준민 거제통영지회장이 운송료 인상과 고용안정 등을 요구하며 대우조선해양 안 30m 철탑에 올라 고공농성에 돌입했다. 사측이 여전히 아무런 해결책을 제시하지 않자 화물연대는 10월 8일 대우조선 공장 앞에서 확대 간부 1천여 명이 참가하는 파업승리 결의대회를 시작으로 본부 차원의 투쟁을 확대해 나갔다.

그제야 교섭이 이루어졌다. 10월 8일 대우조선해양이 교섭에 참여해 화물연대와 운송사가 운송료 4.6% 인상에 합의하고 고용보장을 위해 최대한 노력하기로 했다. 투쟁 과정에서 발생한 민형사상 책임은 묻지 않기로 했다. 협상이 타결되면서 철탑 농성자들도 지상으로 내려왔다.

풀무원 운송노동자, 화물연대 가입해 파업(2014년)

화물연대 충북강원지부 풀무원분회가 2014년 11월 5일 새벽 2시 파업에 돌입하자 사측이 하루 만에 요구 일부를 수용했다.

충북 음성군에 있는 풀무원물류센터에서 풀무원 제품을 전국으로 수송하는 화물노동자 70여 명은 풀무원 자회사인 엑소후레쉬물류와 거래하는 대원냉동운수와 서울가람물류에서 일했다. 수년간 15~19시간 장시간 노동과 낮은 운송료, 일방적 페널티 적용 등으로 고통에 시달리던 30여 명의 화물노동자들은 불합리한 현실을 해결하고자 2014년 화물연대에 가입, 충청강원지부에 풀무원분회를 설립했다.

화물연대에 가입하자 사측의 탄압이 시작됐다. 대원냉동과 서울가람은 화물노동자가 받아야 할 부가가치세 환급금을 떼먹거나, 노동자들에게 각종 벌금을 부과했다. 화물노동자가 일을 못 해 대차를 사용하면 대차비용에 수수료까지 얹어 부담하게 했다. 대원냉동과 가람물류는 급기야 9월 30일, 화물연대 탈퇴를 종용하며 '불이행 시 11월 31일에 계약을 해지하겠다'는 내용증명과 공문을 조합원들에게 발송했다.

화물연대는 10월 23일 중앙집행위원회에서 만장일치로 풀무원 투쟁을 승인하고, 즉각적인 지원체계를 구축해 지원에 나섰다. 충청강원지부는 △내용증명 철회 △진정성 있는 사과 △재발 방지 약속 △3자(화물연대, 풀무원식품, 운송사) 정례협의회 상설화 등을 요구하며 11월 5일 전면파업에 돌입했다. 11월 5일 새벽까지 계속된 대화에서 양측의 의견이 접근하는 듯했으나 운송사가 서명을 거부했다. 그러나 지부는 교섭을 이어가 다음날 △독소조항 수정해 위·수탁 계약서 재작성 △부가가치세 환급금 반환 △월 1회 간담회 개최 등에 합의하고 파업을 종료했다.

울산 CJ대한통운 66일 파업과 두 번의 고공농성(2015년)

2015년 울산 CJ대한통운 택배분회가 66일 동안 파업투쟁을 전개했다.
분회원 90여 명은 △2013년 확약서 이행 △노동탄압 중단 △성실교섭 △화물연대 인정 등을 요구하며 6월 8일 파업에 돌입했다. 6월 23일부터는 조합원들이 상경해 CJ 본사 등지에서 투쟁을 전개했다.

파업 첫날부터 100여 대가 넘는 대체수송 차량이 다른 지역에서 들어와 운송하기 시작했다. 조합원들은 매일 아침 화물터미널 앞에서 선전전을 벌이며 불법 운송차량과 과적 차량을 단속했다. 파업이 장기화하자 화물연대는 6월 19~20일 울산 남구 매암동과 여천동, 경남 양산 물금터미널에서 1천여 명이 참석한 가운데 확대간부 결의대회를 열어 대체수송에 나선 불법 운송차량을 적발했다. 하지만 이날 경찰은 CJ대한통운 측의 대체운송 방조에 항의하는 조합원들을 과잉 진압해 11명의 조합원을 연행했다. 화물연대는 남부경찰서 앞에서 6월 20일 연행된 조합원 석방을 촉구하고 22일에도 경찰의 과잉진압과 CJ대한통운의 노동 탄압을 규탄하는 기자회견을 열었다.

7월 13일 새벽 3시, 배상식 울산지부 CJ대한통운 택배분회장 등 2명이 △손배·가압류 철회 △고소·고발 취하 △벌금제 폐지를 요구하며 서울 여의도 서울교 앞 광고탑에 올라 고공농성을 시작했다. 반면 CJ대한통운은 분회원들과의 계약을 일방적으로 해지하고 5차례에 걸쳐 31억 원에 이르는 손해배상을 청구했다. 게다가 대체 차량 투입에 항의한 분회장을 폭행과 업무방해 혐의로 형사 고발까지 한 상태였다.

CJ대한통운이 농성을 해제하면 대화하겠다고 밝힘에 따라 고공농성은 이틀 만에 마무리했다. 그러나 고공농성 정리로 여론의 관심이 사라지자 CJ대한통운은 오히려 파업 참가자들에게 노예계약서 서명을 요구했다. 결국 7월 30일 새벽 3시 이준서 울산지부장과 신기맹 CJ대한통운 택배분회 부분회장이 다시 노량진 수산시장 건너편 LG화학 광고탑에 올랐다. 화물연대는 파업 53일이 넘도록 단 한 번도 교섭에 나오지 않은 CJ대한통운 자본에 직접교섭을 요구하며 농성을 이어갔다. CJ, CJ대한통운, CJ제일제당 본사 앞에서도 1인시위와 집회를 벌였다.

투쟁이 계속되자 결국 CJ대한통운이 손배소와 고소·고발을 취하하고 복직시키겠다고 약속했다. 이에 따라 이 지부장과 신 부분회장은 8월 13일 광고탑에서 내려왔다. 두 사람은 지상으로 내려오자마자 구급차에 실려 인근 병원으로 이송됐다가 경찰에 출두해 조사를 받았다. 화물연대 울산지부는 8월 17일 성명을 내고 "파업투쟁을 정리하고 현장으로 돌아가 새로운 방향을 모색하기로 했다"고 밝혔다.

대전 KG로지스택배 복직 투쟁(2015년)

2015년 대전 KG로지스택배가 일방적으로 운송료 10%를 인하하고 6월 말로 계약을 종료한다는 내용증명을 발송함으로써 화물노동자 30명을 해고했다.

화물연대는 6월 한 달 동안 △본사와 직계약 △운송료 인상 등을 놓고 사측과 교섭을 진행해 합의서 서명을 앞두고 있었는데, 회사는 6월 23일 돌연 "지금까지의 협의는 모두 무효"라고 통보했다. 사측은 전국 지점에 화물연대 조합원에게 택배 배송을 실어주지 말라고 지시하고 대전 중부터미널 출입구를 봉쇄해 조합원들의 출입을 막았다. 조합원 30명은 해고됐고, 7월 1일에는 분회 사무실마저 폐쇄해 버렸다.

KG로지스택배 화물노동자들은 전국 지점에서 배송물량을 모아 허브터미널인 대전으로 운송하는 일을 한다. 택배 노동자들은 지난 10여 년 동안 운송료 한 푼 인상 없이 야간 운송을 해왔다. 회사는 수천만 원에 달하는 차량 비용과 유가 인상분, 차량 부품, 지입료, 보험료를 모두 노동자들에게 떠넘겼다. 가족의 생계를 감당해야 하는 조합원들은 야간에도 간선 택배, 주간에는 가스배달, 학원차 운행, 도배 등 아르바이트까지 해야 했다.

해고된 조합원들은 간선 차량이 모여드는 새벽 시간에 대전물류터미널 곳곳을 돌며 동료 화물노동자들에게 선전물을 배포하고 함께 투쟁할 것을 호소했다. 7월 29일 KG그룹 본사에서 KG그룹 곽재선 회장, KG로지스택배 최병선 대표, 손봉일 부장과 면담이 이루어졌으나 불성실한 태도로 일관하며 화물연대를 인정할 수 없다고 버텼다. 대전 중부터미널에 화물연대 조합원 출입을 통제한 사실에 대해서도 "모르는 일"이라고 잡아뗐다.

화물연대 대전지부는 확대간부회의에서 결정한 대로 6월 29일 대전 중부터미널 앞에서 화물연대 총력결의대회를 개최하는 등 KG로지스택배분회 투쟁에 총력을 기울였다. 그 결과 파업 61일 만인 8월 22일, 노사가 직계약 인원과 대상, 운송료, 유류비, 통행비, 경유비 등에 관해 합의서를 작성하고 투쟁 과정에서 발생한 일체의 민형사상 책임은 묻지 않기로 했다.

경남 동양파일 파업으로 해고 막아내다(2015년)

화물연대 경남지부 중부지회 동양파일분회 조합원들이 일방적 운송계약해지에 맞서 2015년 7월 1일부터 파업에 돌입했다. 동양파일 함안

공장이 2015년 3월 새로운 운송업체 '대송'과 계약한 게 문제였다. 대송이 기존 운송료를 낮추려 해서 분회는 1차 파업을 벌여 4월에 '차량별 매출에 따른 수수료 지급 등'에 합의했다. 다만 합의서에 '시범운영'이라는 단서를 달아 7월 1일 재계약을 전제로 추가 교섭을 이어왔다. 그런데 재계약 시점인 7월 1일이 다가오자 대송 측에서 일방적으로 조합원 7명에게 내용증명을 보내 계약 해지를 통보한 것이다.

동양파일은 충남 아산에 본사를 둔 건축물 지반 강화 철기둥 생산업체로, 당초 동양시멘트 자회사로 있다가 2014년 한림건설 컨소시엄에 매각됐다. 원청인 한림건설(대표 김상수)은 전국 54,000여 개 건설사 중 도급 순위 46위를 차지하고 있었다.

대송은 "정상적인 운송료를 지급했는데도 화물연대가 파업한다"며 악의적인 소문을 내고 조합원 사이를 갈라쳤다. 게다가 교섭에는 나오지 않고 대체 용역을 동원해 조합원들을 탄압했다. 분회는 7월 1일부로 파업에 들어가 23일부터는 원청인 한림건설 앞에서 집회와 농성을 이어갔다. 이 과정에서 경남지부 간부가 동양파일 함안공장 진입로를 막았다며 업무방해로 구속되고, 연대투쟁에 결합한 경남지부 조합원이 음독하는 등 상황은 점차 악화됐다. 결국 백문흥 동양파일분회장직무대리와 김철규 조합원이 8월 10일 오전 창원 용지문화공원 내 20m 높이 공용기지국 송신탑에 올랐다. 벼랑 끝에 내몰린 이들은 "운송계약해지 철회하라"는 현수막을 내걸고 화물연대 조합원 불공정 배차 금지, 운송료 실중량제 도입 등을 요구했다.

화물연대는 8월 17일 오후 2시 고공농성장이 있는 용지공원에서 비상중앙집행위원회 회의를 열어 투쟁을 결의한 데 이어 동양파일 함안공장 앞에서 21~22일에 1박 2일 확대간부 결의대회를 진행했다. 이틀에 걸쳐 전국의 확대간부 1천여 명이 모여 동양파일 투쟁을 엄호한 끝에 8월 24일 대송 측과 합의안을 도출했다. 조합원 5명은 9월 1일 복직, 2명은 용차 운송 재계약에 합의하고 투쟁 관련 모든 민형사상 고소도 취하하기로 했다.

'바른 먹거리' 풀무원 갑질에 맞선 파업(2015년)

풀무원 화물운송노동자들이 다시 투쟁에 나섰다. 화물연대 충북지부 음성진천지회 풀무원분회가 2015년 9월 4일 12시 음성 풀무원물류센터 앞에서 파업출정식을 열어 △노예계약서(도색 유지 서약서) 폐기 △노사 합의서 성실 이행 △노조 탄압 중단 △화물연대 인정 △산재사고 보상 등을 요구하며 전면파업에 돌입했다.

앞서 1월 파업을 벌여 노사합의를 이루었지만 회사측이 합의를 이행하지 않았기 때문이다. 합의서 4항은 '풀무원분회 생존권 투쟁으로 발생한 일체의 손해에 대해 민형사상 이의를 제기하지 않는다', 6항은 '화물연대 소속 운송기사 전원은 업무에 복귀하고 차량 도색을 원상 복구한다'는 내용을 담고 있었다. 그러나 사측은 대체 차량으로 인해 발생한 비용을 '파업 책임' 운운하며 조합원에게 떠넘겼다. 또 차량 외부의 풀무원 로고를 훼손할 경우 벌금을 물어야 한다는 내용이 담긴 노예계약서 작성을 강요했다. 게다가 상·하차 작업 중 다친 조합원에게 치료비를 주기는커녕 "다시 일하려면 일상생활에 지장이 없다는 진단서를 끊어오라"고 요구해 조합원들의 분노는 극에 달했다. 심지어 안전화를 지급하라고 요구하자 다른 사람이 신던 낡은 안전화를 던져주기도 했다.

분회는 1월 엑소후레쉬물류와 체결한 노동조건 개선 노사합의서의 성실한 이행을 촉구했다. 노사가 합의한 △휴무 대차 팀장 수당 인상 △엑소후레쉬물류가 직접 수송 차량 배차 △만근·안전 운전 등 인센티브(월 1만 원) 추가 지급 △조사·애사 시 유급휴일 3일 △운임 인상 △수송노선 조정 △상·하차 프로세스 개선 △수송기사 숙박 휴게시설 △운행기준 위반 페널티 조정 등 12개 항목은 대부분 이행되지 않았다.

파업 13일 차인 9월 16일 이현철 조합원이 자신의 화물차 밑에 들어가 차축과 몸에 쇠사슬을 묶고 시위를 시작했다. 10월 11일에는 용인 엑소후레쉬 물류창고 앞에서 운송을 막고 집회를 하다가 경찰의 토끼몰이식

진압으로 10명이 연행돼 불구속 입건됐다.

투쟁이 장기화되고 있는데도 풀무원 자본의 탄압이 도리어 더 거세지자 공공운수노조와 민주노총은 풀무원 불매운동을 선포했다. 민주노총은 공장, 공공기관, 학교, 병원, 사무실 등에서 풀무원 제품을 쓰지 않도록 조직적 행동에 나섰다.

10월 24일 새벽 3시에는 연제복, 유인종 조합원이 서울 여의도 국회 앞 30m 높이의 광고탑에 올라 고공농성을 시작했다. 경찰은 고공농성과 관련해 11월 6일 화물연대 사무실을 압수수색하고, 이 과정에서 무리한 수사에 항의하는 간부 1명을 연행하기도 해 비난을 샀다. 이어 11월 12일에는 고공농성을 시작할 때 이를 가로막은 경찰과 충돌한 조합원 7명을 체포했고, 이들 모두 이후 구속했다. 여의도에서 고공농성을 벌이던 조합원 2명은 건강 상태가 극도로 나빠져 68일 만인 12월 30일 스스로 농성을 해제하고 내려왔으나 경찰에 체포됐다. 투쟁은 다음 해까지 이어졌고, 조합원들에 대한 연행과 구속이 잇달았다. 이 와중에 2016년 2월 18일, 법원은 엑소후레쉬물류가 제품 운송 방해 행위를 중단하라며 조합원 17명을 상대로 낸 업무방해 금지 등 가처분 신청을 인용하고 하루에 1백만 원의 이행 강제금을 지급하라고 명령했다.

열 달 넘도록 파업을 벌인 풀무원분회는 2016년 7월 29일에 비로소 사측과 민형사상 소송 포기를 포함한 합의서를 작성하고 업무에 복귀했다. 그러나 파업을 주도한 분회장 등 노조 간부 3명은 복귀하지 못했다.

휴스틸 사망사고 진상규명투쟁(2017년)

휴스틸 당진공장에서 화물노동자가 적재함에 올랐다가 사망했다. 유족과 화물연대는 사망사고 책임이 휴스틸에 있다고 주장하며 회사 앞에 분향소를 차리고 농성을 벌였다.

고인이 된 화물연대 인천지부 정태영 대의원은 2017년 8월 21일 오후 크레인으로 이루어지는 파이프 상하차 작업을 하다가 사고를 당했다. 사고 이후 정태영 대의원은 병원으로 이송됐지만 다음날 사망하고 말았다.

휴스틸의 안전 수칙에 따르면 상하차 작업은 공장 직원 3인 1조로 진행해야 하며, 해당 작업은 화물차 기사의 업무가 아니다. 그런데도 휴스틸은 화물차 기사에게 상하차 작업을 요구했고 안전 수칙이 지켜지지 않아 사고에 이른 것이다. 최근 부당 해고됐다가 복직한 직원들을 화장실 앞에서 근무하도록 하는 등 갑질을 일삼아 논란이 된 바 있는 신안그룹의 계열사인 휴스틸은 노조와 유가족이 사고 현장에 도착하기 전에 현장을 정리하는 등 증거인멸을 시도하기도 했다.

회사의 무책임한 태도로 사고의 진상이 규명되지 않자 8월 25일 화물연대는 발인을 무기한 연기하고 고용노동부 천안지청을 방문한 데 이어 28일 당진공장 앞에 분향소를 설치했다. 9월 14일은 유족과 함께 국회 정론관에서 기자회견을 열어 휴스틸을 향해 △노동자와 유족에 사과 △안전조치 이행 △재발 방지 등을 촉구하고 문제 해결에 총력을 집중하겠다고 밝혔다. 휴스틸이 사고가 난 지 한 달이 넘은 9월 29일에야 유족이 있는 분향소에 찾아와 사과했지만, 장례 절차와 보상 문제 등이 여전히 해결되지 않자 화물노동자들은 10월 10일 휴스틸 당진공장 앞에 있던 정태영 대의원의 분향소를 트레일러에 싣고 상경, 여의도 국회 앞에서도 농성을 시작했다. 그러나 이러한 유족과 조합원들의 절박한 투쟁에도 성과가 없자 화물연대는 결국 당진과 여의도 분향소를 철수하고 11월 2일 장례를 치르는 한편 법정 투쟁으로 전환했다. 2020년 8월에야 나온 1심 결과는 관리자 2명에 대해 각각 집행유예와 벌금을 선고했고, (주)휴스틸 역시 벌금 1천만 원에 그쳤다. 이에 항소했지만 2022년 11월 기각됨으로써 (주)휴스틸 대표는 끝내 처벌받지 않았다.

포스코와 한판 대결로 생존권 지키다(2018년)

2018년 5월 14일 화물연대는 포스코 본사 앞에서 '운송료 인상, 생존권 보장을 위한 결의대회'를 열었다. 집회를 마친 뒤 화물연대는 포스코 및 운송업체와 면담에 나서 '진짜 사장 포스코'가 △운송료 인상 △철송·해송의 육송 수급 조절 △폐지된 할증 50% 복원 등의 문제를 해결하라고 요구했다.

그러나 포스코가 운송업체 뒤에 숨어 책임회피로 일관하자 화물연대는 한판 대결을 선언했다. 화물연대는 6월 28일 포항지부 조합원 400명과 포항제철소 앞에서 총파업 출정식을 열고, 30일부터 포스코 제품 출하 전면 통제에 나섰다. 화물연대 포항지부의 운송거부가 길어지자 포항 시내는 화물자동차가 장악했고 포스코 포항제철소의 제품 출하에도 차질이 빚어졌다. 7월까지 계속된 운송거부 투쟁으로 포항제철 일부 공장은 가동이 중단되기도 했다.

화물연대는 이 투쟁으로 운송료 일부 인상을 쟁취했다. 화물노동자의 집중투쟁이 재벌 대기업의 안하무인 행태에 경종을 울린 셈이다.

코카콜라 운송노동자, 더는 공짜노동 안 한다(2018년)

해고 철회와 운송료 현실화, 공짜 공병 회수 노동에 대한 대가 지불 등을 요구하며 한 달 넘도록 노숙 농성을 벌인 코카콜라 광주공장 화물노동자들의 투쟁이 마무리됐다.

(주)코카콜라 운송업체 (주)제이비상사와 계약을 맺고 최저운송료를 받으며 일해온 화물노동자들은 노동조건을 개선하고자 2018년 8월 17일 화물연대에 가입했다. 이들은 라운드(왕복) 운송료 체계로 공짜운송(공병 수거)을 지속해 온 상황이었다. 노조 가입 후 조합원들은 부당한 운송료 체계 개선을 요구했지만 사측은 묵묵부답이었다. 이에 조합원들은

9월 12일 차량에 "코카콜라는 운송료를 현실화하라"는 현수막을 내걸었다. 그러자 회사가 당일 밤 11시에 "9월 13일 배차 없음"이라는 문자메시지를 보내 사실상 해고를 통보했다. 문자로 해고를 통보받은 노동자는 모두 21명이나 됐다.

코카콜라분회는 공장 앞에서 노숙 농성을 시작하며 본격적인 투쟁에 나섰다. 투쟁 과정에서 대체 배송차량들의 출입을 막는 조합원에 대한 경찰의 과잉 대응도 말썽을 빚었다. 9월 19일 화물연대 광주지부 결의대회 후 행진 과정에서 7명이 연행되고 1명은 경찰 폭력으로 십자인대가 파열됐다. 경찰은 10월 1일에도 노동자와 가족을 땅바닥에 넘어트리고 수갑을 채운 채 연행하는 등 4차례에 걸쳐 11명이나 연행했다.

분회는 사측이 교섭에 나오도록 압박하는 투쟁을 이어가 10월 17일 8시간 마라톤협상 끝에 밤 11시 30분 최종 합의에 이르렀다. 합의 내용은 △배차 정지 통보받은 화물노동자들 계약 유지 및 고용승계 △투명한 배차 공개 △화물연대 활동 보장 등이며, 주요 쟁점이었던 운송료 현실화 문제는 2019년 코카콜라음료와 (주)제이비상사 재계약 1개월 전에 재협상키로 했다. 공짜 공병 회수 노동에 대한 대가는 실비에 약간 못 미치는 수준으로 합의했으며 민형사상 책임도 묻지 않기로 했다.

5부

역사의 주인으로
도약하다

2019~2022년

1.

화물노동자를 둘러싼 정세

노동자·민중 짓밟는 윤석열 정권

기대 속에 출범한 문재인 정권 시절에도 여전히 비정규직 규모는 늘고 연간 노동시간은 길었으며, 특수고용노동자의 노동기본권 역시 제자리걸음이었다. 이전 정부와 차별화된 친노동 정책을 내세웠지만 개혁은 후퇴하고 있었다.

2019년, 이른바 '조국 사태'로 문재인 정부에 대한 국민의 신뢰는 더욱 떨어졌다. 더불어민주당은 2020년 4월 21대 총선에서 보수 야당을 따라 위성정당을 창당하는 꼼수까지 저질렀다. 안희정 충남도지사, 오거돈 부산시장, 박원순 서울시장의 성폭력 사건이 밝혀졌다. 결국 적극 지지층을 제외한 대다수 국민은 문재인 정부와 여당에 대한 지지를 거두기 시작했다.

문재인 정부 하반기인 2020년부터 코로나19 감염병이 확산했다. 한국은 다른 국가에 비해 초창기 방역에 선방하기도 했으나 위기 대응의 한계가 드러났다. 또 사회적거리두기와 방역을 빌미로 문재인 정부와 지방정부가 노동자 등 사회적 약자들의 집회를 제한하면서 헌법상 보장된 집회·시위의 자유에 대한 침해 논란이 일기도 했다. 정부는 코로나 경제위기에 맞서 긴급 추경예산을 편성하고, 고용유지지원금을 확대하거나 긴급재난지원금 지급 등을 조치하기도 했다. 또 일자리 창출과 경제 부흥을 위해 한국판 뉴딜 추진을 선언했다. 그러나 경제위기가 초래한 사회적 위기를 막기 위한 정부의 긴급조치에도 거리두기 정책으로 손실을 본 자영업자와 특수고용·영세사업장 등 취약계층 노동자에게 실효성 있는 지원은 이뤄지지 않았다.

정권교체 여론이 높아진 가운데, 2022년 대선이 시작됐다. 국민의힘에서는 검찰개혁을 둘러싼 갈등으로 헌정사상 최초로 정직 징계를 받았다가 임기 도중에 검찰총장직을 사퇴한 윤석열을 후보로 선출했다. 3월 9일 선거에서 윤석열은 근소한 차이로 더불어민주당 이재명을 꺾고 20대 대통령에 당선됐다.

윤석열 정부는 취임 이후 월성원전 경제성 조작, 통계 왜곡·조작 등 의혹이 있다며 전임 정부 관련자 수사를 광범위하게 진행하면서 이른바 적폐 청산을 시도했다. 그리고 이명박·박근혜 정부와 같이 공공성 축소와 민영화, 언론 장악 등 전반적인 우경화 정책을 내세웠다. 긴축재정을 추진하며 민생·복지 예산은 물론 연구개발[33] 예산 등을 삭감해 사회적 논란이 일기도 했다.

윤석열 정부는 무엇보다 자유시장 경제를 강조하며 적극적인 친자본·친기업 정책과 극심한 반노동 정책을 추진했다. 종합부동산세와 법인세 등을 완화했고 이재용 삼성전자 부회장, 신동빈 롯데 회장 등 기업인 특별사면을 단행했다. 기업과 기업인에 대한 경제형벌 규정을 없애거나 행정제재로 완화하는 것을 추진하기도 했다.

반대로 노동쪽을 향해서는 적대적인 정책을 추진했다. 중소기업·자영업자의 민생 호소를 핑계로 50인 미만 사업장에 중대재해처벌법 적용 유예 기간 연장과 이주노동자 임금 차등 적용 등을 요구하기도 했다. 이러한 정부의 친기업·반노동 정책에 노동운동 진영과 시민사회가 반발하

---

33   R&D(Research and Development).

2023년 5월 16일 '건설노조 탄압 중단, 강압수사 책임자 처벌, 윤석열 정권 퇴진, 양회동 열사 정신 계승 민주노총 건설노조 총파업 결의대회'. [사진 : 민중언론 참세상]

자 정부는 전방위적인 탄압에 나섰다. 시민사회단체가 국고보조금을 부정 사용했다는 의혹을 제기하며 부도덕 집단으로 낙인찍고, 감사원과 국민의힘이 집권한 지자체를 통해 시민사회단체에 대한 감사와 지원 축소를 단행했다.

후보 시절 주120시간 노동 발언으로 논란을 빚더니 취임 이후에는 주52시간제의 유연화로 주69시간제 등 근로시간 재편 등을 추진해 국민적 반발을 샀다. 노동운동 진영에 대한 정부의 탄압은 극에 달했다. 재정 현황을 외부에 공표하는 노동조합에만 노조비 새액공제 혜택을 부여하는 등 회계 공시 의무화를 추진하며 모든 민주노조를 압박했다. 특히 화물연대가 2022년 11월부터 안전운임제 일몰제 폐지를 요구하며 파업에 나서자 최초로 업무개시명령을 내려 그 투쟁을 무력화시켰다. 또 건설노조가 조합원 채용을 강요하며 공사 방해와 폭력을 저질렀다며 '건폭'

으로 몰고, 윤석열의 지시에 따라 경찰은 2022년 12월 8일부터 2023년 8월 14일까지 '건폭 특별단속'으로 4,829명을 검찰에 송치하고 148명을 구속했다. 모욕감을 견딜 수 없었던 건설노동자 양회동은 2023년 5월 1일 자신의 몸에 불을 붙였다.

노동운동진영 노조법 2·3조 개정 총력투쟁

2019년 민주노총은 경사노위 불참 결정으로 사회적 대화 논의를 종결하고, ILO 핵심 협약 비준과 노동개악 저지를 위한 투쟁을 전개했다. 3월 6일 노동법개악저지 및 ILO 핵심협약 비준과 노동기본권 쟁취를 위한 총파업, 3월 27일에는 전국노동자대회를 열었고, 4월 1~2일에는 국회 앞에서 농성과 진입 투쟁을 전개했다. 민주노총의 투쟁에 대해 경찰은 6월 18일 민주노총 김명환 위원장에게 구속영장을 신청했다. 이에 민주노총은 6월 25일부터 27일까지 전국 동시다발 결의대회, 7월 18일 총파업대회를 개최하여 노동탄압을 규탄하고 노동개악 중단을 요구했다.

하반기 노동개악 입법 논의가 시작되자 민주노총은 10월 28일부터 정부 광화문종합청사 앞에서 릴레이 농성 투쟁을 시작하고 10월 31일 국회 앞에서 노동개악 분쇄와 탄력근로제 기간 확대 저지 결의대회, 11월 9일 여의도에서 10만여 명의 조합원이 참가한 전국노동자대회, 11월 30일 광화문광장에서 3만여 명의 참여 속에 민중대회를 열고 문재인 정부를 규탄했다.

2020년 민주노총은 21대 총선에 대응하는 한편, 코로나19 대확산의 위기 상황을 맞아 사회적 대화를 추진했으며 노동개악 저지와 전태일 3법[34] 쟁취 투쟁을 전개했다. 하반기 들어 8월 31일 전태일 3법 입법을 위

---

34 모든 노동자에게 근로기준법을 적용하는 근로기준법 11조 개정, 모든 노동자에게 노조할 권리를 보장하는 노조법 2조 개정, 모든 노동자에게 죽지 않고 일할 권리를 보장하는 중대재해기업처벌법 제정 등 3개 입법안.

한 청원운동을 시작해 10만 명의 참여로 국민청원을 성사시켰다. 10월 24일 전국 동시다발 총파업·총력투쟁 선포대회, 11월 4일 국회 앞 농성 돌입과 집단 삭발, 11월 25일 노동개악 저지와 전태일 3법 쟁취를 위한 총파업 총력투쟁을 했고 12월 첫 주를 총력투쟁 주간으로 설정, 다양한 투쟁을 이어갔다. 그러나 단체협약 유효기간 상한기간 연장과 탄력근로제 단위 기간 확대 등의 개악안이 포함된 노동법 개정안이 국회에서 통과되고 말았다. 12월 11일부터 산업재해 피해 유가족들은 국회 본청 앞에서 중대재해기업처벌법 제정을 촉구하며 단식농성에 돌입해 2021년 1월 8일에 국회 본회의를 통과했다.

2021년에도 민주노총은 한국 사회의 근본적인 문제와 불평등 세습 세상을 바꾸기 위한 투쟁을 전면화한다는 방침을 확정하고, 110만 조합원이 참여하는 총파업 투쟁을 결의했다. 3월 31일는 투쟁 선포대회를 열어 총파업 의제로 기간산업의 국유화, 비정규직 철폐, 재난 생계소득, 노동법 전면 개정, 주택·의료·교육 무상화를 제출했다. 7월 3일 경찰과 서울시의 집회 금지 통보에도 종로 3가에서 전국노동자대회를 열어 중대재해 비상조치, 비정규직 철폐, 구조조정 저지, 최저임금 인상, 노동법 전면 개정을 요구했다.

7월 3일 집회와 관련 경찰은 집시법과 감염병예방법 위반을 이유로 9월 2일 새벽 민주노총 사무실을 침탈하고, 양경수 위원장을 강제구인해 구속했다. 민주노총은 문재인 정부에 항의하는 기자회견과 중앙 임원 삭발식을 단행하고 투쟁을 이어갔다. 10월 20일에 수도권을 포함해 전국 14개 지역에서 7만여 명의 조합원의 참여 속에 총파업대회를 하고, 11월 13일에도 경찰과 정부의 집회 금지 통보에도 서울 동대문에서 전국노동자대회를 열어 평등사회로의 대전환을 요구했다.

2022년 노동운동진영은 20대 대선에 적극적으로 대응했다. 윤석열 정권 출범 이후에는 반노동 개악을 막아내기 위한 투쟁에 나섰다. 노동개악과 민영화 추진 등 한국 사회의 퇴행을 막아내기 위해 민주노총은 택

배노조, 거통고 조선하청지회, 화물연대 등의 현안 투쟁을 지원했다.

민주노총은 9월 14일 노동·시민·사회단체들과 함께 '노조법 2·3조 개정 운동본부'를 결성해 국회 통과를 요구하며 집중투쟁을 벌였다. 노조법 2·3조 개정 국민동의 청원에 이어 11월 30일부터 노조법 2·3조 피해당사자들이 단식투쟁을 전개했다. 양경수 민주노총 위원장 등 '노조법 2·3조 개정 운동본부' 공동대표단도 12월 19일 단식농성에 결합했다. 그러나 법안 개정안은 국회 상임위를 통과하지 못했다.[35]

이후 민주노총은 11월 12일 10만 총궐기 전국노동자대회를 사수하고 중단없는 투쟁을 이어 나갔다.

---

[35] 이후 '노란봉투법(노조법 2·3조 개정안)'이 두 차례나 국회 본회의를 통과했지만, 윤석열은 2023년 11월 9일(21대 국회)과 2024년 8월 16일(22대 국회) 두 차례 모두 거부권을 행사했다. 윤석열은 2024년 12월 3일 헌법에 반하는 '비상계엄'을 선포했다.

안전운임제 투쟁에 나서는 절박한 화물노동자

화물연대가 2003년 총파업 이후 운임제도 개혁 방안을 요구해 온 지 14년 만인 2018년 드디어 안전운임제가 법제화됐다. 그러나 컨테이너와 시멘트 품목에 한해 3년 일몰제(2020~2022년)로 운영하기로 함에 따라 시작부터 불행의 씨앗을 품고 있었다.

이 와중에 2020년 코로나19 펜데믹이 한국에서도 급속히 확산해 화물운송 시장에 심각한 영향을 끼쳤다. 생활물류서비스인 택배화물은 물동량이 증가했지만 수출입화물과 일반화물은 폐쇄 조치와 경제적 불확실성으로 물동량이 크게 감소했다. 게다가 사회적 거리두기 정책은 화물노동자를 비롯한 노동자 투쟁에도 제약이 됐다.

2022년 코로나19가 완화됐지만, 전면전으로 번진 우크라이나-러시아 전쟁까지 겹치며 공급망 불안정성은 더욱 상승하고 무엇보다 국제유가가 급등했다. 이 영향으로 꾸준히 상승한 국내유가는 5월 중순 최고치를 경신한 뒤에도 역대 가장 높은 수준을 기록했다.

화물노동자를 둘러싼 정세가 이토록 불안정한 가운데 2022년 대통령에 윤석열이 당선되면서 노동계는 물론 사회 전반에 먹구름을 드리웠다. 특히 화물연대의 숙원사업인 안전운임제 무력화 시도는 더욱 노골화됐다. 안전운임제 시행 시기 동안 운임인상 투쟁과 교섭에 힘써온 화물연대는 안전운임제 일몰을 앞둔 2022년 절체절명의 과제를 안고 투쟁에 나섰다. 그러나 간절한 투쟁에 대한 윤석열 정권의 화답은 업무개시명령 발동을 통한 탄압, 무자비한 탄압이었다.

물동량은 정체되고 화물차량은 공급과잉인 상태에서 운임 삭감, 계약 해지, 자본의 책임 전가로 노동조건이 더욱 황폐해진 화물노동자 앞에는 가시밭길이 펼쳐졌다. 그러나 화물연대는 지치거나 포기하지 않았다. 다시, 머리띠를 묶고 노동3권 완전 쟁취와 안전운임 쟁취를 향한 대장정에 성큼 발걸음을 내디뎠다.

2.
안전운임제 확대와 일몰제 폐지 투쟁

2019년 운임제 개혁·표준화 투쟁

총력투쟁 조직하며 교섭 병행

화물연대의 2019년 최대 과제는 운임제도 개혁과 운임의 전국 표준화였다. 3월 9일 정기대의원대회에서 △컨테이너·BCT 적정 안전운임 산정을 통한 운송료 인상 및 표준화 △철강·일반화물(카고) 적정 안전운송원가 산정을 통한 운송료 인상 및 표준화 △컨테이너·BCT·철강 중앙교섭 쟁취를 목표로 삼고 안전운임제·안전운송원가 설명회, 선전전과 캠페인, 교섭과 투쟁 등 구체 사업계획을 확정했다.

화물연대가 다시 법·제도개선을 위한 투쟁과 교섭에 나섰다. △안전운임제(안전운송원가제) △노동기본권 보장 및 산재보험 전면 적용 △지입제 폐지 △경유차 규제 강화 △기술변화 대응 및 규제 강화 △현안[36] 해결을 핵심 과제로 삼았다.

안전운임제 관련 핵심 요구는 무엇보다 '일몰제 폐지'와 '전 차종 전 품목으로의 확대'였다. 2018년 3월 국회를 통과한 화사법 개정안은 화물노동자 적정운임(임금)을 보장하기 위해 화물차주가 지급받는 최소한의

---

[36] 과적 근절을 위한 적재정량 단속 현실화, 고속도로 휴게시설 개선, 공영주차장 확충, 공제조합 개혁, 폐쇄형적재함 설치 의무화 등.

운임을 공표하는 '안전운임제' 도입을 담았다. 화물노동자들의 표준요율제·표준운임제 도입 요구를 일부 수용한 결과다. 그런데 컨테이너와 시멘트 품목에 한해 3년 일몰제(2020~2022년)로 운영하기로 해서 안전운임제를 적용받는 화물차는 전체의 10%에도 미치지 못했다.

4월 13일, 2019년 투쟁의 포문을 열었다. 화물연대 3천여 명의 조합원은 서울 종로타워 앞에서 '2019 화물노동자 총력투쟁 선포대회'를 열고 "과속·과적과 살인적인 노동시간을 강요당하며 어쩔 수 없이 화물차를 운행하고, 이러한 화물운송시장 구조는 화물노동자를 죽음의 도로로 내몰아 결국 국민의 안전까지 위협하고 있다"며 적정운임 보장과 노동조건 개선을 요구했다. 집회를 마친 참가자들은 민주노총의 '특수고용노동자 총궐기대회'에 결합해 △ILO 핵심협약 비준 △노조법 2조 개정을 요구했다.(사진)

이후 화물연대는 조직체계를 투쟁본부로 전환하고 본격적인 투쟁에 나섰다. 6월 1일(부산신항 삼거리), 7월 6일(충북 단양 한일시멘트 앞), 8월 31일(서울 세종로공원), 3차례 총력투쟁 결의대회를 잇달아 열며 열기를 모아갔다. 8월 31일 집회에는 국제운수노련도 함께 했다.(사진) 국제운수노련은 집회 전에 기자회견을 열어 "화물 운송 업무 안전운임을 쟁취하기 위한 한국 화물노동자 투쟁을 전적으로 지지한다"고 천명했다. 국제운수노련은 운전기사를 비롯한 모든 노동자에게 적정 임금을 보장하는 것은 존엄성 존중과 안전의 기본적인 내용이라며, 안전운임위원회는 기본적인 원칙을 고려해 화물노동자들이 공정한 운임을 받을 수 있도록 올바른 결정을 해야 한다고 강조했다.

두 차례 경고파업 끝에 '2020년 안전운임' 결정

화물연대는 총력투쟁을 조직하는 한편으로는 정부와 안전운임 교섭에 나섰다.

2020년부터 적용될 안전운임을 논의하기 위한 국토교통부 산하 '화물자동차 안전운임위원회'(아래 '안전운임위')가 7월 3일 발족했다. 안전운임위는 차주(화물연대), 화주(한국무역협회·한국시멘트협회·대한상공회의소), 운수사업자(물류협회·전국화물자동차운송주선사업연합회·전국화물자동차운송사업연합회) 대표들과 공익위원으로 구성하고 본 위원회와 전문위원회, 운영위원회를 뒀다. 안전운임은 국토교통부가 조사한 원가를 기준으로 안전운임위에서 심의해 결정하게 된다.

앞서 국토교통부는 4월부터 6월까지 안전운임TF를 가동하며 화물자동차 운송원가 조사와 관련한 협의를 진행해 왔다. 화물연대는 안전운임추진위원회를 두고 자문단 중심으로 안전운임TF 교섭에서 확인된 쟁점을 바탕으로 안전운임위에 대비해 왔다.

안전운임위가 가동되는 동안 화물연대는 <조합원 소식지>를 총 11차례(7월 26일~2020년 1월 9일) 발간해 교섭 상황과 쟁점, 투쟁본부 결정 사항과 투쟁 소식 등을 발 빠르게 알리며 조합원과 소통하고 투쟁을 조직했다.

이렇게 화물연대는 안전운임위에서 교섭을 진행하며 한편으로는 파업을 조직해 나가 10월 18일 1차 경고 파업을 벌였다. 전국 16개 지부에서 동시에 진행한 파업에는 1만 8천여 명의 화물연대 조합원뿐만 아니라 비조합원들까지 자발적으로 동참했다. 그 결과 주요 항만·공단지역의 운송이 중단되거나 물동량이 현저히 감소했다. 이날 경고파업을 벌이고 진행한 비상총회에서 조합원들은 만장일치로 안전운임제를 지켜내는 총파업 투쟁을 결의하고, 시기와 방식은 투쟁본부에 위임했다. 이날의 총파업 결의는 이후 교섭 과정에서 화물연대의 요구안을 관철하는 결정적인 힘이 됐다.

그러나 자본의 저항이 거셌다. 안전운임위는 당초 10월 31일까지 2020년 안전운임을 공포할 계획이었지만 화주·운송사의 저항과 이에 동조하는 정부 태도로 파행을 거듭했다. 화물연대는 11월 16~17일 다시

총파업 선포대회를 하고 국토교통부 앞에서 확대간부 철야농성을 벌이는 등 투쟁을 이어갔다.

안전운임위가 안전운임과 안전운송원가 결정 시한을 11월 21일로 연장했음에도 합의에 이르지 못했다. 결국 화물연대는 11월 25일 기자회견을 열어 안전운임제를 제대로 시행하지 않으면 총파업에 돌입하겠다고 밝히고, 26일 2차 경고파업을 벌이며 비상총회를 진행했다.(사진) 29일부터는 김영수 컨테이너위수탁지부장과 김용주 부산지부장이 단식농성에 돌입했고, 12월 2일부터는 울산지부장도 단식농성에 가세했다. 단식은 12월 5일까지 계속됐다. 경남지부가 창원 성산구청 앞에서 12월 4일부터 천막농성을 시작한 것으로부터 전국 16곳에서 천막농성을 벌이는 등 투쟁은 전국에서 타올랐다.

화물연대가 전국에서 투쟁하며 압박을 가한 결과 마침내 12월 12일 안전운임위에서 2020년 안전운임이 결정됐다. 운수업체가 화물차주에게 지급해야 하는 위탁운임의 경우 컨테이너는 1㎞당 평균 2,033원, 시멘트는 1㎞당 평균 899원으로 결정했다. 또 화주가 운수업체나 화물차주에게 지급해야 하는 운임의 경우 컨테이너는 1km당 평균 2,277원, 시멘트는 1km당 957원으로 결정됐다. 이날 결정된 화물 안전운임은 2020년 1월 1일부터 적용된다.

이날 합의에 이르기까지 화주와 운수사업자들은 오히려 현재 운임보다 삭감되는 안을 제출하기도 해 빈축을 샀다. 그리고 12일 결정을 앞두고 운수사업자 대표위원들은 불참했고, 화주 대표위원 중 시멘트협회 대표위원이 퇴장하기도 해 공익위원들의 중재안을 놓고 참가한 위원들이 표결해 가결됐다.

화물연대는 안전운임 결정 이후 입장문을 내고 "12일 안전운임 결정을 앞두고 운수사업자 대표위원 불참과 시멘트협회 대표위원의 표결 직전 퇴장은 안전운임제를 무력화하려는 의도를 단적으로 보여준 것"이라며 "이후 제대로 된 안전운임제의 안착을 위해 자본의 안전운임제 무력화 시도에 단호히 대응할 것"이라고 밝혔다. 또 "안전운임제를 화물노동자의 권리 보장과 국민의 생명과 안전을 지키는 제도로 발전시키기 위해 법 개정과 제도개선에 매진해 나갈 것"이라며 "안전운임제 안착과 일몰제 폐지 및 전차종·전품목 확대를 위한 화물연대의 투쟁은 계속될 것"이라고 강조했다. 안전운임제의 온전한 적용은 여전히 과제로 남았다.

2020년 안전운임제 무력화에 맞선 투쟁

안전운임제 안 지키는 자본

2020년 1월부터 적용할 안전운임이 결정됐지만 제도의 허점과 국토교통부의 잘못된 지침으로 자본의 안전운임제 무력화 시도가 광범위하게 벌어졌다.

화물연대 안전운임추진위원회는 2020년 안전운임(컨테이너·시멘트/철강·카고) 교섭 대응과 지역별 투쟁·교섭 지원을 중심으로 활동했다. 2020년은 안전운임이 시행되는 첫해로 제도를 제대로 시행하고 안착하는 것이 중요했다. 화물연대는 제도 무력화 시도를 막고 안전운임을 현장에 안착시키기 위해 일일이 투쟁으로 대응했다. 일부 지역과 사업장에서 성과를 거두기도 했지만, 여전히 많은 지역과 사업장에서 제도 위반이 광범위하게 발생하고 있었다.

시행 초기에 눈치를 보던 화주·운수사업자들이 3월 이후부터 업체 간 담합, 새로운 비용 추가 신설, 백마진(리베이트), 최저입찰제 등 온갖 편법과 불법을 저질렀다. 적정운임을 위반한 채 제멋대로 운임을 정하고 법에서 금지한 수수료도 이름만 바꿔 받아 갔다. 심지어 안전운임 위반에 동의하지 않으면 물량을 주지 않겠다며 협박하기도 했다. 안전운임 자체를 지급하지 않거나 운행 방식을 바꾸는 편법도 자행됐다. 선사, 운수사업자 등은 고시 취소 소송을 접수하며 제도 자체를 부정했다.

2020년 8월 말 기준 한국교통안전공단(국토교통부 위탁) '화물안전운임 신고센터'에 접수된 안전 운임 위반 건수는 816건에 불과했다. 위반 사례가 다 신고 접수되는 게 아니라는 방증이다. 처리 결과는 해당 지자체 통보 316건, 서류 보완 검토 중 393건, 신고 취하 22건, 자체 종결 85건이었다. 이때까지 과태료 등 행정 조치를 당한 사례는 한 건도 없었다. 더구나 신고센터 인력 10명 중 전담 인력은 정규직 2명과 인턴 1명이 전부였고, 기존 화물운송실적 콜센터 센터장과 상담사 6명이 겸직하는 실정이었다. 또 신고자가 신고하면 사실확인 과정에서 실명이 드러나는 제도상의 허점이 신고센터 권한을 약화시키는데 크게 작용하고 있다는 지적도 나왔다.

화물연대가 컨테이너 조합원 475명을 대상으로 7월 27일부터 8월 10일까지 조사한 결과 안전운임 위반을 경험한 사람은 52%%(248명)에 달했다. 주요 위반 유형별(중복 포함)로 보면 불법 수수료 징수가 45%(215명)로 가장 많았고, 안전운임 미지급 33%(158명), 비용 인상 29%(142

명), 부대 조항[37] 미준수 36%(175명) 등이었다. 노조라는 울타리가 있는 화물연대 조합원을 상대로 한 설문조사에서 절반이 넘게 위반을 경험했다고 답했다면 비조합원 화물노동자의 현장 실태는 더 심각하다는 점을 쉽게 짐작할 수 있다.

안전운임제가 애초 컨테이너와 시멘트 2개 분야에만 국한된 데다 일몰제로 시행되다 보니 운수사업자들에게는 각종 편법과 불법으로 3년만 버티자는 기류가 형성되고 있었다. 적용 분야를 확대하고 일몰제를 폐지해서 안전운임제의 지속성과 정부의 의지를 강력한 메시지로 전달해야 한다는 목소리는 더욱 커졌다.

지역·현장 특성 고려한 운임제 재설계투쟁

국토교통부가 고시한 운임제도는 화물 무게와 거리에 따라 운송료를 책정하고 있다. 이러다 보니 지역·현장별 특성을 고려하지 않은 운임체계도 문제였다. 중앙교섭으로 모든 지역과 사업장의 운행 특성을 반영한 운임을 설계하는 게 현실적으로 불가능하므로, 안전운임제를 바탕으로 지역·사업장별 투쟁과 교섭을 통해 현장에 맞는 운임을 만들고 제도를 안착시키는 게 필요했다. 화물연대는 2020년 제도 안착과 운임 현실화를 위해 안전운임 고시 이후 본부 차원에서 투쟁사업단 활동과 지역별 투쟁·교섭을 진행했으며, 안전운임추진위원회에서 지원했다.

광양항 배후단지 창고에서 컨테이너를 운송하는 셔틀 트레이너 화물연대 차량 150여 대가 3월 25일부터 파업에 나섰다. 중장거리 기준 안전운송운임이 정해져 있지만 가까운 거리를 오가는 셔틀 트레일러는 운임을 업체와 노조가 협의하도록 했다. 안전운임제 기준으로 광양항 셔틀

---

37   △20피트·40피트 외 규격 컨테이너 혹은 20피트 콤바인 운송의 경우 적용 운임 할증 △허가가 필요한 제한차량, 냉동·냉장차량, 위험물 운반의 운임 할증 △산간벽지·오지 할증 협의 △화주 요청에 따른 일요일·공휴일·심야 운행 할증 △상하차대기료·배차취소료·샤시임대료 지급 △유가연동제 적용 △도선료·교량통행료 등 실비 지급 △과적 단속 회차 시 운임 100% 지급, 과태료 화주 부담 등.

트레일러 1회 운송은 92,000원이지만 당시는 44,000원에 지나지 않았으므로 화물연대 전남지부가 50% 인상을 요구한 것이다. 배후단지 협의회는 받아들일 수 없다고 버텼다. 화물연대는 3월 31일 6백여 대의 차량으로 광양항 배후단지를 포위하는 주차 시위를 벌이며 투쟁을 이어간 끝에 4월 4일 안전운임 합의서를 체결하고 운임 고시까지 마무리했다.

　4월 10일부터는 제주지부 BCT분회가 무기한 파업을 벌였다. 역시 제주도 지역 특성을 고려하지 않는 운임체계가 문제였다. 부산에서 서울·평택항까지 장거리 운송을 하는 육지와 섬 안에서 단거리 운송을 하는 제주도의 운임은 차이가 크니 이를 고려해 개편하라는 요구를 내걸었다. 이미 광양항 컨테이너 배후단지 단거리 운송 화물노동자들이 배후단지 입주기업협의회와 지역 특수성을 반영한 운임제를 만드는 데 합의한 사례를 참고했다. 화물연대는 화주사인 쌍용양회·삼표시멘트·한라시멘트 쪽에 운임체계 개편을 위한 대화를 요구했으나 일부 운송사를 제외하고는 교섭에 응하지 않았다. 화물연대는 화주사가 대화조차 거부한다면 투쟁이 불가피하다며 파업의 강도를 높여 나갔다. 화물연대의 파업으로 제주항은 물론 지역 내 건설공사 현장까지 마비되는 상황에 이르렀다. 결국 사측은 제주도의 중재안을 받아들여 파업 60일째인 6월 9일 안전운임제 대비 평균 21% 인상에 합의했다. 화물연대는 이번 합의에 대해 "아쉬움이 남는 중재안"이었다면서도 "톤당 단가만을 기준으로 운임을 산정하던 기존 업계 관행과 달리 대당 운임을 기준으로 인상률을 결정함으로써 과적 같은 위험한 운송형태 근절을 기대할 수 있게 됐다"고 평가했다. 특히 안전운임위에서 고시한 운임이나 구조에서 포함하지 못했던 현장의 다양한 운송형태를 반영해 안전운임을 재고시한 사례로 이후 제도의 발전과 보완에 많은 도움이 될 것으로 전망했다. 지역 특성을 고려한 별도의 운임제도를 설계해야 생계를 보장할 수 있다는 점을 다시 확인한 셈이다.

　화물연대는 2020년 5월 15일 최대 물류기지인 부산신항 삼거리에서

'안전운임제 사수와 전면 실시'를 촉구하며 총력투쟁 결의대회를 열었
다. 비가 거세게 몰아치는 가운데서도 집회에는 안전운임 적용 품목인
컨테이너, BCT뿐 아니라 카고, 철강, 유통, 자동차 등 전 차종 전 품목에
걸쳐 전국에서 3천여 명의 조합원과 1천여 대의 화물차가 참여했다. 이
어 6월 4일에는 '안전운임제 준수'를 촉구하며 하루 경고파업을 벌였다.
화물노동자 3천여 명은 부산신항과 광양항, 울산신항, 인천항, 평택항
등 5개 항구에 모여 파업 결의대회를 진행했다.

　이러한 화물연대의 위력적인 투쟁으로 대산, 광양, 울산 등 핵심 거점
의 운송사들이 안전운임을 준수하겠다는 합의서에 서명했다. 대산석유
화학단지 수출입 컨테이너 안전운임 협약서 체결(3월 25일), 울산석유화
학단지 사업장별 안전운임 준수 협약서 체결(5월 11~14일), 부산신항 배
후단지 안전운임 합의서 체결(5월 29일)과 운임 고시(7월 29일) 등 전국
지역·현장에서 안전운임 사수 투쟁이 진행돼 지역·사업장별로 협약을
체결하는 성과를 일궜다. 특히 광양항·부산신항 배후단지와 제주지역
BCT는 교섭 내용은 안전운임 재고시에 반영함에 따라 안전운임을 보완
할 수 있었다.

　화물연대는 2020년 10월 31일 임시대의원대회에서 안전운임 관련
컨테이너는 △수수료 공제 금지를 통한 운임 인상 현실화 △현장의 다
양한 운송형태에 맞는 안전운임 적용, 시멘트는 △소득수준 인상과 기
본구간 설정을 통한 운임 인상 △모르타르 할증과 제주지역운임 도입
을 통한 운임 현실화를 요구안으로 확정하고 제도 보완과 처벌강화를
통한 안정적인 제도 시행까지 요구하기로 했다. 그리고 국토교통부와
안전운임위, 컨테이너 전문위원회, 시멘트 전문위원회 등에서 교섭을
이어가는 한편 지역별 조합원 간담회로 현장 의견을 모아냈다. 화물연
대 투쟁본부에서는 교섭 상황을 공유하며 교섭전략과 대응 방안을 논
의해 나갔다.

　그러나 여전히 자본의 제도 위반이나 무력화 시도가 광범위하게 발생

하고 있어 제도 안착화가 쉽지 않은 상황이었다.

'2021년 안전운임' 인상과 제도보완 투쟁

화물연대 충북지부 제천지회는 7월 25일 충북 한일시멘트 공장 앞에서 BCT 조합원을 주축으로 400여 명이 참가한 가운데 '제대로 된 시멘트 안전운임 쟁취! 화물연대 결의대회'를 가졌다. 이들은 화주 입장이 강하게 작용한 2000년 BCT 안전운임은 현실을 반영하지 못하고 있다며, 국토교통부와 화주·운송사에 제대로 된 2021년 안전운임 설계를 촉구했다. 불완전하지만 안전운임제가 법제화되고 교섭으로 운임을 정하고 있는데도 자본이 이를 지키지 않아 현장에서는 계속 잡음이 일었다.

2020년 7월부터 2021년 적용 안전운임을 결정하기 위한 안전운임위 교섭이 시작됐다. 화물연대는 2021년에는 무엇보다 현장의 운행 형태 등을 제대로 반영해 운임을 현실화하고자 했으며 이를 위해 컨테이너·시멘트 조합원들과 간담회도 여러 차례 진행했다.

화물연대는 2021년 안전운임 교섭이 막바지로 가는 10월 26일 정부 세종청사 국토교통부 앞에서 '2021년 안전운임 인상! 화물노동자 생존권 쟁취를 위한 화물연대 총력투쟁 선포대회'를 열고 안전운임 현장 안착을 위한 법·제도 개선을 촉구하며 1박 2일 투쟁을 벌였다.(사진)

한편 2020년은 코로나19의 영향으로 세계적 경제 상황이 위기에 처한 가운데 한국 경제도 위기에 봉착했다. 주요 제조업 품목의 수출·생산 감소로 전체 물동량도 감소했다. 경제위기를 빌미로 안전

운임에 대한 화주 반발은 더욱 거세졌다. 무역협회, 대한상공회의소, 시멘트협회 등 화주 대표들은 교섭 시작부터 마지막 순간까지 일관되게 운임 동결을 주장하며 운임 인상과 관련한 논의와 협의 자체를 거부했다. 안전운임위 회의는 해태하면서 정부를 상대로는 로비를 펼쳤다. 정부도 화주 입장만 수용하며 화물노동자에게 양보를 강요했다.

화주들이 이미 합의된 내용마저 번복하며 의도적으로 2021년 안전운임 교섭을 방해하자 화물연대는 12월 11일 0시부터 전국 주요 항만과 시멘트공장에서 경고파업을 벌였다. 교섭이 해를 넘긴 가운데 화물연대는 2021년 1월 3일 안전운임 교섭 대응 최종 방침을 결정했다. 화물연대는 화물노동자의 장시간·고강도 노동과 물량 감소로 인한 소득 감소 등을 종합적으로 고려한 운임 인상(컨테이너 11%, 시멘트 21.4%)을 요구했다.

그러나 국토교통부와 공익위원은 경제위기를 빌미로 한 자본의 요구를 수용해 자본 편향적인 인상률 결정을 강행해 버렸다. 그렇게 1월 26일, 2021년 적용 화물자동차 안전운임이 최종 의결돼 2020년보다 컨테이너는 평균 2%, 시멘트는 평균 5.9% 인상됐다.

2020년 교섭에서는 몇 가지 성과도 있었다. 2020년에는 일부 운송형태가 안전운임 적용 대상에서 제외되거나 운송비용·시간이 더 소요됨에도 할증이 적용되지 않아 운임이 하락하는 경우도 발생했지만, 2021년에는 현장의 다양한 운송형태에 맞는 안전운임을 설계하고 할증제도를 보완해 운임을 현실화했다. 부대조항을 수정·보완했고, 컨테이너 안전운임은 3,500개 읍·면·동으로 구간을 세분화해 거리 산정 오류로 인한 운임 하락 문제를 해결했으며, 시멘트 안전운임은 초단거리 운임을 설정해 최소한의 고정비용을 보장하도록 했다.

제도 안착화를 위해 처벌도 강화했다. 2020년에 안전운임 위반이 많고 대부분 불법적인 수수료 공제·징수가 문제였던 만큼 2021년에는 운송사들의 불법적인 수수료 공제 금지조항을 보완했다. 또 제도 안착을 위해 안전운임위에서 국토교통부 주도로 민·관 합동단속반을 운영해 처벌을 강화하도록 했다.

이렇게 2020년 교섭에서는 현장 투쟁을 바탕으로 구간거리 세분화, 부대조항 수정·보완 등을 통해 제도를 보완할 수 있었다. 다만 코로나19로 인해 전 세계적 경제위기가 발생한 상황에서 운임을 하향 조정해야 한다는 자본의 공격과 로비에 최종적으로 운임 인상은 기대치보다 낮은 수준으로 통과됐다. 코로나19로 인한 사회적 거리두기 탓에 전 조직 차원의 광범위한 투쟁을 진행할 수 없었던 점도 아쉬움으로 남았다. 하반기 안전운임 교섭 시기와 화물연대 총선거 시기가 맞물리면서 지도부 공백으로 교섭과 투쟁에 집중이 어려웠던 것도 사실이다.

일몰제 폐지와 적용 차종·품목 확대, 실효성 확보 등 법·제도 개선과 시행 2년 차를 맞이하는 안전운임제의 현장 안착화는 화물연대의 중요한 과제로 남았다.

2021년 안전운임제 안착화 투쟁

화물노동자가 살려면 안전운임제 확대해야

안전운임제 시행 2년 차를 맞이했지만 도입부터 차종과 품목을 제한하고 그나마 일몰제였던 만큼 효과는 일부에 그쳤다. 게다가 자본의 위반 사례는 여전했다. 국토교통부는 화물자동차 안전운임제 안착을 위해 2021년 5월 6~7일 정부·지방자치단체 합동 현장점검을 벌인 결과 위반 사항 총 439건 적발했다. 자발적 안전운임 준수를 유도하기 위해 추진한 현장점검에는 물류협회, 화련, 전국화물자동차운송주선사업연합회, 화물연대 등 화물운송업계 대표 4개 단체가 참여했다. 점검반은 이틀간 부산항 인근 운수사업자를 대상으로 안전운임보다 낮은 운임을 지급하거나, 편법으로 수수료를 받는 등의 위반 사례를 집중적으로 점검하고, 화사법상 운수사업자 준수사항을 지키는지도 함께 점검했다. 점검 결과,

안전운임 미만 운임 지급 156건, 안전운임 이상으로 운임 지급 후 별도 수수료 명목으로 비용 수취 256건, 리베이트 27건 등 안전운임 위반 정황이 439건이나 적발됐다. 점검 대상이 부산항 인근 일부로 제한적이었던 만큼 전체적으로는 심각한 상황임을 짐작할 수 있다.

그럼에도 법으로 안전운임을 강제하는 만큼 시행 2년 차를 맞으며 안전운임을 적용하는 품목에서는 졸음운전이나 과적·과속이 감소하는 등 사고 위험이 줄고 노동환경이 개선되는 효과가 나타나는 것으로 분석됐다.

2021년 11월 한국안전운임연구단(단장 백두주)이 발표한 '한국 안전운임 시행 효과 분석 및 지속 가능한 제도 시행을 위한 조사결과' 보고서는 화물노동자들의 근로 여건이 개선되고 삶의 질 또한 개선된 만큼 제도를 확대해야 한다고 주문했다. 연구단은 2020년 10월부터 2021년 9월 사이에 컨테이너와 BCT 차주 1,040여 명을 대상으로 3차례 전화와 심층 면접조사를 벌였다. 안전운임제 시행 이전과 이후를 비교한 결과 졸음운전 경험 비율은 71.8%에서 53.3%로, 과적 경험 비율은 24.3%에서 9.3%로, 과속 경험 비율은 32.7%에서 19.9%로 각각 감소했다. 운행 중 피로도는 제도 시행 이전 3.76점에서 시행 이후 3.58점으로, 노동환경 위험도는 4.03점에서 3.80점으로 각각 줄어들었다. 반면 하루 평균 수면시간은 5.57시간에서 5.83시간으로 늘었다. 보고서는 "3년 일몰제 제한을 폐지해 안전운임의 효과성과 지속성을 확보하고 적용대상(품목)을 보다 확대해야 한다"고 밝혔다. 한국안전운임연구단은 전체 화물산업 측면에서 봐도 안전운임제에 다단계 운송거래단계 감소, 화물운송시장 투명성 증가, 저가운임경쟁 감소 등의 긍정적 효과가 있다고 분석했다.

법·제도개선 촉구 6.18 경고파업

화물연대는 2021년에 안전운임제 일몰제 폐지와 전차종·전품목으로 확대, 그리고 화물노동자 산재보험 전면 적용 등을 쟁취하기 위한 투쟁을 이어갔다. 3월 12일 정기대의원대회에서 일찌감치 10월 총파업을 결의해 두고 차곡차곡 투쟁을 조직해 나갔다.

총파업으로 가는 과정에 6월 18일, 전국에서 하루 경고파업을 벌였다. 전국 16개 지부가 경고파업에 돌입해 오후 2시부터는 지부별로 파업 결의대회를 진행했다. 화물연대는 이날 정부서울청사에서 기자회견을 열어 "낮은 임금은 화물노동자에게 도로 위의 시한폭탄이 될 것을 강제한다"며 "생계를 유지하기 위해 덜 자고, 더 오래 일하고, 더 많이 싣고, 더 빨리 달려야만 하는 속에 화물노동자의 안전이 위협받고 있다"고 파업 이유를 밝혔다. 화물연대는 파업을 벌이며 △안전운임제 일몰제 폐지 △안전운임 전면 확대·적용 △화물노동자 산재보험 전면 적용 △명의신탁제(지입제) 폐지 △운송료 인상 요구가 관철되지 않으면 예정대로 10월에 총파업에 돌입하겠다고 경고했다.

더불어민주당 조오섭 의원이 2021년 1월에 발의한 안전운임 일몰제 폐지를 담은 화사법 개정안은 3월 상임위에 상정되기도 했지만 국회 문턱을 넘지 못하고 있었다. 8월에는 정의당 심상정 의원이 소화물(택배·음식배달 등) 안전배달료를 포함한 '생활물류서비스발전법' 개정안을 발의했다.

화물차 안전운임제 도입·확산을 위한 국제심포지엄도 열렸다. 화물연대는 서울 서초구 한국컨퍼런스센터에서 6월 30일부터 7월 1일까지 호주 운수노조, 뉴질랜드 퍼스트 유니온[38], 브라질 운수물류노조연맹[39]과 함께 '안전운임 안착 및 세계 확산을 위한 국제심포지엄'을 진행했다. 심포지엄에는 화물연대와 라이더유니온 등 운수부문 조합원 40여 명과 안전운임 관련 연구자, 국회의원 등이 참석했다. 온라인으로는 북·남미, 유럽, 아랍권, 아프리카, 아시아·태평양 지역 총 34개국 노동조합 대표와

---

38   퍼스트 유니온(FIRST Union)은 뉴질랜드의 전국적 노동조합으로 금융, 산업, 소매, 매장, 운송의 5개 부문을 포괄하고 있다.

39   CNTTL(Confederação Nacional dos Trabalhadores em Transportes e Logística).

전문가, 도로운수산업 관계자 80여 명이 참여했다. 참가자들은 한국의 안전운임제가 세계적으로 확산돼야 한다고 입을 모았다. 제러드 애보트 퍼스트 유니온 서기장은 "한국의 안전운임제는 다른 나라에 영감을 주고 있다"며 "이틀간의 논의를 통해 안전운임제의 필요성을 다시 한번 확인할 수 있었다"고 밝혔다. 루이스 벨라스케스 아르헨티나 화물노조 사무부처장도 "아르헨티나, 칠레, 볼리비아 등 남미의 여러 국가에서 안전운임제 도입을 위해 노력하겠다"고 말했다. 안전운임제를 유지해야 한다는 지적도 나왔다. 글렌 스테르엘 호주 상원의원은 "시행 과정에서 쌓은 경험을 바탕으로 안전운임제를 집행하고 발전시켜 나가는 적극적인 역할을 맡아달라"고 강조했다. 조오섭 더불어민주당 의원도 "안전운임제 일몰제를 폐지하고 제도를 확대하는 과제가 우리 앞에 놓여 있다"며 "한국의 안전운임제가 전 세계에 좋은 선례로 남을 수 있도록 최선을 다하겠다"고 했다. 호주 노사정 패널토론에서는 안전운임제가 화물노동자의 안전뿐만 아니라 화주(기업)와 운수업체의 경쟁력 강화를 위해서도 필요하다는 언급도 나왔다. 로리 드 에이피스 린폭스 로지스틱스 인사과장은 "안정적인 일자리, 공정한 임금을 지불하다 보면 경쟁력에 대한 압박이 생기는 것은 사실"이라면서 "화물노동자들이 자신들의 전문적 노동에 대한 보상을 받고 안전하게 노동할 수 있도록 안전운임제를 지지한다. 우리는 임금 삭감을 통한 비용 경쟁이 아니라 서비스 질로 경쟁할 것"이라고 밝혔다.

심포지엄을 마친 참가자들은 결의문에서 "전 세계 도로운수노동자들이 유사한 구조적 문제를 겪고 있다는 점을 확인했다. 많은 나라에서 낮은 운임, 비합리적 요구로 인해 과속·과적·장시간 운행을 비롯한 위험한 운전 행위를 강요받고 있다"며 "안전운임제의 안착 및 세계적 확산에 역행하는 어떠한 시도에도 단호히 반대할 것을 선언한다"고 밝혔다.

화물연대는 안전운임제가 계속 시행될 수 있도록 법 개정 등을 요구했다. 안전운임제는 문재인 정부의 핵심 공약 중 하나로, 도입 당시 야당의 반대로 3년 일몰법안으로 통과됐지만 효과가 드러나고 있었다. 화물노동자와 국민의 안전 증진이라는 안전운임제도의 도입 취지를 고려하면 일몰제는 반드시 폐지돼야 했고, 도리어 전품목·전차종으로 전면 확대해야 한다. 안전운임제 적용 대상은 전체 화물자동차 41만 대 가운데 26,000대에 지나지 않아 법·제도 취지를 달성하기에는 턱없이 부족했다.

그런데 2021년 7월, 2022년 운임 산정을 위한 안전운임위가 구성됐으나 무역협회와 대한상공회의소가 화주 대표위원 추천을 거부하고 나섰다. 이후 안전운임위는 정당성 확보를 위해 몇 차례 회의를 연기하고 화주 대표위원을 참석시키기 위한 노력을 계속했다. 이와 관련 화물연대는 9월 1일 정부서울청사 앞에서 '화물자동차 안전운임위원회 불참 무역협회 및 대한상공회의소 규탄 기자회견'을 열어 "2022년 운임 산정을 위한 위원회가 구성되기도 전에 불참을 선언하며 제도를 파행시키려 하고 있다"며 해당 사용자단체를 거세게 비판했다.

9월 29일 안전운임위 회의에 대한상공회의소가 참석했지만 무역협회는 여전히 참가를 거부했다. 그러자 대한상공회의소는 "회의에는 참석하겠지만 무역협회가 참석하지 않으면 표결은 거부하겠다"고 나섰다. 전문위원회에서도 해운협회가 참석을 거부하는 등 제도 안착에 찬물을 끼얹는 행위는 계속됐다.

11월 총파업으로 국면전환 성공, 결의 모아 다음 투쟁으로

사용자 업체들이 회의 참석조차 거부하고 정부 역시 의지가 없는 가운데 안전운임제는 2022년 안전운임 협상조차 진척이 없이 2022년 일몰을 앞둔 처지에 놓였다. 화물연대는 예고대로 총파업을 향해 나아갔다. 화물연대는 10월 25일 서울시 중구 민주노총 12층 회의실에서 기자회견을 열고 조합원 찬반투표 결과 67.04% 찬성으로 총파업을 결의했다고 밝혔다. 화물연대는 "전면 총파업 전 마지막 대화 창구를 열어놨다"며

10월 말 총파업 결의대회를 예고하고, "그래도 요구가 관철되지 않으면 11월 중순 이후 조합원 23,000명이 무기한 전면파업에 돌입한다"고 밝혔다. 그리고 △안전운임 일몰제 폐지 △안전운임 전차종·전품목 확대 △화물노동자 산재보험 전면 적용 △명의신탁제(지입제) 폐지 △운송료 인상 △노동기본권 보장을 요구했다.

예고대로 10월 30일 오후 정부세종청사 국토교통부 앞에서 경남 창원 등 전국에서 올라온 조합원 3천여 명이 참석해 '총파업 결의대회'를 열었다.(사진) 화물연대는 "안전운임 대상은 전체 화물자동차 41만 대 가운데 26,000여 대에 불과하다"며 "안전운임을 철강, 카고, 유통, 택배 등으로 확대해 시행해야 한다"고 주장했다. 이어 "화물노동자는 운송 비용과 운송에 필요한 노동을 모두 감당해 위험이 크다. 산재보험은 화물노동자의 생존권과 생명을 보호하기 위한 최소한의 보호막이므로 모든 화물노동자가 산재보험 혜택을 받아야 한다"고 요구했다. 이날 경찰은 29대 중대 경력 2,100명을 경비에 동원하는 한편 화물연대 집회를 불법으로 규정하고 수사하겠다고 나섰다. 세종남부경찰서는 화물연대가 집회신고보다 더 많은 인원이 집회에 참석했고, 해산 명령에도 응하지 않았다고 주장했다. 세종시도 이날 집회가 사회적 거리두기를 위반했다며 주최 쪽을 '감염병 예방 및 관리에 관한 법률' 위반으로 고발했다.

화물연대는 위축되지 않았다. 투쟁을 이어가던 화물연대 조합원들은 마침내 2021년 11월 25일부터 27일까지 사흘 동안 시한부 총파업을 벌였다. 그러나 정부는 온전한 안전운임제 도입은커녕 화물연대에 대해 '집회 금지'를 명하는 등 근본적인 문제 해결보다 화물노동자를 사회적으로 고립시키는 전략을 고수했다. 정부와 경찰은 애써 화물연대 파업 효과를 축소했지만, 실제 주요 품목에서 파업의 효과가 드러났다. 컨테이너, 철강, 화학단지 등 전통적으로 화물연대의 조직력이 높은 품목을 중심으로 파업 파급력이 컸다. 시멘트의 경우 조합원 확대에 힘입어 강력한 현장 투쟁과 의지로 파업 영향이 컸으며 비조합원의 동참률도 높았다. 포스코, 남양유업 등 전국 주요 사업장에서도 현안 투쟁을 총파업 시기에 맞춰 전개했다. 총파업으로 전국의 항만, 주요 화주공장, 물류 거점, 산업단지 등이 봉쇄됨에 따라 파급력은 배가됐다.

화물연대는 11월 시한부 총파업으로 확실하게 국면을 전환하는 성과를 확보했다. 단기적으로는 안전운임 일몰제 폐지를 위한 법·제도 개선 동력 확보가 가장 큰 목표였고, 중장기적으로는 안전운임 전차종·전품목 확대를 포함한 화사법 전반 개정 투쟁의 첫 포문이었다. 1차 총파업을 계기로 대정부 정례교섭이 본격화되고, 화주의 안전운임위원회 보이콧을 철회시키는 성과를 확보했다. 기존 화물연대 총파업이 '투쟁방식'을 중심으로 쟁점화되면서 보수언론들의 프레임 공격과 정부의 탄압 논리에 취약했다면, 이번 총파업은 '화물연대 요구안'을 중심으로 쟁점화했다. 다방면의 언론사업을 통해 안전운임을 중심으로 쟁점을 제기함으로써 파업에 대한 긍정적인 여론이 형성됐다.

결국 화주들도 안전운임위에 나올 수밖에 없었다. 2022년 안전운임은 2021년 12월 30일에 최종 의결됐다. 수출입 컨테이너의 경우 화주가 운수사업자에게 지급하는 안전운송운임은 1.68%, 운수사업자가 화물차주에게 지급하는 안전위탁운임은 1.57% 인상됐다. 환적화물 운임은 동결됐고, 항만 배후단지 운임은 1.5% 인상됐다. 시멘트의 경우 안전운송운임은 2.67%, 안전위탁운임은 2.66% 인상됐다. 대체공휴일에도 공휴일 할증을 적용토록 하는 등 운임 할증과 적용 방법에 관한 부대조항도 일부 수정·보완됐다.

이러한 국면전환을 기반으로 화물연대는 2022년에 안전운임 확대를 중심으로 한 주요 법 개정 투쟁에 나서야 하는 과제를 안게 됐다. 전면적인 법 개정 투쟁을 앞두고 전개한 2021년 시한부 총파업은 조합원들의 자신감과 투쟁 의지를 드높였다. 성공적인 국면전환으로 화물연대는 우위를 점한 상태에서 향후 교섭과 투쟁을 전개할 수 있게 됐다. 더 큰 투쟁을 준비하기 위한 교두보로써의 역할을 달성한 셈이다.

이제 2차 총파업 승리를 위한 전략과 준비가 필요했다. 모든 차종과 품목을 아우르는 총파업 투쟁 전개를 위해 화물연대는 2021년 총파업에서 도출된 과제에 관한 조직적 논의를 이어가 2022년 총파업을 예비하며 조직체계를 정비하고 태세를 갖춰 나갔다.

2022년 '일몰제 폐지' 총력투쟁

6월 파업으로 안전운임제 확대 합의

안전운임제는 2018년 법안 통과 후 2020년 1월부터 시행됐다. 문재인 정부가 공언한 대로라면 안전운임제는 일몰을 맞기 전에 일몰제 폐지와 품목 확대 같은 추가 입법을 차례로 추진해야 했다. 그 취지에 따라 2021년 1월 조오섭 더불어민주당 의원이 일몰제 폐지 법안을 발의됐다. 사용자들이 일몰까지만 버티자는 전략으로 안전운임제를 위반하는 사례가 늘고 있어 일몰제를 폐지하자는 취지의 개정안이었다. 실제 안전운임제 위반 신고 건수는 2020년 1,346건에서 2021년 2,123건으로 급등하고 있었다. 하지만 일몰제 폐지 법안은 상임위 논의조차 되지 않았다.

2018년 법안 통과 당시 여야는 국토교통부로부터 일몰 1년 전에 제도 운용 성과를 국회에서 보고받기로 약속했다. 국토교통부는 일몰 1년 전 국회 보고를 위해 한국교통연구원에 안전운임제 관련 연구용역(2020년 10월~2021년 10월)을 의뢰하기는 했다. 하지만 결과는 국회에 보고되지 않았다. 국회 보고 약속이 지켜지지 않았다는 이유로 일몰제 폐지 법안은 계속 계류했고, 품목 확대 논의도 더 이상 이뤄지지 않았다. 화물연대가 국토교통부에 입법 당시 합의대로 국회 보고와 법안 개정을 추진하라고 여러 차례 요구했지만 '검토 중'이라는 말만 되풀이했다.

2022년 1월 18일부터 정부와 정례교섭을 시작한 가운데 화물연대는 3월 12일 정기대의원대회에서 투쟁을 결의하고 4월 2일 전국 9개 지역에서 7천여 명이 참가해 투쟁 선포대회를 했다. 7일에는 컨테이너와 시멘트 조합원들의 결의대회가 이어졌다.

그리고 5월 10일 윤석열 정권이 들어섰다. 대선후보 시절부터 강박적인 노동 혐오를 드러낸 윤석열은 노동정책 전반을 파국으로 몰아갔다. 윤석열 정부는 자유시장 경제를 강조하며 적극적인 친자본·친기업 정책과 반노동 정책을 추진했다.

화물연대는 5월 28일 총파업 결의대회를 열어 6월 총파업을 예고했다. 화물연대 조합원 12,000여 명은 숭례문 앞에 모여 안전운임 일몰제 폐지, 안전운임 전차종·전품목 확대, 운송료 인상, 지입제 폐지, 노동기본권 확대 및 산재보험 확대 등을 요구했다. 대회가 끝난 후 조합원들은 숭례문에서 정부 광화문종합청사 앞까지 세종대로 행진을 벌였다.

총파업을 목전에 둔 가운데 6월 2일 정부와 총파업 1차 교섭을 벌였으나, 국토교통부는 법 개정이 필요한 사안이며 국토교통부 권한이 아니므로 일몰제 폐지 명문화는 불가하다고 밝혔다. 결국 화물연대는 6월 7일 무기한 총파업에 돌입했다. 16개 지역에서 11,000여 명이 참가해 출정식을 진행하고 100여 곳에서 거점별 봉쇄에 돌입했다.

계속되는 고유가 속에 안전운임제 지속을 요구하는 화물연대의 투쟁은 큰 지지를 받았다. 파업 2일차인 8일, 민주노총, 금속노조, 전국민중행동 등은 기자회견을 열어 화물연대 파업을 지지하며 대정부 대화를 촉구했다. 파업 여파로 현대자동차 울산공장 일부 라인이 가다 서기를 반복하자 한국자동차산업연합회와 한국자동차산업협동조합 등 자동차 부품 관련 단체 10곳이 화물연대의 파업을 비난하고 나섰지만, 금속노조 현대자동차지부는 "화물노동자들의 정당한 파업을 지지한다"고 정면으로 맞섰다. 9일 더불어민주당은 화물연대를 만나 하반기 국회 1호 법안으로 추진하겠다고 약속했다. 파업 중인 화물노동자들을 지지하는 목소리는 더욱 커졌다. 대학가에도 "모두에게 안전한 도로를 위해 화물연대 파업을 지지합니다"라는 대자보가 나붙었고, 공공운수노조는 서울역과 용산역 등 서울지역 10개 철도·지하철 역사에서 안전운임제 일몰제 폐지와 적용대상 확대를 촉구하는 선전전을 펼쳤다.

6월 11일 열린 총파업 3차 교섭에서 국토교통부는 화물연대, 국민의힘, 화주단체에 4자가 안전운임제 연장 추진, 품목 확대, 제도개선 등의 내용을 담아 '물류산업 정상화를 위한 공동성명서'를 내자고 제안했다. 그러나 일몰제와 관련해 국토교통부가 '연장 추진→지속 추진→연장 추진→적극 논의→논의' 등으로 입장 후퇴를 반복하는 바람에 교섭은 결렬됐다. 12일 열린 4차 교섭에서 '안전운임제 연장 추진'을 담은 공동성명서 형식에 잠정 합의가 이루어졌다. 그러나 발표 시점을 조율하던 중 국민의힘이 돌연 반대하고 나선 바람에 국토교통부도 제안을 철회, 협상은 다시 결렬되고 말았다. 국민의힘은 일부 문구 수정 수준이 아니라 공동성명서 자체를 반대하며, 이후 어떠한 진전된 논의도 불가하다고 통보했다. 윤석열 정부는 화물연대 파업에 강경 대응 방침을 고수했다.

이에 조응한 경찰은 이날까지 화물연대 조합원을 62명이나 연행하고 2명을 구속했다. 그럼에도 컨테이너, 시멘트, 석유화학, 철강, 카캐리어, 사료·곡물 등을 중심으로 총파업 대오는 1만 명 수준을 유지했고, 비조합원의 총파업 동참률은 날로 높아졌다.

화물연대는 국토교통부와 다시 교섭을 이어가 파업 8일 만인 6월 14일, 5차 교섭에서 안전운임제 일몰제 폐지와 품목 확대 등에 합의했다. 국토교통부는 화물연대와 △국회 원 구성 완료 즉시 화물자동차 안전운임제 시행 성과를 국회에 보고 △화물자동차 안전운임제(컨테이너·시멘트)를 지속 추진하고, 품목 확대 등 논의 △최근 유가 상승에 따라 화물차주의 어려움에 대해 충분히 공감하고, 화물차주의 유류비 부담 완화를 위해 조속히 유가보조금 제도 확대를 검토하고, 운송료 합리화 등을 지원 협력한다고 합의했다. 정부와 합의에 이르자 화물연대는 총파업을 유보, 지역본부별로 보고대회를 하고 해산했다.

약속 어긴 정부, 화물노동자는 다시 전선으로

하지만 안전운임제 '지속 추진'에 합의한 것과 달리 국토교통부가 보도자료에서 '연장 등 지속 추진'으로 발표해 비난을 샀다. '안전운임제 연장'은 국토교통부가 최초에 제출한 안으로, 화물연대가 이를 수용할 수 없어 파업을 통해 '지속 추진'에 합의했기 때문이다. 화물연대와 더불어민주당은 15일 국회에서 기자회견을 열어 국토교통부가 미온적 합의마저 왜곡하고 있다며 조속한 법제화 추진을 촉구했다. 파업은 8일 만에 일단락됐지만 합의 내용이 '일몰제 폐지'임에도 정부가 '기한 연장'으로 해석하면서 다시 갈등의 불씨가 남았다. 또 공동성명 발표에 국민의힘이 반대함에 따라 합의 당사자가 화물연대와 국토교통부만으로 한정되고 화주단체가 빠진 것도 안심할 수 없는 대목이었다.

그럼에도 이번 파업은 사회적으로 안전운임제 필요성에 공감대를 형성했다는 점에서 의미가 컸다. 고유가 시대에 정부의 유류세 인하, 유가

보조금 인상 정책이 화물노동자에게 실효성이 없다는 현실이 알려지며 비조합원의 파업 참여도도 높았다. 화물운송원가에서 가장 큰 비중을 차지하는 유류비 변동 폭에 따라 운임을 조정하는 안전운임제가 합리적인 방식이라는 인식이 사회적으로 자리잡은 셈이다. 화물연대 파업을 지지하는 사회적 여론도 조합원들에게 큰 힘이 됐다.

6월 파업이 끝난 뒤 더불어민주당 을지로위원회가 국회에서 안전운임제 토론회를 열었지만 정부·여당은 일몰제 폐지, 품목 확대, 사각지대 해소, 모두 반대하며 화주 입장만 대변했다. 6월 30일 더불어민주당 최인호 의원이 일몰 조항 삭제와 대상 5개 품목으로 확대하는 화사법 개정안을 대표 발의했고, 7월 1일에는 정의당 심상정 의원이 일몰제 폐지와 6개 품목 확대 법안을 발의했다.

화물연대는 다시 투쟁을 결의한 9월 17일 임시대의원대회를 전후로 9월 3일 카캐리어, 24일 철강, 26일 위험물(탱크로리) 조합원들이 결의대회를 이어갔다.

21대 국회 하반기 원 구성이 끝난 뒤 9월 29일에야 국토교통부는 국회 민생특위에 교통연구원 보고서를 제출했다. 그런데 정부와 국민의힘은 자신들이 발주했던 교통연구원의 안전운임제 시행평가를 왜곡해 안전운임제가 안전에 미치는 효과가 불분명하다고 보고하며 '3년 연장' 정도는 가능하다고 했다.

이날 보고에 나선 어명소 국토교통부 제2차관은 "이 제도를 다른 OECD 국가에서 왜 시행하지 않고 있는지 검토를 고민해야"하며, "화주는 계약의 당사자가 아닌 경우가 많은데, 지금 화주를 처벌하는 규정도 불합리하다"는 등 안전운임제 도입 당시에 여·야·정 간 합의 취지를 완전히 되돌리는 발언을 쏟아냈다. 2018년에 맹성규 국토교통부 2차관이 안전운임제로 사회 구성원 전체적으로 삶의 질을 높일 수 있다고 설명했던 제도 도입 당시와 비교하면 국토교통부 입장이 윤석열 정부 출범 뒤 180도 달라진 셈이다.

안전운임제가 안전에 미치는 효과가 불분명하다는 주장은 본질을 완전히 호도하는 행태다. 사고 건수나 사망자 수는 여러 변수가 있으므로 장기적인 추세를 봐야 하기 때문이다. 실제 안전운임제를 실시한 호주 뉴사우스웨일스주의 경우 사고 건수가 32년간 장기적으로 하향 추세를 보였다. 게다가 안전운임제는 화물차 교통사고를 줄이는 목적 외에도 화주에 비해 차주가 불리할 수밖에 없는 구조적인 물류 시스템과 이 때문에 끊임없이 불거지는 과로와 과적, 유가 폭등을 차주가 고스란히 떠안게 되는 문제 등을 종합적으로 감안해 도입한 제도다. 그런데 국회 보고에 나선 국토교통부의 입장은 대기업 화주 단체의 주장과 다를 바 없이 안전운임제 자체에 매우 부정적이었다.

화물연대는 국회 민생특위에서 안전운임제 확대와 일몰제 폐지가 통과되도록 압박하기 위해 10월 22일 비상총회를 소집해 유보했던 총파업을 다시 결의했다.(사진) 24일부터는 국회 앞에서 지도부가 노숙농성에

돌입했다. 그러나 민생특위는 안전운임제에 대해 정부 보고를 마지막으로 더는 다루지 않은 채 10월에 활동을 마감했다.

11월 총파업에 정부는 '업무개시명령' 발동

화물연대는 11월 7일부터 전국 순회선전전에 돌입하며 투쟁 수위를 높여갔다.

화물연대는 파국을 피하고자 정부에 교섭을 요구했지만, 국토교통부는 15일 정례교섭에서도 일몰제 폐지와 품목 확대는 국회에서 논의할 사항이라며 책임을 미뤘다. 더불어민주당 최인호 의원이 발의한 법안은 국회 국토교통위에서 정부가 부정적이라는 이유로 여야 간 합의가 이뤄지지 못해 안건으로 상정조차 되지 않았다. 정부는 국회로 책임을 미루고, 국회에서 여당은 정부가 반대한다며 논의하지 않았다. 그러더니 11월 22일, 정부와 국민의힘이 당정협의를 통해 '일몰제 기한만 연장하고 품목 확대는 불가' 입장을 발표했다.

총파업의 시간이 다가왔다. 화물연대는 11월 24일을 기점으로 전면 총파업에 돌입했다. 파업에는 컨테이너와 시멘트 외의 화물차주들과 비조합원들도 품목 확대를 바라며 대거 참여했다. 정치적인 목적이 아니라 자신들의 더 나은 삶을 위한 조건이 걸려 있기 때문이다.

파업 첫날 출정식에 1만여 명이 참가했고, 16개 지역 41곳에서 거점농성을 시작했다. 전국적으로 화물운송에 차질이 커졌다. 거점 투쟁 장소가 18개 지역 186곳으로 확대된 28일, 파업 닷새 만에 총파업 1차 교섭이 열렸다. 그러나 국토교통부가 '선복귀 후협상'만 고집하며 화물연대의 요구를 수용할 수 없다고 버텼다.

정부는 파업 장기화에 대비해 위기 단계를 격상, 대체 수송 계획을 세우고 중앙재난안전대책본부를 구성했다. 원희룡 국토교통부 장관은 강경책을 고수하며 화물연대에 대한 공세를 전면화했고, 정부는 급기야 노동3권을 직접 제한하는 '업무개시명령'을 발동하기에 이르렀다. 노무현 정부가 2003년 화물연대 총파업이 끝난 뒤 법제화한 업무복귀명령제는 화물연대 파업 때마다 엄포용으로 등장했을 뿐 발동된 적은 없는 사문화된 법이다. 그동안 적용된 적 없는 이유는 업무개시명령이 헌법 12조 1항, 근로기준법 7조에서 규정하는 '강제노역 금지'에 해당하고 ILO 핵심협약 ILO 협약 87호, 29호, 105호 위반에 해당하기 때문이다. 그런데 국토교통부는 2022년 11월 29일, 파업중인 BCT 차량 분야에 업무개시명령을 발동했다.

이뿐 아니라 윤석열은 강경 대응을 시사했고, 30일 열린 2차 교섭도 국토교통부가 같은 입장만 고집하는 바람에 결렬됐다. 화물연대와 정부의 전면전은 노동진영 전체와 정부 간의 대립으로 확산했다. 노동진영은 건설노조가 연대파업에 돌입하는 등 화물노동자의 투쟁에 대한 지지·엄호로 국면을 돌파하기 위해 노력했으나 자본과 정권의 전방위적인 탄압과 여론전을 견뎌내기에는 역부족이었다.

정부는 '법과 원칙'을 강조하며 탄압의 수위를 높였다. 윤석열은 화물연대 파업을 '북핵 위협'에 비유하며 현장 복귀를 종용했다. 원희룡 국토교통부장관은 "타협은 없다"면서 원색적인 비난을 쏟아내고, 화물연대 파업에 "떼법을 쓴다"거나 "조폭행위"라고 억지 주장을 펴 갈등만 키웠다. 12월 8일에는 철강과 석유화학 분야에서도 업무개시명령을 발동했다.

애매한 태도였던 국회 국토교통위원회 소속 더불어민주당 의원들은 12월 8일 기자회견을 열어 "안전운임제 지속과 경제적 피해 최소화를 위해 정부·여당이 제시한 '품목 확대 없는 안전운임제 3년 연장안'을 수용하겠다"고 밝혔다. 12월 9일 더불어민주당은 국회 국토교통위원회 교통법안심사소위를 단독으로 열어 화사법 개정안을 의결했다. 조오섭 더불어민주당 의원이 2021년 1월 발의한 법안의 개정안으로 2022년 말로 일몰되는 안전운임제를 2025년 12월 31일까지 연장한다는 내용이다. 더불어민주당과 정의당은 이후 국토교통위 전체회의에서 개정안을 통과시켰지만, 국민의힘 소속 의원들은 법안 표결에 불참했다.

정부, 여당, 자본의 전방위적 압박 속에서도 파업을 사수해 온 화물연대는 더 이상 파업을 지속할 동력이 부족하다는 판단 아래 12월 9일 결국 '파업 종료 총투표'를 진행했다. 투표자 3,575명 가운데 2,211명(61.8%) 찬성으로 파업 종료가 가결됐다. 화물연대 조합원은 2만 5천여 명인데, 현장 투표라는 특성에 더해 업무 복귀나 찬반투표에 반대하는 조합원들이 아예 참여하지 않으면서 투표율이 낮았던 것으로 풀이된다.

화물연대는 총파업 종료를 선언한 뒤 지역본부별로 해단식을 진행하고 현장으로 복귀했다. 화물연대는 "정부와 여당의 폭력적인 탄압으로 우리의 일터가 파괴되고 우리의 동료가 고통받는 모습을 더 이상 지켜볼 수 없다"며 "조합원의 피해를 최소화하고 강경 탄압으로 일관하는 정부에 태도 변화를 촉구하기 위해 어려운 결정을 내렸다"고 전했다.

안전운임제 결국 '일몰', 투쟁은 끝나지 않았다

그러나 같은 날 정부는 '안전운임제 3년 연장 거부, 일몰 후 원점에서 재논의' 방침을 천명했다. 게다가 공정위 조사와 업무개시명령 위반에 따른 형사처벌, 파업 시 처벌을 강화하는 화사법 개악 등을 예고하는 등 탄압을 더욱 강화했다. 원희룡 국토교통부장관은 9일 오전 페이스북에 "화물연대가 주장하는 안전운임제 3년 연장은 11월 22일 정부·여당이 집단운송거부로 인한 국가적 피해를 막기 위해 제안한 적은 있으나, 화물연대가 11월 24일 집단운송거부에 돌입했기 때문에 그 제안은 무효화된 것"이라고 썼다.

이봉주 위원장은 12월 12일부터 '안전운임제 개악 없는 입법과 품목 확대 국회 논의기구 구성'을 촉구하며 국회 앞에서 무기한 단식을 시작했다. 공정위 탄압에 대응하고 ILO에 제소하는 한편 언론 대응에 힘쓰며 12월 29일까지 18일간 국회 앞을 비롯해 국토교통부, 공정위, 국민의힘 당사 앞에서 천막 농성을 이어갔다. 그러나 그해 마지막 날, 안전운임제는 '일몰'됐다.

이후 국토교통부는 안전운임제를 표준운임제로 개편하는 법안을 내놓았지만 강제성이 없어 혼란만 키웠다. 화물연대는 온전한 안전운임제 도입 투쟁을 지금까지 지속하고 있다. 안전운임제 종료 후 운임은 깎이고, 대형 운송사들은 배를 불렸다.

화물연대에는 전 조직적인 안전운임 사수와 재입법 투쟁, 윤석열 정부 노동 탄압에 맞서 현장 조직강화, 야당을 통한 입법화를 넘어서는 국회 전략 마련, 국면 돌파를 위한 전략 수립과 현장 조직화 등이 과제로 남았다. 화물노동자들은 울분 속에 다시 머리띠를 묶으며 시동을 걸었다.

3.

노동기본권, 산재보험 전면 적용부터

2020년 7월부터 화물노동자 일부 산재보험 적용

화물연대는 2019년 4월 13일, 그해 투쟁의 포문을 여는 '화물노동자 총력투쟁 선포대회'를 한 뒤 민주노총의 '특수고용노동자 총궐기대회'에서 △ILO 핵심협약 비준 △노조법 2조 개정을 요구했다. 특수고용직 신분으로 규정받는 화물운송노동자들의 조직인 화물연대는 출범부터 노동기본권 쟁취 투쟁에서 늘 선두에 있었다.

특히 상시적으로 사고와 위험에 노출된 상태에서 노동하는 화물노동자들에게 절실한 게 산재보험 적용이다. 2003년 파업의 성과로 2005년부터 화물지입차주도 산재보험에 임의 가입할 수 있게 됐지만, 해당 노동자를 자영업자로 전제한 채 노동자성을 부정하는 방식이어서 당초 취지에서 벗어났다. 화물연대를 비롯한 특수고용노동자들의 줄기찬 투쟁으로 정부는 2008년 7월부터 레미콘 기사, 학습지 교사, 골프장 경기보조원, 보험설계사 등 4개 직군에서 일하는 노동자에게 산재보험 가입을 허용했다. 그러나 가입 방식과 조건, 보험료 문제로 실제 가입률은 10% 수준에 머물렀다. 산재보험 전면 적용은 화물연대가 반드시 쟁취해야 할 과제였다.

2019년 6월 28일, 고용노동부는 '계약 내용과 다른 업무 수행 중 발생한 화물자동차 운전자 사고 처리 지침'을 내렸다. 사실상 종속관계에 있으며, 계약 내용과 다른 업무 수행을 지시받았거나 관행적으로 수행한 경우, 업무 지시자의 업무 수행 과정에 발생한 사고에 대해 업무상 재해로 인정하라는 내용이다.

화물연대는 조합원 사고 사례를 모아 2020년 5월 27일, 총 8건에 대해 집단 산재 신청을 했다. 화물연대는 같은 날 '지침'의 현장 안착화를 위한 근로복지공단의 책임 있는 자세와 처리를 요구하는 기자회견을 하고, 이날부터 6월 17일까지 근로복지공단 본부와 처리 담당 지사를 면담하며 산재 승인을 촉구했다. 그 결과 총 8건 가운데 6건이 산재로 승인받았다.

화물노동자는 장시간 노동, 열악한 노동조건, 위험한 도로 환경 등으로 달리는 시한폭탄처럼 사고 위험에 노출돼 있지만 산재보험 가입 대상에서 배제됐다. 화물연대의 기본 방침은 전체 화물노동자의 산재보험 전면 적용이었다. 그럼에도 화물연대는 특수고용노동자 적용 직종 확대와 전속성이 높은 화물차의 비약적 증가 등 화물운송시장의 변화를 반영해 안전운임이 적용되는 차종과 물품, 전속성이 높은 차종과 품목이라도 산재보험을 우선 적용하고 이후 확대해 나가는 방침으로 수정해 정부와 협의해 왔다. 협의의 성과로 정부가 2019년 10월 7일, '특수형태근로종사자 및 중소기업 사업주 산재보험 적용 확대 방안'을 발표했다. 이에 따라 2020년 7월부터 수출입 컨테이너·시멘트·철강재·위험물질(인화성 물질)을 운송하는 화물차주들도 산재보험을 적용받게 됐다. 이렇게 처음으로 화물노동자에게도 산재보험이 적용됐지만 그 범위는 7만 5천여 명에 지나지 않아 문제는 여전히 심각했다. 화물연대는 산재보험 전면 적용을 위한 투쟁을 계속해 나갔다.

화물연대는 2020년 6월 26일, 전국 상근자들을 대상으로 산재보험 의무 적용 내용, 고용노동부 '지침' 등 산재보험제도 전반과 화물연대의 대응에 관한 교육을 진행했다. 하반기에는 화물복지재단, 조선대병원, 원진녹색병원과 공동으로 화물노동자 건강실태 조사 사업도 진행했다. 이 조사는 건강 실태 파악과 직업적 특성에 따른 건강관리 방안 마련을 위한 사업으로 1천명 일대일 면접조사, 5백 명 전화면접조사, 50명 피로도·스트레스 측정 방식으로 진행됐다. 화물연대는 열악한 노동조건에 처한 화물노동자의 건강과 안전을 위해 다양한 사업을 벌여 나갔다.

계속되는 사망사고 "중대재해 근절하라"

제도 미비로 화물노동자들은 여전히 위험에 노출된 상황에서 또다시 비극적인 사건이 잇달아 벌어졌다.

2020년 9월 태안화력발전소 1부두에서 화물노동자가 2톤 무게의 스크류에 깔려 사망했다. 이어 고작 두 달 만인 11월 28일, 영흥화력발전소에서 또 화물노동자 사망사고가 발생했다. 화물노동자 심장선 씨는 45톤 화물차에 석탄재를 싣는 작업을 하다 3.5m 높이의 화물차 적재함에서 추락해 숨졌다. 본래 업무는 화물차를 운전해 물류를 운반하는 '운송'이지만 인력 부족을 이유로 석탄재를 차량에 싣고 내리는 '상하차 업무'까지 요구받았다. 이 과정에 안전조치는 무시됐고 안전관리자도 없는 현장에서 혼자 일하다 바닥으로 떨어졌다.

화물연대는 2021년 4월 19일, '4.28 세계 산재노동자의 날'을 앞두고 서울지방고용노동청 앞에서 '화물 산재노동자 추모주간 선포' 기자회견을 열어 모든 화물노동자의 산재보험 적용을 촉구했다. 업무 중 재해로 화물노동자가 목숨을 잃는 사고가 끊이지 않고 있지만 현행 제도로는 예방이나 보호가 턱없이 미흡했다. 2020년 7월부터 수출입 컨테이너·시멘트·철강재·위험물질(인화성 물질)을 운송하는 화물차주에게도 산재보험을 적용했지만, 해당하지 않는 화물노동자가 80%에 달했다.

화물연대가 '죽지 않고 일할 권리'를 위해 투쟁을 이어가던 중 5월 26일, 쌍용C&B 공장에서 상하차 작업을 하던 전남지역본부 컨테이너지부

"너희가 죽였다! 화물노동자 사망사고 정부가 책임져라" 화물연대 결의대회 모습.

장창우 조합원이 컨테이너 문을 열다가 떨어진 300~500kg 파지 더미에 깔려 사망했다. 화물연대는 쌍용C&B 서울사무소 앞에서 기자회견을 열고 진정성 있는 사과와 재발 방지 대책을 요구했다. 화물연대는 투쟁과 교섭을 이어간 끝에 6월 2일 쌍용C&B와 유가족에 대한 사과·보상에 합의했다. 이와 함께 사측은 구체적인 재발 방지 조치로 △운전 외 업무 화물노동자에게 전가 금지 △하차작업을 위한 별도 인력 충원 △하차 도크(작업장) 개선 공사 진행에 합의했으며, △산재처리 적극 협조 △화주·수입업체·운송사 안전 운임 준수 및 불법 금품 수취 금지도 약속했다.

그러나 화물노동자의 중대재해는 이후에도 끊이지 않았다. 7월 23일 인천 목재공장에서 50대 화물노동자가 1.2톤 무게의 목재 더미에 깔려 숨졌다. 9월 3일에도 경북 칠곡군에 있는 목재공장에서 1톤 목재 더미에 깔려 화물노동자가 사망하는 사고가 발생했다. 앞서 3월 19일에는 경남 진주에서 화물차에 실린 석고보드를 하차하던 지게차가 앞으로 기울어지면서 떨어진 적재물에 화물노동자가 깔려 숨졌다. 사고가 벌어진 업체에서 석고보드를 10년 넘게 운반해 온 고인은 밴딩(결속) 처리를 요구해 왔지만, 화주사인 한국보랄석고보드가 이 문제를 해결하지 않아 끝내 사망한 것이다.

화물노동자들이 낮은 운임으로 장시간 노동, 과적, 과속을 강요받는 현실은 수년째 계속되고 있다. 잠도 못 자고 하루 13시간씩 일해도 차량 할부금과 경유비를 빼고 나면 손에 잡히는 건 고작 한 달 생활비도 채 되지 않는 악순환이다. 생존권을 위협하고 위험 운행을 강요하는 낮은 운임을 해결하기 위해 투쟁 끝에 안전운임제를 도입했지만, 그나마 반쪽짜리에 그쳤다.

화물연대는 2021년 6월 18일 경고파업을 진행하며 중대재해 근절과 중대재해기업처벌법 제정을 요구했다. 7월 3일에도 민주노총 전국노동자대회에 대거 참가해 중대재해를 근절하라고 목소리를 높였다. 이날 전국노동자대회에서 민주노총은 계속되는 산재 사망, 심화하는 구조조정과 해고, 노조할 권리 제한, 가구 생계비에 턱없이 모자라는 최저임금 문제의 심각성을 알리고 '중대재해 근절'과 '최저임금 인상'을 촉구했다.

2023년부터 모든 화물노동자 산재보험 적용

화물연대의 20년 투쟁이 마침내 열매를 맺었다. 2022년 5월, 산재보험법이 개정돼 2023년 7월 1일부터는 마침내 모든 화물노동자가 산재보상보험을 적용받게 됐다.

이번 법 개정으로 그동안 특수고용노동자의 산재보험 적용을 제한했던 전속성 요건이 폐지됐기 때문이다. 특정한 하나의 업체에 대해서만 노무를 제공해야 한다는 '전속성 요건'이 사라짐에 따라 탁송기사, 대리

주차원, 관광통역안내원, 어린이 통학버스 기사, 방과후 학교 강사, 건설현장 화물차주(살수차, 고소작업차, 카고크레인 기사)를 포함한 모든 일반 화물차주도 산재보험의 적용을 받게 됐다.

이제껏 산재보험에 가입할 수 있는 화물노동자는 전체 40여만 명 중 75,000명에 지나지 않았다. 특수고용노동자라는 이유로 컨테이너, 시멘트, 철강재, 위험물질 등 일부 품목을 운송하는 경우에만 산재보험이 적용돼 왔다. 고용노동부가 화물차 기사의 산재보험 적용에 '전속성' 기준을 활용하는 점도 화물노동자의 가입을 가로막았다. 전속성 기준을 충족하려면 주로 한 업체에 노무를 제공해야 하지만 대부분의 화물차 기사는 여러 업체로부터 일감을 받기 때문이다. 화물차 교통사고 사망사고자 수는 2016년 212명, 2017년 255명, 2018년 251명을 기록했지만, 그간 이들은 산재 신청조차 할 수 없었다. 다단계 하도급이나 건당 수수료 등의 저임금 구조 속에서 오랜 시간 장시간 노동에 시달려온 화물연대는 줄기차게 산재보험 '전면' 적용을 요구해 왔으며, 2021년 6월 18일에는 경고파업까지 벌인 바 있다.

한편 전속성 요건은 폐지됐지만 시행령으로 적용 직종을 열거하고 있어서 간병인, 돌봄노동자, 가사노동자 등은 여전히 산재보험 사각지대에 방치돼 있다. 갈수록 변화하는 특수고용노동자에게 차별 없이 산재보험을 전면 적용하는 과제가 남았다.

4.

화물연대의 사업과 활동

지도부 구성과 조직 현황

2019년 임시대의원대회에서 결의한 조직혁신안에 따라 2020년 5월 2일 1차 중앙위원회에서 규칙 개정을 통해 본부 임원을 '본부장-수석부본부장'에서 '위원장-수석부위원장'으로 변경했다. 조직체계와 관련해서는, '지부'는 '지역본부'로, '지회'는 '지부'로, '분회'는 '지회'로, '조단위'는 '분회'로 명칭을 변경했다. 이에 따라 화물연대는 2020년 11~12월에 9기 본부 위원장-사무처장 선거를 진행해 이봉주 위원장과 박재석 사무처장을 선출했다.[40]

2020년 말 20,028명이던 조합원은 2021년 말 현재 23,216명으로 3,188명(15.9%)이 늘어 전반적으로 조직은 확대 추세에 있었다. 특히 지역으로는 대산석유화학단지, 여천석유화학단지, 울산·온산석유화학단지, 광양항, 부산항(신항·북항), 울산항(온산항), 포스코(포항철강산업단지·광양국가산업단지) 등에서 크게 늘었으며, 업종으로는 탱크로리(정밀화학·화학제품), 유통(육계 포함), BCT(시멘트), 소재(디스플레이·센서·필름 등), 컨테이너, 철강, 자동차(부품·완성차), 사료차(사료) 등에서 증

---

[40] 10기부터는 위원장-수석부위원장-사무처장을 선출, 2023년 11월 선거에 2개 조가 출마해 김동국 위원장-변종배 수석부위원장-강대식 사무처장 후보 조가 당선됐다.

가했다.

이후 계속 증가하던 조합원 규모는 2022년 11월 총파업 이후 다시 감소 추세로 돌아서 12월 말 24,643명이었다. 가입자도 꾸준히 늘었지만, 탈퇴자가 많았다. 지역본부별로 규모는 일정 수준 이상 확보됐지만 확장성이 떨어지고 있는 것으로 풀이됐다. 화물연대는 조직 확장을 위한 조직적 대응의 필요성을 절감했다.

이에 따라 화물연대는 일상적 조직 활동 강화를 바탕으로 신규 조직 대상 단위와 지역에 대한 세부적 분석을 통해 새로운 사업을 전개하고, 이를 위해 인력과 재정을 집중하기로 했다. 무엇보다 안전운임제 폐지와 개악에 따른 현장 혼란 극복과 조직 내부적 단결 강화라는 절체절명의 과제가 눈앞에 놓였다.

미래전략위원회 '비전 2025' 추진

4차산업혁명과 새로운 기술 도입, 법·제도 변화 등으로 화물운송산업에 전환이 예상됐다. 화물노동자도 예전과 같을 수 없는 상황에 부닥쳤다. 화물연대는 전문적 연구와 조직적 논의를 시작했다. 화물운송시장과 산업 기반의 변화, 법과 제도의 변화, 화물연대 내부 구성의 변화가 끼칠 영향을 분석해 화물연대의 조직적 대응 전략과 조직혁신 방안을 마련하기로 했다.

화물연대는 2019년 들어 본격적으로 조직 전반의 평가와 분석, 재설계로 '물류를 멈춰 세상을 바꾸는 조직'으로 거듭나기 위한 미래전략 수립에 나섰다. 미래전략위원회는 △(산업정책팀) 물류산업 전반 정세 분석과 향후 10년을 내다보는 요구안 △(교섭·투쟁팀) 교섭·투쟁 시스템 재구축 방안 △(조직혁신팀) 러더십 형성과 조직혁신 방안 △(조직확대팀) 조직확대와 강화 방안 △(교육혁신팀) 교육시스템과 프로그램 마련을 목표로 삼고 활동에 돌입했다. 미래전략위원회는 김종인 위원장을 중심으로

전문가위원과 95명의 현장위원을 뒀으며, 기획팀과 실무지원팀을 운영했다.

2018년 말에 마련한 보고서 초안을 바탕으로 2019년에는 설명회, 설문조사, 현장 토론 등을 통해 조합원과 간부의 의사를 충분히 반영해 나갔다. 그리고 8월 17~18일 괴산 청소년수련마을에서 확대간부정책대회를 열어 '화물연대 미래전략 비전 2025'를 발표했다.(사진) 이 대회는 미래전략위원회가 1년여 동안 준비한 행사로, 화물연대의 지난 투쟁 역사를 돌아보고 앞으로의 10년을 준비하며 전략과 투쟁 방향을 토론하고 결의하기 위해 마련했다. 화물연대 지도부를 비롯해 전국의 확대 간부 1천여 명이 모인 가운데 참가자들은 뜨거운 열기 속에 '비전 2025'와 안전운임 투쟁을 결의했다. 이날 결의한 '비전 2025' 조직혁신안은 8월 24일 임시대의원대회에서 공식 의결했다.

이후 화물연대는 매년 조직혁신안을 사업계획으로 추진하며 실행 상황을 점검하고 있다. 다만 현장의 추진 동력이 아직은 미미하고 안전운임 투쟁에 집중하느라 전 조직 차원의 추진에 한계가 드러나기도 했다.

화물연대의 미래 전략 : 비전 2025

택배 전략조직, 투쟁 지원에서 조직 확대까지

화물연대 택배전략조직사업단은 2014년 상반기 구성 이후 △조직정비·조직화 △현장 장악력 강화 △법내노조 지위 확보 △사업 등을 추진해 왔다.

2019년에는 사업단이 전북지부, 울산지부, 충남지부 등에서 벌어진 택배지회 현안 투쟁을 지원해 그 성과로 조직 확대를 이뤘고, 이는 지회별 조직 역량 배가로 이어졌다. 특히 전북택배지회 파업에 울산·충남 택배지회가 결합해 공동투쟁을 전개함으로써 소중한 연대의 경험을 축적하기도 했다. 사업단은 더 나아가 CJ대한통운(원청) 또는 대리점연합회에 대한 공동 임단협 투쟁으로 발전시키고자 시도했다.

또 사업단은 대리점별 교섭 요구와 지노위 쟁의조정신청 등을 진행함으로써 대부분의 대리점에서 교섭권과 쟁의권을 확보했다. 법내노조 지위와 쟁의권 확보의 궁극적 목표는 원청(CJ대한통운 등)을 상대로 한 투쟁으로 노동권을 쟁취하는 것인 만큼 사업단은 확보한 쟁의권을 바탕으로 투쟁계획을 수립해 나갔다.

택배 전략조직사업단은 '택배배달노동자 권리찾기 캠페인 사업단'에도 참가해 힘을 실었다. △'폭염이 가니 물량 폭탄이 온다–택배배달노동자 캠페인사업단 희망더하기' 출발 기자회견 △택배·배달 노동자 노동조건 실태조사 △'미안해요 리키' 영화 공동 상영회 △생활물류서비스발전법 졸속 추진 규탄 기자회견 △'난방기도 없는 분류작업, 혹한기 대책 마련하라' 택배노동자 노동환경 개선 및 혹한기 대책 요구 기자회견 등에 참가하며 공공운수노조를 비롯한 산하 조직과 함께 노동권 문제를 이슈화하는 등 공동투쟁을 강화해 나갔다.

택배 전략조직사업단은 2020년에도 울산 롯데택배, 한진택배, 로젠택배 등에서 신규 가입 등으로 조직을 확대했고, 수도권과 부산에서도 조합원을 조직하는 성과를 냈다. 이러한 힘을 바탕으로 교섭 절차 진행과 쟁의권 확보를 안정화했으며 택배 과로사 이슈, 생활물류법 입법화, 지역별 현안 투쟁에 대응해 나갔다.

한편 전략조직사업의 위상에 걸맞은 사업 부재로 규모 있는 조직 확대로 나아가지 못하고 조직적 소통이나 공동투쟁이 약화되는 한계도 없지 않았다. 안정적인 담당 인력이 부족하다는 지적에 따라 화물연대는 이후 안정적인 집행 역량 확보, 조직 내부 정비와 역량 강화, 중장기적 사업 전망 수립 등을 추진해 나갔다.

2021년에는 유통 부문에서 조직적 안정을 이룬 사업장을 중심 삼아 주변 지역과 유사한 사업장으로 자연스럽게 조직화를 진행했다. 현장 투쟁 승리라는 성과는 파급력을 발휘해 조직 확대로 이어졌다.

택배 전략조직사업단은 집행력 강화를 위해 조직을 정비하고, 집행위를 정례화했다. 이를 바탕으로 조합원 총회를 통한 교육, 사업 보고, 사업계획 논의와 조직적 결의를 확인해 나갔다. 신규 조직을 대상으로 하는 기본 교육도 진행했다. 택배·배달 안전운임제(안전배달료) 법안 상정과 공동사업 기획·집행으로 안전운임제 확대 투쟁을 구체화했으며 라이더유니온와도 연대해 의제를 확장해 나갔다.

‘안전운임제’ 매개로 국제연대 강화

화물연대는 노동기본권과 안전운임제 투쟁을 매개로 한 국제연대 활동도 활발하게 진행했다. 화물연대는 2019년 1월, 다른 특수고용노동자들과 함께 ILO 결사의자유위원회에 한국 정부의 특수고용노동자 노동기본권 박탈 문제를 제소했다. 상반기에는 호주 안전운임제 도입과 폐기 사례를 번역하는 등 한국 안전운임 교섭에 대비해 해외노조 사례를 축적하기 시작했다.

5월 18~24일 호주 케언즈에서 열린 호주 운수노조 중앙위원회에는 화물연대 김정한 본부장 등 5명이 참가했다. 참가단은 △안전운임 재도

입 전망 △미래 비전을 향한 2020 투쟁 △새로운 적-플랫폼·아마존에
관한 내용을 중심으로 호주 운수노조 지도부, 운영위원회와 간담회를
진행했다. 또 중앙위원회를 참관하며 화물연대 안전운임 투쟁을 발표하
고 정책을 교류했다. 이 밖에도 호주 운수노조와 화물연대의 공동전략·
전술 회의, 안전운임 지지자인 호주 노동당 글렌스레일 의원과 간담회,
호주 사용자대표 중 안전운임 지지자와 간담회를 진행했으며 호주 케언
즈공항 집회에도 연대했다.

　이를 계기로 화물연대는 안전운임에 관한 강력한 가이드라인이 채택
되도록 9월 ILO 전문가위원회 회의에 호주 운수노조와 공동으로 개입
했다. 그 성과로 ILO 노사정 전문가위원회는 10월에 '운수부문 양질의
일자리와 도로 안전 증진을 위한 지침'을 채택했다. 화물연대는 이후에
도 ILO측과 후속 논의를 이어갔다.

　호주 운수노조 중앙위는 향후 안전운임제가 호주와 한국에서 안착하
도록 두 나라를 아우르는 세계적인 흐름을 같이 만들어 가야 함을 확인
하는 계기가 됐다. 이러한 계획은 이후 구체화해 하반기 화물연대 안전
운임투쟁 시기에 맞춰 호주 운수노조를 중심으로 구성된 국제연대 대표
단의 한국 방문으로 이어졌다. 8월 27~31일 티모시 도슨(호주 운수노조
웨스트오스트레일리아지부장)을 단장으로 하는 국제운수노련 대표단 6명
이 한국에 방문한 것이다. 화물연대는 국제운수노련과 함께 한국과 호
주를 비롯한 아시아지역 안전운임 연구사업을 진행하고, 2021년 한국에
서 안전운임 심포지엄을 개최하는 것도 결의했다. 대표단은 화물연대,
공공운수노조 지도부와 안전운임제 교섭·투쟁을 주제로 간담회를 진행
하고, 울산지부·위수탁지부의 투쟁 현장에도 결합했다. 나아가 안전운
임 전면 실시를 촉구하는 기자회견을 열었으며, 8월 31일 화물연대 총력
투쟁 결의대회에 참가해 연대 발언도 했다.

　국제대표단의 방문으로 전 세계적 안전운임 쟁취 투쟁에서 화물연대
의 역할과 위상이 다시 한번 확인됐으며, 화물연대 투쟁에 대한 전 세계

적 지지와 결집을 끌어냈다. 나아가 정책교류 차원을 넘어서서 실질적인 공동투쟁과 사업에 대한 논의가 진척돼 화물연대의 국제연대 사업은 한 단계 발전을 이루었다.

2019년 국제연대 사업의 성과를 기반으로 화물연대는 2020년에도 정책교류와 실질적 공동사업을 벌여나갔다. 코로나19로 사업을 전면 수정해야 하는 악조건에 부딪혔지만 국제운수노련 부사무총장과 간담회, 호주운수노조 지도부와 간담회를 화상회의로 진행하며 국제연대 단위에 한국의 안전운임 투쟁 성과를 알리고 화물연대의 국제적 위상을 드높였다.

2021년에는 서울 서초구 한국컨퍼런스센터에서 6월 30일부터 7월 1일까지 화물연대, 호주 운수노조, 뉴질랜드 퍼스트유니온, 브라질 운수물류노조연맹이 '안전운임 안착 및 세계 확산을 위한 국제심포지엄'을 진행했다. 심포지엄에는 화물연대를 비롯한 운수부문 조합원 40여 명과 안전운임 관련 연구자, 국회의원 등이 참석했고, 온라인으로도 북·남미, 유럽, 아랍권, 아프리카, 아시아·태평양 지역 총 34개국 노동조합 대표와 전문가, 도로운수산업 관계자 약 80명이 참여했다. 참가자들은 한국의 안전운임제가 세계적으로 확산돼야 한다고 입을 모았다. 이후 화물연대는 10월 16~18일에 국제운수노련 아시아태평양지역 총회에도 참가했다.

2013년 호주 운수노조와의 교류를 시작한 화물연대 국제연대사업은 10년 차를 맞이한 2022년에 어느 정도 궤도에 올라섰다. 전 세계 안전운임 투쟁의 중심으로서 화물연대의 위상을 강화하고, 실제 총파업 과정에서 여러 해외노조와 단위들의 연대와 지지를 끌어냈다. 화물연대의 안전운임제 투쟁이 전 세계 운수노동자들의 이슈와 투쟁을 선도하는 모범사례로 자리 잡은 만큼 향후 국제사업 과정에서도 위상에 걸맞는 활동이 필요하다.

출범 20주년 기념, 20년 조합원에 감사장 수여

　2022년은 화물연대가 출범한 지 20년째 되는 해다. 화물연대는 2002년 10월 27일 출범 이후 화물노동자의 유일한 단결과 투쟁의 공동체로서 화물노동자의 권익을 위해 투쟁해 왔다. 안전운임제는 화물노동자의 인간다운 삶을 보장하기 위한 최소한의 안전장치로서, 도로 위 화물노동자와 국민의 생명과 안전을 지키기 위해 화물연대 출범 20년 투쟁의 결과로 제도화해냈다.

　화물연대는 출범 20주년을 맞이해 2022년 10월 22일, 기념대회를 겸해 '안전운임개악 저지, 일몰제 폐지, 차종·품목확대 총파업 결의문 채택을 위한 화물연대 비상총회'를 진행했다. 출범 20주년 기념도 투쟁일 수밖에 없었다.

비상총회 참가 조합원들은 비상총회에서 결의문을 통해 △투쟁으로 쟁취한 안전운임제 개악 저지와 제도 사수 △안전운임제 정착 가로막는 법·제도적 한계 격파 △총파업 투쟁을 위한 현장 태세 갖추고 지도부 지침이 있으면 즉각 총파업 돌입 등을 결의했다.

비상총회에 앞서 진행한 '20주년 기념식'에서는 출범부터 함께해온 조합원 355명에게 "귀 조합원 동지는 지난 20년간 헌신과 노력으로 화물연대 역사의 초석을 만들고 키웠습니다. 그동안 화물연대 발전에 크나큰 밑거름이 되어 주셨음에 감사"드린다는 내용의 감사장과 배지를 수여했다.(사진)

이 밖에도 화물연대는 출범 20주년을 맞이해 영상, 사진, 자료 등 각종 기록물을 모아 정리하는 한편 '화물연대 20년'을 기록한 백서와 사진집 발간 작업을 진행했다.

5.

주요 현장 투쟁

안성농협물류 집단해고 철회 쟁취(2019년)

화물연대는 2019년 4월 16일 서울 농협중앙회 앞에서 기자회견을 열고 "농협물류에서 벌어지는 노조파괴 부당노동행위와 먹거리 불법 배송을 중단하라"고 촉구했다.

농협안성농식품물류센터에서 농식품을 운송하는 화물노동자들은 앞서 2월에 1년 단위 계약 개선과 운송료 인상을 요구하기 위해 화물연대에 가입, 농협물류 안성분회를 결성했다. 그러자 사측은 이들에게 화물연대 탈퇴와 단체행동을 하지 않겠다는 확약서를 강요했다. 그리고 화물노동자들이 이를 거부하자 3월 31일 계약해지를 통보했다. 이렇게 전체 화물노동자 140여 명 가운데 화물연대에 가입한 71명을 포함한 81명이 해고됐다.

노동자들이 강하게 반발하자 사측은 4월 5일 물류센터를 폐쇄하고 다른 물류창고로 이동하는가 하면 냉장·냉동 차량으로 운송해야 할 식자재 같은 신선식품을 일반 차량으로 운송했다.

조합원들은 평택과 용인 물류센터 앞에서 목에 쇠사슬을 감고 저항하는 등 투쟁을 이어갔다. 4월 19~20일 이틀 동안 전국의 화물연대 확대간부 7백여 명이 모여 집회를 열기도 했다. 분회는 두 달 가까이 투쟁을 벌이다가 교섭에 응한 농협물류와 4월 26일, 해고 철회에 합의했다. 조합원 수가 반으로 줄어들어 아쉬움은 남지만 화물연대 활동 보장을 성과로 일궈낸 값진 승리다.

CJ대한통운 택배지부 전북지회 하루 파업(2019년)

화물연대 택배지부는 2019년 6월 18일 위탁대리점과 CJ대한통운에 △갑질 대리점 퇴출 △CJ대한통운 원청사용자 인정 △성실 교섭을 요구하며 하루파업을 벌였다. 전북지역에서 3백여 명으로 시작한 파업투쟁은 충남, 울산 등지로 확대됐다.

대리점주는 택배노동자와 계약을 맺고 택배 1건당 받는 수수료 일부를 떼어 간다. CJ대한통운 택배노동자의 건당 수수료는 택배 크기와 무게, 배송지역에 따라 편차가 있지만 평균 800원 수준이다. 여기서 대리점에 수수료로 평균 10% 안팎을 떼주고 나면 택배노동자의 몫은 건당 7백 원 정도다.

그런데 전북지역 일부 대리점에서 20%가 넘는 수수료를 떼가는 게 파업의 발단이 됐다. 이러한 현실을 개선하고자 교섭을 요구하자 대리점주들은 이를 무시하고 도리어 조합원 4명에게 해고를 통보했다. 이에 택배지부는 대리점주들에게 수수료 13%로 인하를 요구하며 파업에 돌입, CJ대한통운에 수수료 갑질을 하는 대리점을 퇴출하고 최소한의 노동조건이 지켜질 수 있도록 관리·감독하라고 촉구했다.

화물연대 택배지부는 파업에 돌입한 이튿날 CJ대한통운 전북지역 대리점들과 △N플러스 공개 △수수료 13%로 인하 △해고 철회 △고소·고발 철회 △민형사상 책임 불문 등에 합의했다. ‘N플러스’란 택배 물품의 크기와 무게, 배달하는 장소에 따라 다르게 수수료를 책정하는 전산시스템으로, 이에 따른 수수료를 대리점에 공개하는데 상당수 대리점이 이를 택배기사에게는 제공하지 않아 왔다.

'마니커'의 거짓말, 집단해고 맞서 파업(2020년)

화물연대 마니커분회 조합원 62명이 일방적인 계약해지에 반발해 직접고용을 요구하며 2020년 2월 6일 파업에 돌입, 10일부터는 마니커 동두천공장 출입구를 봉쇄하고 농성을 벌인 끝에 기존 계약을 회복했다.

마니커 동두천공장에서 생닭과 가공육 등을 운반하는 조합원들은 마니커의 하청 물류회사인 무림통운(FLS)과 계약을 맺고 일해 왔다. 그런데 무림통운이 배차 등 운수업체로서의 업무는 뒷전이고 알선수수료와 차량 적재함 사용료만 받아가자 불만이 쌓이기 시작했다. 분회는 2019년 마니커 사측과 교섭을 통해 무림통운의 수수료 착취 등 노동 탄압을 공론화하고 마니커와 직접고용에 합의한 바 있다. 마니커 대표이사는 2020년 1월 면담에서도 "무림통운과 계약 기간이 종료되더라도 직접 고용하겠다"는 약속을 재확인했다.

분회는 무림통운과 계약이 끝나는 3월 이후 직접 고용하겠다는 마니커 사측의 약속에 따라 무림통운에 운수계약을 종료하겠다고 통보했다. 그런데 마니커가 무림통운과 도급계약을 연장한 것이다. 계약 만료일이 다가오자 무림통운은 마니커와 계약이 자동연장됐다며 조합원 62명에게 일방적인 계약해지를 통보했다. 원청의 직접고용 약속을 믿고 무림통운과 계약을 해지한 조합원 62명이 집단 해고될 상황에 몰리고 말았다.

분회는 "마니커가 앞에서는 직접고용을 해줄 것처럼 말하고 뒤에서는 화물노동자들을 철저하게 기만했다"며 "원청이 조합원 전원 해고 사태를 해결할 대책을 내놓을 때까지 투쟁하겠다"며 파업을 이어갔다.

분회는 3월 3일 오후까지 막판 협상을 벌인 끝에 기존 인원 모두 이전과 같이 계약하기로 합의했다. 천안공장 노동자들은 이미 직접계약이 이뤄졌고, 동두천공장 노동자들은 이전과 같이 마니커-무림통운과 3자 계약을 맺었다. 마니커 측은 파업으로 인한 민형사상 책임을 묻지 않기로 했다.

영흥화력 화물노동자 추락사 책임자 처벌 투쟁(2020년)

화물연대는 2020년 12월 18일 인천 영흥화력발전소에서 추락해 숨진 화물노동자 심장선 씨 영결식을 '공공운수노조 장'으로 엄수했다.

고인은 11월 28일 45톤 화물차에 석탄재를 싣는 작업을 하다 3.5m 높이의 화물차 적재함에서 추락해 숨졌다. 고인은 한국남동발전 영흥화력본부 하청업체 소속 화물노동자로, 석탄 화력발전 과정에서 나오는 선탄재를 외부 시멘트업체로 운반하는 일을 했다. 고인의 본래 업무는 화물차를 운전해 물류를 운반하는 '운송'이지만 인력 부족을 이유로 석탄재를 차량에 싣고 내리는 '상하차 업무'까지 요구받았다. 이 과정에 안전조치는 무시됐고 안전관리자도 없는 현장에서 혼자 일하다 바닥으로 떨어졌다. 지나가던 다른 화물노동자가 고인을 발견해 119에 신고했다. 영흥화력본부에서는 9월에도 화물노동자가 유사한 사고를 당해 화물연대가 발전소에 안전관리자 배치와 차 위로 올라가는 안전계단 설치 등을 요구했지만 심장선 씨 사망사고 전까지도 조치가 취해지지 않았다.

화물연대는 사고 소식을 접한 후 유족과 협의하여 진상조사와 책임자처벌, 원청인 한국남동발전소의 사과와 재발 방지 대책수립, 유족보상 등을 요구하며 장례를 미루고 함께 싸웠다. 12월 10일부터 남동발전과 협의를 시작해 15일 재발 방지 대책 등에 최종합의, 16일 경기도 시흥시 센트럴병원에서 장례를 치렀다.

파리바게뜨 SPC 운송노동자 48일 파업(2021년)

화물연대 광주본부 2지부 SPC지회 조합원 40여 명이 2021년 9월 2일 파업을 시작, 48일 만에 합의를 끌어냈다.

광주·전남지역 파리바게뜨 매장에 원재료 등을 배송하는 조합원들은 지역 파리바게뜨 매장이 늘어남에 따라 배송량과 거리가 증가하고 있지만 SPC 쪽에서 배송 차량 수를 늘리지 않아 과도한 업무에 시달려왔다.
10여 년 전에는 3.5톤 차량 1대로 담당하는 매장이 평균 8개였는데, 이제
는 17~18개로 늘어난 것이다.

이런 상황에 반발한 노조는 4월 12일 사측과 증차를 주요 내용으로 하
는 합의서를 체결하고 6월 17일 화물차 2대 추가 투입에 합의했다. 하지
만 사측이 한국노총 조합원(13명)의 동의가 있어야 한다며 합의사항을
이행하지 않자 노조는 파업에 돌입했다.

노조가 파업을 시작하자 사측의 고소·고발로 89명이 경찰 수사를 받는
등 사측과 경찰은 강경 대응으로 일관했다. 이는 결국 파업 장기화와 전
국화의 불씨가 되었다. 화물연대는 9월 15일부터 전국 SPC 사업장에서
전면파업에 돌입했다.

9월 23일에는 세종공장에서 집회를 열자 세종시가 집합금지 행정명령
을 내리고 경찰이 공장 입구를 차단하는 바람에 조합원들은 청주공장으
로 이동해 집회를 열었다. 26일에도 SPC삼립 세종공장에서 결의대회를
진행하자 경찰이 강제 해산을 시작, 조합원들은 밤 9시부터 청주공장 주
변에 모여 철야농성을 이어갔다. 경찰은 기동대 11개 중대, 경력 770여
명을 투입해 조합원들이 진입할 수 없도록 공장 주변을 에워쌌다. SPC
그룹 유통계열사 (주)SPC GFS는 화물연대 조합원이 소속돼 있는 운송
사 11곳에 30억 원대의 손해배상을 청구하고 계약해지를 예고하기도 했
다. 그러나 화물연대는 이에 굴하지 않고 9월 30일 SPC삼립 청주공장 앞
에서 1천여 명이 참가한 가운데 'SPC 자본 및 공권력 투입 규탄 결의대
회'를 여는 등 투쟁을 이어갔다.

48일 파업 끝에 화물연대는 10월 20일 고려운수와의 교섭에서 △기존
합의사항 이행 △사업장별 요구 수용 △노조탄압 중단 △손해배상 책임
면탈 등 주요 요구를 관철했다. 6개 운송사 가운데 대표운송사인 고려운
수와 합의서를 작성했으나, 이후 SPC 자본은 운송사에 손해배상 소송을
제기했다.

하이트진로 화물노동자 투쟁(2022년)

하이트진로 화물노동자들은 운송료 인상을 요구하며 2022년 2월부터 부분파업을 벌이다 6월부터 전면파업에 돌입했다. 2008년 유가 하락으로 운임을 8.8% 인하한 뒤 2013년 1.2%, 2016년 3%, 2019년 3.5% 인상했으나 15년간 인상률은 -1.1%를 기록했다. 물가와 차량 가격, 유가 인상분을 고려하면 실질 임금은 마이너스였다.

하이트진로는 투쟁하는 노동자에게 도리어 55억 원 손해배상을 청구했다. 하이트진로가 100% 출자한 하이트진로 계열사이자 화물노동자들과 계약을 맺은 수양물류는 파업에 참여한 조합원 130여 명에게 계약해지를 통보했다.

78일간 파업을 이어온 8월 16일 오전, 100여 명의 하이트진로 화물노동자가 서울 강남구 하이트진로 본사에서 점거 농성을 시작했다. 그리고 김건수 화물연대 대전지역본부 하이트진로지부 2지회 조직차장과 조합원들은 본사 옥외광고판 위 고공농성에 돌입했다.

민주노총은 8월 31일 하이트진로 본사 앞에서 '투쟁승리 결의대회'를 열고 특수고용노동자의 노동3권 보장을 위한 노조법 개정 의지를 모아갔다. 결의대회에는 1,500여 명이 참여해 하이트진로에 손해배상 청구 소송 철회와 계약 해지 조합원의 복직을 촉구했다.

이후 9월 8일부터 사측과 교섭을 진행해 9일 새벽 4시경, 손배·가압류와 민형사상 고소고발 취하, 조합원 복직 등에 합의했다. 사측과 최종 합의하며 25일 만에 농성을 끝냈지만, 경찰은 13일에 특수건조물침입과 업무방해 혐의로 화물연대 간부 48명을 불구속 송치했다.

참프레 파업·고공 투쟁(2022년)

화물연대본부 전북본부 참프레지회 소속 노동자 50여 명이 2022년 7월 1일 파업에 돌입, 부안 도계장 주변에 천막을 설치하고 거점을 마련하는 등 농성을 시작했다. 노조는 사측에 △차량매매 간섭 금지 △운임료 인상 △회차비 인상 △화물차 소독비 인상 △전북평균 유가 책정 운반비를 전국평균으로 맞출 것 등을 요구했다.

부안에 있는 참프레는 닭 가공업체로 육계 사육과 생산, 가공, 유통 등을 하는 업체다. 사측은 육계 운반 화물노동자들에게 개인 간 차량 중고 거래를 하지 말라는 등 상식 밖 주장을 하는가 하면 물류사와의 계약을 끊어버리겠다는 협박까지 서슴지 않았다. 이는 비조합원을 선별하겠다는 의도로, 화물연대를 조직적으로 파괴하겠다는 경고와 같았다. 게다가 경찰은 파업에 돌입한 지 16일 만에 공장 앞에서 집회 중인 조합원 18명을 연행해 과잉 대응이라는 비판이 일었다.

민주노총 전북본부는 전북경찰청 앞에서 곧바로 기자회견을 열어 "경찰의 이러한 행위는 노동자들을 자극하고, 사측의 부당한 탄압을 사실상 비호하는 것"이라고 규탄했다. 이에 경찰 쪽은 일부 노조원들이 도로를 점거하고 계란을 던지는 등 업무를 방해해 현장에서 체포한 뒤 풀어줬다며 집회 과정에서 발생하는 불법 행위에 대해 엄정 대응할 것이라고 말했다. 참프레 사측도 20일 입장문을 내고 "화물연대는 회사의 가장 성수기인 초복을 앞두고 집단운송거부를 강행했다"며 집단 운송 거부가 계속되면 법적 대응에 나서겠다고 으름장을 놨다. 화물연대와 협상도 중단하겠다고 협박했다.

어렵사리 7월 21일 참프레 사측 및 운송사와 3자가 만났으나 사측이 파업으로 발생한 손실금 1백억 원에 대한 손해배상을 진행하겠다고 요구해 교섭이 결렬됐다. 이에 화물연대 전북본부 간부 2명은 22일 오전 5시부터 군산에 있는 참프레 사료공장 30m 높이 사일로 위에 올라 고공농성에 돌입했다. 화물연대는 이러한 투쟁 끝에 사측과 처우 개선, 손해배상 철회 등에 합의하면서 파업 27일째이자 고공농성 6일째인 7월 27일, 파업을 종료했다. 노사는 139억 원 손해배상 철회와 차량 매매 간섭 금지, 임금 2% 인상 등에 합의했다.

한편 이 투쟁으로 재판에 넘겨진 화물연대 간부·조합원 3명의 2심 판결은 2024년 10월 1일에야 끝났는데, 모두 징역형의 집행유예 판결을 받았다.

— 부록 —

화물연대 주요 활동 일지

2002년

6월 6일	• 화물노동자공동연대(준) 발족
10월 27일	• 화물연대 출범
11월 10일	• 전국노동자대회 참가

2003년

5월 2일	• 1차 총파업 돌입
5월 10일	• 최복남 열사 화물노동자장
5월 15일	• 첫 노정 합의서 채택
8월 21일	• 2차 총파업 돌입
9월 5일	• 총파업 종료 및 업무 복귀
11월 8일	• 전태일노동상 수상

2004년

3월 21일	• 화물연대-운송하역노조, 화물통준위 발족
6월 13일	• 교섭 촉구 및 생존권 쟁취를 위한 화물노동자 총력투쟁 결의대회
6월 18일	• 건교부-열린우리당, 2004년 유류세 인상분 전액 보조금 지급방침 발표
10월 16일	• 생존권 쟁취, 노정합의 이행, 제도개혁 위한 운수노동자 공동투쟁 결의대회
12월 24일	• 정부, 2차 에너지세제개편 및 화물업계 지원방안 발표

2005년

6월 12일	• 전국화물노동자대회
9월 10일	• 김동윤 조합원 분신
9월 14일	• 노동기본권 쟁취를 위한 집회
10월 10일	• 김동윤 열사 전국노동자장
12월 1일	• 화물연대-덤프연대, 열린우리당·한나라당 전국 시도당 점거 농성
12월 8일	• 도로법(과적)·화사법(유가보조금 압류금지) 개정안 국회 통과

2006년

2월 18일	• 운수4조직 조합원 총력결의대회
3월 18일	• 삼성 자본 규탄 및 화물노동자 집단해고 철회 결의대회
3월 28일	• 총파업 돌입, 광주 하남산단 삼성전자 차량 봉쇄 투쟁 전개
3월 30일	• 삼성과 해고자 전원복직, 운송료 인상, 노조활동 보장 합의
5월 9일	• 최복남 열사 3주기 추모제
8월 27일	• 전국노동자대회
9월 10일	• 김동윤열사 1주기 추모제
11월 12일	• 화물·덤프 총력투쟁결의대회, 화물연대 조합원 총회
11월 20~22일	• 간부파업
11월 30일	• 총파업 돌입 기자회견
12월 1일	• 총파업 돌입
12월 5일	• 총파업 1단계 투쟁 종료
12월 26일	• 전국운수산업노동조합 출범식·창립대의원대회

2007년

2월 21일	• 노동기본권보장, 운임제도 개선을 위한 2단계 총력투쟁 결의대회
4월 25일	• 3기 임원 선거, 김달식-오승석 당선
5월 11~12일	• 화물통준위 해산, 운수노조 공항항만운송본부와 화물연대본부로 분리
6월 18일	• 특수고용노동자 노동3권 쟁취 민주노총 결의대회
10월 20일	• 화물·철도 공동투쟁본부 발대식 및 총력투쟁 결의대회
11월 15일	• 화물·철도 공동총파업 전야제
12월	• 북녘 수해복구를 위한 차량 지원

2008년

5월 10일	• 화물노동자 생존권 쟁취를 위한 전국화물노동자 결의대회
6월 13~19일	• 전국 총파업
9월	• 4기 임원 신거, 김달식-오승석 당선
12월	• 화물운송시장 선진화 방안 공청회

2009년

1월	• 민주노총 모범 노동조합상 수상
3월 10~20일	• 화물노동자 이동 건강검진 및 안전보건 실태조사

3월 28일	· 확대간부 수련회
4월 7일	· 운수노조 탄압 노동부 규탄 노숙 투쟁(세종로 정부중앙청사 앞)
4월 30일	· 박종태 조합원 자결
5월 16일	· 총회에서 총파업 결의 및 열사 정신 계승 전국노동자대회(457명 연행)
6월 8일	· 확대간부 선 파업 돌입
6월 10일	· 총파업 돌입 기자회견
6월 11~15일	· 전국 총파업
6월 20일	· 박종태 열사 전국노동자장
10월 10일	· 지부 집행 간부 합동 수련회
11월 21일	· 중부권 화물노동자 학교
11월 28일	· 호남권(광주·전남·전북·제주) 화물노동자 학교
12월 5일	· 영남권(부산·경남·울산·포항·대경·위수탁) 화물노동자 학교

2010년

2월 24일	· 화물운전자복지재단 발기인 총회
4월 17일	· 공공운수노조(준) 출범식
5월 15일	· 화물운송노동자 총력투쟁 결의대회(부산역)
7~8월	· 매주 주말 간부 기본교육
7월 29일	· 충남지부 대산석유화학단지 총파업 투쟁 승리를 위한 확대간부 결의대회
9월 14일	· 화물운전자복지재단 상반기 장학금 수여식
10월 20일	· 표준운임제 시범사업 실시
10월 30일	· 전국비정규노동자대회 참가
11월 28일	· 5기 임원 선거, 김달식-엄상원 당선
12월 27일	· 화물운전자복지재단 하반기 장학금 수여식

2011년

4월 2일	· 화물노동자 생존권 쟁취를 위한 부산지부 투쟁결의대회
4월 15일	· 수급동결 사수! 생존권 쟁취! 법제도 개선! 화물노동자 투쟁 선포대회
5월 11~31일	· 불법증차 관련 전국 순회 선전전
6월 18일	· 임시대의원대회에서 공공운수노조 조직 전환 결의
6월 24일	· 전국공공운수사회서비스노동조합 출범식·창립대의원대회
6월 25일	· 2011·2012년 투쟁 승리를 위한 투쟁 선포대회
8월 20일	· 전체 확대간부 수련회
8월 30일~9월 2일	· 9.17대회 조직을 위한 지부별 선전전

9월 17일	• 최복남·김동윤·박종태 열사 합동 추모제
	• 화물운송노동자 총력투쟁 결의대회
10월 12일	• 전국비정규노동자대회 참가

2012년

1월 17일~2월 3일	• 총파업 투쟁 전국 순회 선전전
1월 31일	• 표준운임제도입추진위원회 전체회의
2월 4~12일	• 총파업 찬반투표(56.7% 투표, 80.6% 찬성)
3월 17일	• 공공운수노동자 투쟁 선포 결의대회(서울역)
4월 1~2일	• 4.3항쟁 전국노동자대회 및 유적지 순례
4월 21일	• 전체 확대간부 수련회(충북 괴산 보람원)
5월 12일	• 화물운송노동자 투쟁 선포대회(부산역)
5월 29일	• 화물·건설 공동투쟁 승리대회(여의도 산업은행 앞)
6월 22일	• 총파업 돌입 기자회견
6월 25~29일	• 전국 총파업
7월 24일	• '화물연대에 대한 인권유린·불법강압수사 책임자 처벌' 기자회견(경찰청)
8월 22일	• 표준운임제도입추진위원회 전체회의
9월 1일	• 부산지부 운송료 인상 합의안 이행촉구 결의대회(부산 신선대부두)
9월 7일	• 전남지부 화물노동자 총파업 선포대회 - 포스코 상대 운임 인상 투쟁
9월 10일	• 전남지부 포스코 상대 운송료 인상 총파업 돌입
9월 17~20일	• 국회 앞 지도부 노숙 농성 투쟁
10월 27일	• 전국비정규노동자대회 참가
11월 8일	• 정유사 유가 담합 소송 일부 승소
11월 11일	• 표준운임제·노동기본권 법제화 촉구를 위한 화물연대 총력결의대회

2013년

1월 27일	• 6기 임원 선거, 이봉주-박원호 당선
3월 3~17일	• 임원 현장 순회
4월 25일	• <화물연대신문> 창간준비호 발간
6월 22일	• 확대간부 결의대회(금산 마달피 수련원)
6월 24일	• 신 홈페이지 및 모바일 홈피 개통
6월 28일	• 화물운송시장 제도개선 방안을 위한 국회 토론회
8~10월	• 15개 지부 매주 주말 간부 기본교육
9월 27일	• <화물연대신문> 창간호 발행

9월 28~29일	• 선동학교(금산 무릉콘도)
10월 2일	• 화물운송노동자 피해 국회 증언대회
10월 26일	• 2013 화물연대 총력투쟁 결의대회(여의도)
11월 11~15일	• 임원, 청와대 앞 1인시위
11월 25일	• 5대 요구안 촉구 국회 농성
12월 7일	• 확대간부 결의대회(보신각)
12월 8~13일	• 호주 운수노조 방문
12월 18일	• 철도노조 파업 대체수송 거부 기자회견

2014년

2월 25일	• 법 개정 제도개선 투쟁 승리를 위한 화물연대 간부 결의대회(여의도)
3월 26~29일	• 호주 운수노조 초청(마이클 케인 사무부총장)
3월 29일	• 전 조합원 비상총회
4월 19~20일	• 2014 지회장 교육(한국농업연수원)
6월 29일	• CJ대한통운 택배분회 전 조합원 교육(한국농업연수원)
7월 8~9일	• '도로 위에 세월호 : 화물차 불법과적 근절을 위한 사진 전시회' 개최
7월 14일	• 하루 경고 파업
7월 24일	• 도로 위의 세월호 과적 근절을 위한 국회 토론회
8월	• 과적 근절을 위한 고속도로 휴게소 선전전 진행
8월 10~16일	• 국제운수노련 43차 세계총회 참석 – 불가리아 소피아
9월 15~26일	• 전국 순회선전전
11월 24~28일	• 화물민생법안 처리를 위한 지도부 국회 앞 농성

2015년

4월 13일	• 7기 임원 선거, 박원호-이광재 당선
6월 19~20일	• 울산 CJ택배분회 투쟁 승리를 위한 확대간부 결의대회
7월 24일	• 대전 KG택배분회 투쟁 승리를 위한 집중 집회
8월 21~22일	• 경남 동양파일분회 투쟁 승리를 위한 확대간부 결의대회
10월 9~11일	• 충북 풀무원분회 투쟁 승리를 위한 풀무원자본 규탄 노동자대회
10월 18일~11월 8일	• 권역별 2015 갈등해결 워크숍
10월 28일	• '신자유주의 안전 위협과 운수노동자의 대안' 국제심포지엄
11월 14일	• 총궐기대회

2016년

3월 4일	• 현대제철 운송료 인하 저지 충남지부 총력투쟁 결의대회(충남 당진)
7월 16일	• 법개정투쟁 관련 전국 조직부 교육(민주노총 대전지역본부)
8월 23일~9월 8일	• 법개정투쟁 전국 순회 집중선전전
9월 24일	• 총파업 결의대회 및 조합원 총회
10월 10~19일	• 총파업
10월 31일~11월 9일	• 화물악법 개악 저지를 위한 국회 앞 천막농성
11월 12일	• 2016 전국노동자대회·민중총궐기대회(서울시청 광장)
12월 5~12일	• 국제운수노련 철도·도로운수분과 총회 참석 - 벨기에 브뤼셀
12월 19~21일	• 화물악법 개악 저지를 위한 지도부 상경 대국회 투쟁

2017년

2월 15~16일	• 화사법 개정 관련 의원 면담 및 상경 투쟁
4월 1~2일	• 조합원과 함께하는 제주 4.3항쟁 역사기행
4월 15일	• 세월호참사 3주기 서울·수도권 전야 기억 문화제 참가
4월 16일	• 세월호참사 3년, 기억식 참가
6월 8~9일	• 공공운수노조 투쟁문화제·농성
6월 27일	• '특수고용노동자 노동기본권 보장' 인권위 권고 이행촉구 기자회견
7월 1일	• 대선공약 이행! 법개정·제도개선 쟁취를 위한 화물노동자 투쟁대회
8~10월	• 화물노동자 건강실태조사
9월 20일	• 노조 할 권리 쟁취! 간접고용 노동자 결의대회
10월 21일	• 확대 간부 전진대회
10월 28일	• 촛불 1년 비정규직 없는 세상 만들기 전국노동자대회
11월 12일	• 2017 전태일 열사 정신 계승 전국노동자대회
12월 19일	• 8기 임원 선거, 김정한-오윤석 당선

2018년

3월 15~30일	• 안전운임제 국회(상임위, 법사위, 본회의) 통과를 위한 국회 투쟁
3월 30일	• 화사법 개정안 국회 의결
3월 31일~4월 1일	• 제주 4.3항쟁 정신 계승 전국노동자대회 및 역사기행
5월~	• 미래전략위원회 전국 순회 설명회
5월 3일	• 안전운임제 성공 정착 및 교통안전 확보 결의대회
5월 9일	• 민주노총 특수고용노동자 결의대회

5월 14일	• 운송료 인상, 생존권 보장을 위한 화물연대 결의대회(대경·포항·전남지부)
5월 22~24일	• 호주운수노조 전국위원회
6월 30일	• 안전운임제 전면 실시! 노조법 2조 개정! 생존권 쟁취를 위한 투쟁결의대회
7월 14일	• 미래전략위원회 현장위원회 1차 회의 및 현장위원 위촉식
10월 14~20일	• 국제운수노련 총회 참가
10월 20일	• 화물노동자 투쟁결의대회 / 특수고용노동자 총력투쟁 결의대회
11월 10일	• 2018 전태일 열사 정신 계승 전국노동자대회
11월 12~16일	• 비정규직그만쓰개 1,100만 비정규직 공동투쟁
11월 19일	• 택배노동자 원청 사용자성 인정과 권리보장을 위한 국회 토론회
12월 1일	• 2018 전국민중대회

2019년

1월 7일	• 국토교통부 규탄 확대간부 결의대회
1월 12~13일	• 미래전략위원회 현장위원·전문가위원 전원회의
3월 27~29일	• 8기 1차 지도자 교육
3월 30~31일	• 제주 4.3항쟁 전국노동자대회 및 역사기행
4월 1일	• 특수고용노동자 총력투쟁 실천단 투쟁
4월 13일	• 2019년 화물노동자 총력투쟁 선포대회
5월 13일	• 포스코 규탄 화물연대 결의대회
5월 17~26일	• 호주운수노조 중앙위
6월 1일	• 총력투쟁 1차 결의대회
6월 17일	• 택배지회 파업결의대회
7월 3일	• 안전운임위원회 교섭 투쟁 시작
7월 6일	• 총력투쟁 2차 결의대회
7월 14일	• 미래전략위원회 현장위원 수련회
8월 6~23일	• 제대로 된 안전운임제 쟁취 임원 순회선전전
8월 17~18일	• 확대간부 정책대회
8월 27~31일	• 국제운수노련 국제대표단 방한
8월 31일	• 총력투쟁 3차 결의대회
9월 6일	• 택배노동자 캠페인사업단 '희망더하기' 출범 기자회견
10월 18일	• 경고 파업 및 16개 지부 비상총회
11월 8일	• 노조법 2조 개정 국가인권위 권고 이행촉구 기자회견
11월 15일	• 제대로 된 안전운임 쟁취 화물연대 확대간부 결의대회
11월 16~17일	• 1차 현장간부 시범교육
11월 23~24일	• 2차 현장간부 시범교육

11월 26~27일	• 총파업 선포대회 및 확대간부 국토교통부 철야농성
11월 28일	• 특수고용노동자 결의대회
11월 29일~12월 5일	• 제대로 된 안전운임 쟁취 위수탁지부장·부산지부장 단식농성
12월 2~5일	• 제대로 된 안전운임 쟁취 울산지부장 단식농성
12월 4~12일	• 16개 지부 전국 주요 거점 천막농성
12월 6일	• 생활물류서비스법 졸속 추진 규탄 기자회견
12월 12일	• 16차 안전운임위원회 교섭 투쟁(2020년 안전운임 결정)
12월 19일	• 노조법 2조 개정 특수고용노동자대책회의 선전전
12월 23일	• 택배노동자 노동환경 개선 기자회견

2020년

1월 4~19일	• 16개 지부 안전운임 설명회
2월 5일	• 국제운수노련 사무총장 간담회
2월 20일	• 전국 상근자 산재 교육
3월 30일~4월 6일	• 안전운임제 투쟁사업단 전남 광양항 투쟁
4월 7~15일	• 안전운임제 투쟁사업단 울산 석유화학단지 투쟁
4월 22일~5월 8일	• 안전운임제 투쟁사업단 제주 BCT 투쟁
5월 12~31일	• 안전운임제 투쟁사업단 부산신항 투쟁
5월 15일	• 총력투쟁 결의대회(부산신항)
5월 27일	• 화물노동자 산재 집단 신청 기자회견
6월 4일	• 컨테이너 전국 경고 파업 투쟁
6월 10일	• 화물 산재보험 적용 방안 고용노동부 교섭 투쟁
6월 26일	• 화물차주 산재보험 적용 확대 관련 상근자 교육
7월 9일	• 안전운임위원회 교섭 투쟁 시작
7월 25일	• BCT 총력투쟁 결의대회
8월 27일	• 민주노총 특수고용대책회의 농성 투쟁 1차 결합
9월 2일	• 민주노총 특수고용대책회의 농성 투쟁 2차 결합
9월 14일	• 호주운수노조 2019년 화물연대 안전운임제 관련 국제심포지엄 화상회의
10월 26일	• 택배지부 총파업 결의대회
10월 26~27일	• 총력투쟁 선포대회
11월 4일	• 화물차 적재함 지지대 단속 중단 및 실효성 있는 대책 요구 기자회견
11월 10일	• 비정규노동자 공동행동의 날
12월 18일	• 심장선 화물노동자 공공운수노조장

2021년

2월 20~27일	• 권역별 안전운임제 설명회
3월 4일~4월 15일	• 안전운임제 연속워크숍
3월 31일~4월 2일	• 화물연대본부 9기 1차 지도자 교육
4월 19일	• 화물 산재노동자 추모주간 선포 기자회견
5월 20일	• 안전운임위반 합의종용·처벌회피 지자체 직무유기 규탄 동시다발 기자회견
6월 1일	• '고(故) 장창우 화물노동자 사망사고 정부가 책임져라!' 결의대회
6월 29일~7월 1일	• 안전운임 안착 및 세계 확산을 위한 국제심포지엄
7월 28일	• 안전운임위원회 교섭 투쟁 시작
8월 18일	• 택배·배달 안전운임제 도입 라이더 택배노동자 공동행동 선포 기자회견
9월 1일	• 안전운임위원회 불참 무역협회 대한상공회의소 규탄 기자회견
9월 13일	• 총파업 투쟁본부 출범 기자회견
9월 23~27일	• SPC 투쟁 승리를 위한 확대간부 결의대회
10월 5~16일	• 총파업 투쟁지도부 전국 순회 선전전
10월 16~20일	• 총파업 조합원 총투표
10월 29일	• 총파업 결의대회
11월 2일	• ILO 도로운수지침(안전운임지침) 전달 기자회견, 무역협회 규탄 결의대회
11월 9일	• 철도노조-화물연대본부 연속파업 돌입 선언 기자회견
11월 25~27일	• 총파업
11월 27일	• 총파업 투쟁 승리 정부·여당 규탄 결의대회
12월 13~17일	• 안전운임 확대 국회 앞 농성
12월 21일	• 주선수수료 상한제 입법 추진 국회 토론회
12월 28~30일	• 안전운임 교섭 투쟁 선전전(세종시 국토교통부)

2022년

3월 16일	• 안전운임위원회(철강·일반화물) 교섭투쟁 시작
3월 21일	• 기름값 폭등에 따른 화물노동자 대책 마련 촉구 기자회견
4월 2일	• 화물노동자 투쟁 선포대회(유가 대책, 안전운임 확대, 운임인상 요구)
4월 14일	• 확대 간부 결의대회(안전운임 일몰제 폐지, 전차종·전품목 확대 요구)
4월 20일	• ILO협약 발효 노동기본권 쟁취 특수고용·간접고용노동자 결의대회
4월 27~28일	• 2022년 2차 지도자과정 교육
5월 7일	• 컨테이너·BCT 화물노동자 투쟁결의대회
5월 16~26일	• 지도부 총파업 전국 순회선전전
5월 21일	• 총파업 선포 기자회견

5월 28일	• 총파업 결의대회(안전운임제 일몰제폐지/전차종·전품목확대, 운송료 인상)
6월 2일	• 공공운수노조 화물연대 총파업지지 운수노동자·시민사회 공동 기자회견
6월 7~14일	• 총파업, 전국 16개 지역본부 출정식
6월 28일	• 화물자동차 안전운임제 성과 평가 국회 토론회
6월 30일	• 화사법 개정안 발의(최인호 의원) 공동 기자회견
7월 2일	• 동네방네 공공성! 구석구석 노동권! 공공운수노조 총궐기
7월 22일	• 하이트진로 총파업 투쟁 화물연대 총력 결의대회
8월 18일	• 하이트진로 고공농성 투쟁 승리 공공운수노조 결의대회
8월 31일	• 하이트진로 투쟁 승리 민주노총 결의대회
9월 3일	• 카캐리어 화물노동자 결의대회
9월 22일	• 투쟁계획 선포 기자회견
9월 24~28일	• 국제운수노련 안전운임 국제대표단 방한
9월 24일	• 철강 화물노동자 결의대회
9월 26일	• 공공운수노조-화물연대-국제운수노련 안전운임 국제대표단 간담회
9월 26일	• 위험물 화물노동자 결의대회
9월 28일	• 화물자동차 안전운임제 입법을 위한 국제사례분석 국회 토론회
10월 11일	• 투쟁 선포 기자회견
10월 12~14일	• 지도부 전국 순회 집중 선전전
10월 16~18일	• 국제운수노련 아시아태평양지역 총회 참가
10월 17~19일	• 지역본부별 선전전
10월 22일	• 출범 20주년 기념대회 및 총파업 결의 비상총회
11월 7~18일	• 총파업 지도부 전국 순회 선전전
11월 14일	• 총파업 선포 기자회견
11월 24일~12월 9일	• 총파업
11월 29일	• 화물노동자 탄압 중단, 총파업 투쟁 승리 결의대회
11월 30일	• 업무개시명령 거부 시멘트 화물노동자 기자회견
12월 1일	• 총파업과 업무개시명령의 문제점 긴급 토론회
12월 10일	• 안전운임제 사수! 윤석열정부 규탄! 공공운수노조 결의대회
12월 12~29일	• 이봉주 위원장 단식농성
12월 19일	• 화물노동자 업무개시명령 위헌법률 심판제청 신청 기자회견
12월 28일	• 안전운임제 사수! 노조법 2·3조 개정! 공공운수노조 결의대회

화물연대 임원·지역본부장 명단(2025년 현재)

본부

- **위원장** 김동국
- **수석부위원장** 변종배
- **사무처장** 강대식
- **부위원장** 최삼영 이준서 이기준
- **정책교섭위원장** 김종인

지역본부

- **강원지역본부장** 김진수
- **경남지역본부장** 이동명
- **광주지역본부장** 박종곤
- **대구경북지역본부장** 김동수
- **대전지역본부장** 김경선 - 한기일(직무대행)
- **부산지역본부장** 윤창호
- **서울경기지역본부장** 장정훈
- **울산지역본부장** 김동환
- **위수탁본부장** 김영수
- **인천지역본부장** 남재종 - 김지환
- **전남지역본부장** 조원영
- **전북지역본부장** 김명섭
- **제주지역본부장** 김용섭 - 김지현
- **충남지역본부장** 유문덕
- **충북지역본부장** 이순홍 - 배용수
- **포항지역본부장** 장재석(본부 부위원장 겸직)

화물연대 본부·지역 역대 임원 명단

준비위원(2002년 출범 전까지)

- **준비위원장** 김종인
- 대구경북

  전체 정용근(대표)

  지역 강신훈 박도원 안재수 이상효 지영석
- 마창

  전체 최병환(대표) 강정윤

  지역 강세환 김인현 김진수 김태곤 김학성
  박우덕 송재규 이종열 정일부
- 부산

  전체 김동술(대표) 김대식 서홍식 윤기원
  이문구

  지역 김영원 김종록 이병수 전관식 조찬윤
  지사용 최명섭 최복남
- 서울경기

  전체 오윤석(대표) 김영호 박종안 함백주

  지역 김태우 노금섭 이현일 임준경 장원준
  최영준 하조룡
- 울산

  전체 한상찬(대표) 최일환

  지역 김상관 김장헌 정택우 하태성
- 충청

  전체 최승대(대표)

  지역 김지운 임상한 정찬영
- 포항

  전체 김달식(대표) 김훈주 박철수 성영만

  지역 조성하 조형근

1기(2002년 출범 ~ 2003년 9월 대대)

- **본부**

  의장 김종인

  부의장 김동술 김영호 박종안
- **지부**

  경남 송재규

  경인 오윤석

  광주전남 김장배

  대구경북 정용근

  부산 김영원 - 박정태(직무대행)

  울산 천명호

  위수탁 이상욱

  전북 송기채

  충청 강태윤

  포항 김달식

1기(2003년 9월 대대 ~ 2004년 3월)

- **본부**

  의장 김종인

  부의장 김영호 박종안
- **지부**

  경남 송재규 - 김종열

  광주 김성호

  대구경북 강신훈

  대전 이상배

  부산 홍신규(직무대행)

  서울경기 오윤석

  울산 천명호

위수탁 강성우(직무대행)

인천 윤정구

전남 김장배

전북 송기채

충남 이금우(직무대행)

충북강원 엄상원

포항 김현일(직무대행)

2기(2004년 4월 ~ 2007년 3월)

- **본부**

    의장 김종인

- **지부**

    경남 김기생 - 이기준(직무대행) - 김철규

    광주 김성호

    대구경북 김동수 - 이오식

    대전 이상배(본부 부의장 겸직) - 조순동

    부산 고창규 - 김대익(직무대행) - 최곤환

    서울경기 오윤석

    울산 최일환

    위수탁 강성우

    인천 윤정구

    전남 김동국

    전북 송기채 - 오승석

    충남 이금우 - 가창규(직무대행)

    충북강원 엄상원

    포항 김현일(직무대행) - 정태철(직무대행)

      - 김달식(본부 부의장 겸직)

3기(2007년 4월 ~ 2008년 10월)

- **본부**

    본부장 김달식

    수석부본부장 오승석

    부본부장 조순동

- **지부**

    경남 박종해 - 이기준

    광주 김성호

    대구경북 이오식

    대전 조순동 - 정의석(직무대행)

    부산 전창갑

    서울경기 이봉주

    울산 최일환

    위수탁 강성우

    인천 윤정구

    전남 김동국

    전북 김태원

    제주 김용섭

    충남 가창규

    충북강원 엄상원

    포항 정태철

4기(2008년 11월 ~ 2010년)

- **본부**

    본부장 김달식

    수석부본부장 오승석

    부본부장 김영호 조순동

- **지부**

    경남 이기준

    광주 조성규

    대구경북 이오식

    대전 김경선

    부산 조익렬 - 김재봉(직무대행)

    서울경기 이봉주

    울산 김정한

    위수탁 김용욱

    인천 이인복

    전남 성기석

전북 김태원

제주 김용섭

충남 가창규

충북강원 엄상원(본부 부본부장 겸직)

포항 김현일

5기(2011년 ~ 2012년)

- **본부**

  본부장 김달식

  수석부본부장 엄상원

- **지부**

  경남 이상락

  광주 조성규

  대구경북 윤정식

  대전 김경선

  부산 박원호

  서울경기 이봉주(본부 부본부장 겸직)

  울산 오덕환 - 김정한

  위수탁 김용욱

  인천 박종관

  전남 김동국

  전북 김태원 - 최삼영(직무대행)

  제주 김용섭

  충남 김인수

  충북강원 양승무 - 박경연

  포항 박종구

6기(2013년 ~ 2014년)

- **본부**

  본부장 이봉주

  수석부본부장 박원호

  부본부장 김용주

- **지부**

  경남 김철규

  광주 문진

  대구경북 윤정식

  대전 김경선

  부산 조익렬

  서울경기 이광재

  울산 이준서

  위수탁 김영수(본부 부본부장 겸직)

  인천 박종관

  전남 김동국

  전북 최삼영

  제주 김용섭

  충남 김인수

  충북강원 박경연 - 최기호

  포항 박종구

7기(2015년 ~ 2017년)

- **본부**

  본부장 박원호

  수석부본부장 이광재

  부본부장 오승석

- **지부**

  강원 이영호

  경남 이상락

  광주 문진 - 오남준

  대구경북 여귀환 - 이재식

  대전 김경선 - 민병수(직무대행)

  부산 김용주

  서울경기 오윤석

  울산 이준서

  위수탁 김영수

  인천 박종관

전남 김동국

전북 최삼영

제주 김용섭 - 이용정(직무대행)

충남 김인수 - 강대식

충북 최기호 - 임종운

포항 김태영

8기(2018년 ~ 2020년)

- **본부**

  본부장 김정한

  수석부본부장 오윤석

  부본부장 김성호 박종구 천춘배

  미래전략위원장 김종인

- **지부**

  강원 이영호

  경남 이상락 - 이기준

  광주 오남준

  대구경북 고주영 - 박재석

  대전 민병수 - 김경선(직무대행)

  부산 김용주(본부 부본부장 겸직) - 서서기

  서울경기 이광재

  울산 홍종후

  위수탁 김영수

  인천 김근영

  전남 김동국

  전북 최삼영

  제주 이용정

  충남 강대식

  충북 임종운 - 이광남(직무대행)

  포항 김태영

9기(2021년 ~2023년)

- **본부**

  위원장 이봉주

  수석부위원장 김태영

  부위원장 오남준 천춘배

  사무처장 박재석

- **지역본부**

  강원 김대한

  경남 이기준

  광주 박종곤

  대구경북 김동수

  대전 김경선

  부산 송천석

  서울경기 이광재(본부 부위원장 겸직)

  울산 양희성 - 김수범(직무대행)

  위수탁 송세진

  인천 김근영

  전남 조원영

  전북 김명섭

  제주 고희봉

  충남 유문덕

  충북 이순홍

  포항 이기출 - 이상무(직무대행)

화물연대 본부·지역 역대 임원 명단

본부명	주소	전화번호
화물연대본부	서울 강서구 등촌로 149 (등촌동 560-6) 서강빌딩 4층	02-2635-0789
강원지역본부	강원 원주시 우산공단길 24 근로자복지관 3층	033-735-5626
경남지역본부	경남 창원시 의창구 차룡로 48번길 21(팔용동)	055-273-5651
광주지역본부	광주 광산구 손재로 327 진곡화물공영차고지 209호	062-962-5626
대구경북지역본부	대구 서구 가르뱅이로 20 서구공영 주차장 내	053-341-8818
대전지역본부	대전 대덕구 대화로 10 근로자복지회관 3층	042-628-5626
부산지역본부	부산 남구 신선로 168 감만SK화물차휴게소 206호	051-635-5626
서울경기지역본부	경기 의왕시 오봉로 167	031-462-5625~6
울산지역본부	울산 남구 산업로 100 화물자동차휴게소 207호	052-266-7660
위수탁본부	경남 창원시 진해구 용원동 신항북로 320 SK내트럭하우스 (내) 307호	055-546-5626
인천지역본부	인천 중구 서해대로 214, 104호	032-886-5626 032-885-5627
전남지역본부	전남 광양시 항만대로 755 광양항역2층	061-793-5626
전북지역본부	전북 군산시 외항로 619 (군산 화물차공영차공지 내)	063-468-2532
제주지역본부	제주 제주시 임항로 191 제주항 6부두 내	064-721-5626
충남지역본부	충남 당진시 송악읍 부곡공단4길 53-13(한진리) 당진근로자종합복지관1층	041-358-5626
충북지역본부	충북 청주시 서원구 청남로 2018 무진빌딩 8층 *우편물수령 : 충북 진천군 이월면 이덕로 600-3 화물연대 충북지역본부 출장소	043-535-5625
포항지역본부	경북 포항시 남구 상공로 46번길 13(대도관) 1층	054-273-2725~6

참고자료

- 화물연대, 활동보고서 및 각종 회의자료·선전물, 2002~2022

- 『매일노동뉴스』, 『민중언론 참세상』, 1997~2022

- 엄진령, '특수고용노동자 조직·투쟁의 역사', 『비정규직 노동운동사-주제사』, 민주노총, 2017

- 박재범, 『전국운수산업노동조합 운동사』 노동자역사 한내, 2013

- 심동선 교통개발연구원 연구위원, '화물자동차운송업의 현황과 정책방향', 2003

- 『전노협 백서』, 전노협백서발간위원회·노동운동역사자료실, 2003